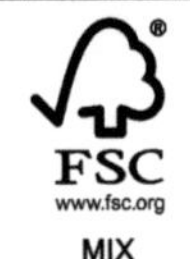

Matthias Kistmacher

Entdeckungen in der analogen Fotografie

Entschleunigt klassisch fotografieren

Impressum

Entdeckungen in der analogen Fotografie – Entschleunigt klassisch fotografieren
Autor: Matthias Kistmacher

Bibliografische Information der Deutschen Nationalbibliothek: Die Deutsche Nationalbibliothek verzeichnet diese Publikation in der Deutschen Nationalbibliografie; detaillierte bibliografische Daten sind im Internet über dnb.dnb.de abrufbar.

Verlag: BoD · Books on Demand GmbH, Überseering 33, 22297 Hamburg, bod@bod.de
Druck: Libri Plureos GmbH, Friedensallee 273, 22763 Hamburg
Satz und Layout: Inka Burgard, 70734 Fellbach

ISBN: 978-3-8192-2949-7

Verantwortlich für den Inhalt nach § 55 Abs. 2 RStV:
Matthias Kistmacher
E-Mail: Matthias_Kistmacher@gmx.de

Haftungsausschluss:
Die Inhalte dieses Buches wurden mit größter Sorgfalt erstellt und beruhen auf gründlicher Recherche. Doch nicht alle Informationen können nachgeprüft werden. Für die Richtigkeit, Vollständigkeit und Aktualität der Inhalte übernimmt der Autor keine Gewähr. Die Nutzung der Inhalte erfolgt auf eigene Verantwortung.

Hinweis:
Dieses Buch wurde unabhängig von genannten Herstellern verfasst. Es steht in keiner Verbindung zu den genannten Marken oder Unternehmen und wurde nicht von diesen autorisiert, unterstützt oder geprüft. Alle Marken- und Produktnamen sind Eigentum der jeweiligen Rechteinhaber und dienen lediglich der eindeutigen Identifikation.

Inhaltsverzeichnis

Liebe Leserinnen und Leser,

Sie möchten die analoge Fotografie nach längerer Zeit für sich wiederentdecken oder sich ganz neu auf diesem Gebiet versuchen? Das vorliegende Buch möchte Sie auf diesem Weg begleiten und Ihnen Anregungen für eigene Projekte in der klassischen Fotografie geben. Dabei steht nicht die reine Technik im Sinne von Gebrauchsanweisungen im Vordergrund, sondern die Geschichten, die sich rund um die Leidenschaft, sich mit der analogen Fotografie zu beschäftigen, ergeben. Die Idee ist dabei, diesem schönen Hobby diejenige Zeit zu widmen, die es braucht, um einen entschleunigten Ausgleich zum oftmals stressigen Alltag zu finden – getreu dem Motto „Der Weg ist das Ziel".

Es wird auch kein Vergleich zur digitalen Fotografie gezogen, sondern es wird die Aktualität der analogen Fotografie betont, die seit etwa zehn Jahren eine wahre Renaissance erlebt. Zu diesem Zweck finden Sie im Anhang aktuelle Marktübersichten zu Kameras, Reparaturdiensten und Fotomaterialien.

Was erwartet Sie, liebe Leserinnen und Leser, nun bei der Lektüre dieses Buches? Zunächst geht es in **Kapitel eins** um die Idee einer „slow photography", die dem ursprünglichen und handwerklichen Prozess des Fotografierens mehr Aufmerksamkeit widmet als dem (schnellen und zahlreichen) Ergebnis. Gezeigt wird, welcher Zauber in der Selbstbeschränkung, der Langsamkeit und dem Warten auf das Foto als Ergebnis des gesamten kreativen Prozesses der Fotografie liegt und wie erfüllend die Kontrolle über diesen Prozess für den Fotografen sein kann. Im Anschluss wird aufgezeigt, dass die Nutzung auch viele Jahrzehnte alter analoger Kameras, der sorgsame Umgang mit Fotochemikalien und der achtsame Umgang mit Motiven gute Beiträge zur Nachhaltigkeit der analogen Fotografie leisten kann.

In **Kapitel zwei** werden Ihnen besonders ikonische und für die Alltagsfotografie geeignete analoge Kameras vorgestellt, deren Eigenschaften und Eigenarten in besonderem Maße entschleunigtes und handwerkliches Fotografieren unterstützen. Ausgehend von der Entwicklungsgeschichte über die Beschreibung der wichtigsten Kameraeigenschaften bis hin zum praktischen Einsatz soll den Lesern ein möglichst einfacher und spielerischentdeckender Zugang zu den ausgewählten Modellen ermöglicht werden. Im Mittelpunkt steht dabei stets, welche Inspirationen zur Kreativität von der jeweiligen Kamera ausgehen und welches „Fotografiergefühl" die Kameras gerade heute noch oder wieder vermitteln. Die beiden abschließenden Abschnitte des Kapitels liefern ergänzend dazu Funktionsweisen und aktuelle Marktübersichten zu Handbelichtungsmessern sowie einen Werkstätten-Report für analoge Kameratechnik.

In **Kapitel drei** werden mit dem Auslöser und dem Sucher zwei in der analogen Technik besonders wichtige Kamerabauteile behandelt und in technischer, visueller und gestalterischer Sicht gezeigt, wie diese unsere Wahrnehmung und Fotografie beeinflussen und unterstützen.

In den **Kapiteln vier und fünf** steht das entschleunigte Fotografieren im Mittelpunkt, also die Entdeckung der gestalterischen Möglichkeiten, die sich gerade durch die analoge Technik ergeben. Dabei wird insbesondere der Mut zur Selbstbeschränkung in den Fokus gestellt und auf bestimmte Eigenheiten der analogen Fototechnik wie besondere Filmtypen, spezifische Formate oder einzelne, feste

Brennweiten bezogen. Zunächst werden Typen analoger Filme behandelt, die über das „Standardangebot" hinausgehen und besondere Effekte und Erfahrungen im Umgang mit ihnen ermöglichen. Danach wird gezeigt, dass es alles andere als langweilig ist, sich auf nur eine Brennweite wie zum Beispiel 35 oder 50 mm an einer älteren analogen Kamera zu beschränken. Vielmehr eröffnet es neue Möglichkeiten, kreativ zu werden und seinen eigenen fotografischen Stil zu finden. Dies gelingt ebenso mit einer 85 mm Mittelformat-Rolleiflex in Amsterdam wie mit einer analogen Leica und 35 mm Objektiv in New York.

Im **Schlusskapitel des Buches** wird der Prozess der Positiventwicklung in der heimischen Dunkelkammer dargestellt. Unter der auch in diesem Teil des Buches verfolgten Leitidee der Entschleunigung wird gezeigt, welcher Zauber im Warten auf das selbstentwickelte Bild liegt. Auch dieses gespannte und mit kreativem Schaffen ausgefüllte Warten ist eine Facette entschleunigter Fotografie durch die analoge Fototechnik. Die einzelnen Stu-

fen des Positivprozesses (Entwicklung, Fixierung, Wässerung, Trocknung) werden jeweils für die Verwendung von PE- und Baryt-Fotopapier dargestellt, da sie sich in bestimmten Punkten wesentlich voneinander unterscheiden.

Im **Anhang** sind als Service für die Leserinnen und Leser aktuelle Marktübersichten zu Kamera-Werkstätten (bundesweit) sowie den beschriebenen Fotofilm- und Fotopapierarten eingestellt.

Ihnen wünsche ich nun eine spannende Lektüre und viel Freude bei Ihren Entdeckungen in der analogen Fotografie!

Nun noch ein kurzer Hinweis zur Ansprache. In diesem Buch verwende ich zu Beginn die Ansprache „Sie". Bei konkreten Tipps und Anleitungen spreche ich Sie, liebe Leserinnen und Leser direkt mit „Du" an. Dieser Wechsel ist bewusst gewählt und soll die Verständlichkeit und Praxisnähe dieses Buches unterstützen.

Hannover, im Frühjahr 2025
Matthias Kistmacher

Kapitel 1
Warum (wieder) analog fotografieren?

Seit dem Jahr 2014 herum, also etwas über einem Jahrzehnt, erlebt die analoge Fotografie ein Revival, eine Renaissance. Diese hat selbst führende Marken der Fotoindustrie derart überrascht, dass die Produktion analoger Filme kaum mit der stetig wachsenden Nachfrage standhält. Die damit einhergehenden steigenden Preise für analoge Filme taten der Euphorie um die Wiederentdeckung der analogen Fotografie jedoch keinen Abbruch. So entstanden neue Anbieter, wir sehen wieder viele junge Menschen mit klassischen Kameras in den Händen und Fotomaterialien kehrten zurück in den stationären Handel.

Warum ist das so? Einerseits, so wird in diesem Buch argumentiert, besteht wieder der Wunsch, den ursprünglichen Prozess der Fotografie zu erlernen, sich ihn bewusst zu machen und am Ende etwas Fassbares, Materielles, Substanzielles, so in Form eines Negativs, in den Händen zu halten. Insofern wird dem Zeitgeist der Entschleunigung entsprochen. Andererseits ist eine Gegenbewegung zur Obsoleszenz digitaler Technik und des ständigen Erneuerns zu beobachten, die sich wieder den „guten alten, funktionierenden Dingen" erinnert im Sinne des Nachhaltigkeitsgedankens. Damit kommen die unzähligen noch einwandfrei funktionierenden analogen Kameras ins Spiel und Bewusstsein. Beide Gedanken, Entschleunigung und Nachhaltigkeit, bilden den Ausgang unserer Wiederentdeckungen in der klassischen Fotografie.

Die Idee der Entschleunigung

Entschleunigung – dieser Begriff hat in den letzten Jahren verstärkt Eingang in den Sprachgebrauch gefunden. Gemeint ist dabei der Wunsch vieler Menschen, der heute als stark zunehmend empfundenen Beschleunigung ihres privaten und beruflichen Lebens aktiv etwas entgegenzusetzen. Welche Rolle kann die Fotografie dabei spielen? Und warum ist gerade die analoge Fotografie ein Weg, zur Entschleunigung zu finden? Nach meiner Erfahrung sind (auch) in diesen Fragen aller guten Dinge drei: der Mut zur Selbstbeschränkung, die (Wieder-) Entdeckung der Langsamkeit und – nicht zuletzt – das passende Motiv.

Der Mut zur Selbstbeschränkung – weniger ist mehr

Die Digitalisierung hat auch in der Fotografie zu einer Beschleunigung in Umfang und Zeit geführt. Schätzungen zufolge werden weltweit etwa vier Milliarden Fotos täglich ins Internet gestellt, davon etwa die Hälfte über die sozialen Netzwerke (Quelle: Statista). Die entstandene Bilderflut kann in ihrer inhaltlichen Bedeutung kaum annähernd gebührend reflektiert und gewürdigt werden, im Gegenteil: unabhängig von der Güte eines Fotos und der Geschichte seiner Entstehung kann es oft nur wenige Sekunden an Aufmerksamkeit auf sich vereinen. Insofern heißt Entschleunigung für mich zunächst einmal Selbstbeschränkung. So stellt mir der fotografische Film von vornherein nur zwischen 12 und 36 Aufnahmen zur Verfügung und „zwingt" mich dazu, mich um jedes meiner Motive wirklich intensiv zu bemühen und erst bei optimalen Aufnahmebedingungen auf den Auslöser zu drücken. Selbst ausgedehnte Fototouren ergeben somit eine noch recht überschaubare Anzahl an Motiven, mittels derer sich die im Bild festgehaltenen Eindrücke effizient verarbeiten lassen.

Die Entdeckung der Langsamkeit – Methode statt Selbstzweck

Im angelsächsischen Sprachraum ist slow movement als begriffliches Pendant zur Entschleunigung zu finden, das auf unterschiedliche Lebensbereiche angewendet wird, wie etwa slow food oder slow television. Hierbei geht es nicht um Verlangsamung als Selbstzweck, sondern darum, die Dinge des Lebens in einer jeweils für sie angemessenen Zeit zu verrichten. Auch die Fotografie, verstanden im Sinne einer slow photography, braucht Zeit, denn gute Bilder entstehen selten „im Vorbeigehen". Der Wesenskern der entschleunigten Fotografie beleuchtet also den Weg zum Foto und die Frage, wie viel Zeit uns dieser Weg wert ist und wie wir ihn gehen und verstehen wollen. Im digitalen Workflow ist der gesamte fotografische Prozess, von der Motivwahl bis zum fertigen Bild, extrem beschleunigt. Beispielsweise ist das fotografierte Motiv bereits Sekundenbruchteile nach der Belichtung auf dem Display der Kamera oder des Smartphones sichtbar. Unmittelbar in diesem Moment vollzieht sich eine – oft schon abschließende – Bewertung und Auslese der Ergebnisse. Häufig werden die digitalen Aufnahmen kurz darauf unbearbeitet und unkommentiert weitergegeben oder auf Massenspeichern archiviert. Auf diese Weise verschmilzt der fotografische Schaffensprozess zu einem Zeit-„Punkt"-Erlebnis, dem aus meiner Sicht etwas

Entscheidendes fehlt: das Erfahrungslernen. Dieses jedoch benötigt einen gewissen Zeit-„Raum", in dem die Entschleunigung des aktiven Tuns des Fotografen spür- und erlebbar werden kann, wie im analog basierten Workflow. Hier müssen bereits alle, für die beabsichtigte Bildwirkung relevanten Aufnahmebedingungen abgewartet sowie sämtliche bildwichtigen Parameter wie Blende, Belichtungszeit etc. bestimmt und sorgfältig eingestellt werden, was in der digitalen Arbeitsweise größtenteils auch noch später am Rechner erfolgen kann. Dies alles braucht Zeit und kann daher nur entschleunigt vollzogen werden. Gerade ältere Kameras, die keinerlei Automatiken kennen, bieten sich hierbei als ideale Arbeitsgeräte an, da sie ein besonders intensives Wechselspiel zwischen den Vorstellungen des Fotografen und den technischen Möglichkeiten der Kamera entstehen lassen und das höchste Potenzial bieten, Erfahrungen zu sammeln. Beispiele für solche Kameras sind die zweiäugige Rolleiflex, welche ich sehr häufig einsetze, die sogenannten Boxkameras der 1940er und 1950er Jahre oder – im Extremfall – die Lochkamera. Ist die Aufnahme „im Kasten", so öffnet sich ganz automatisch ein Spannungsbogen,

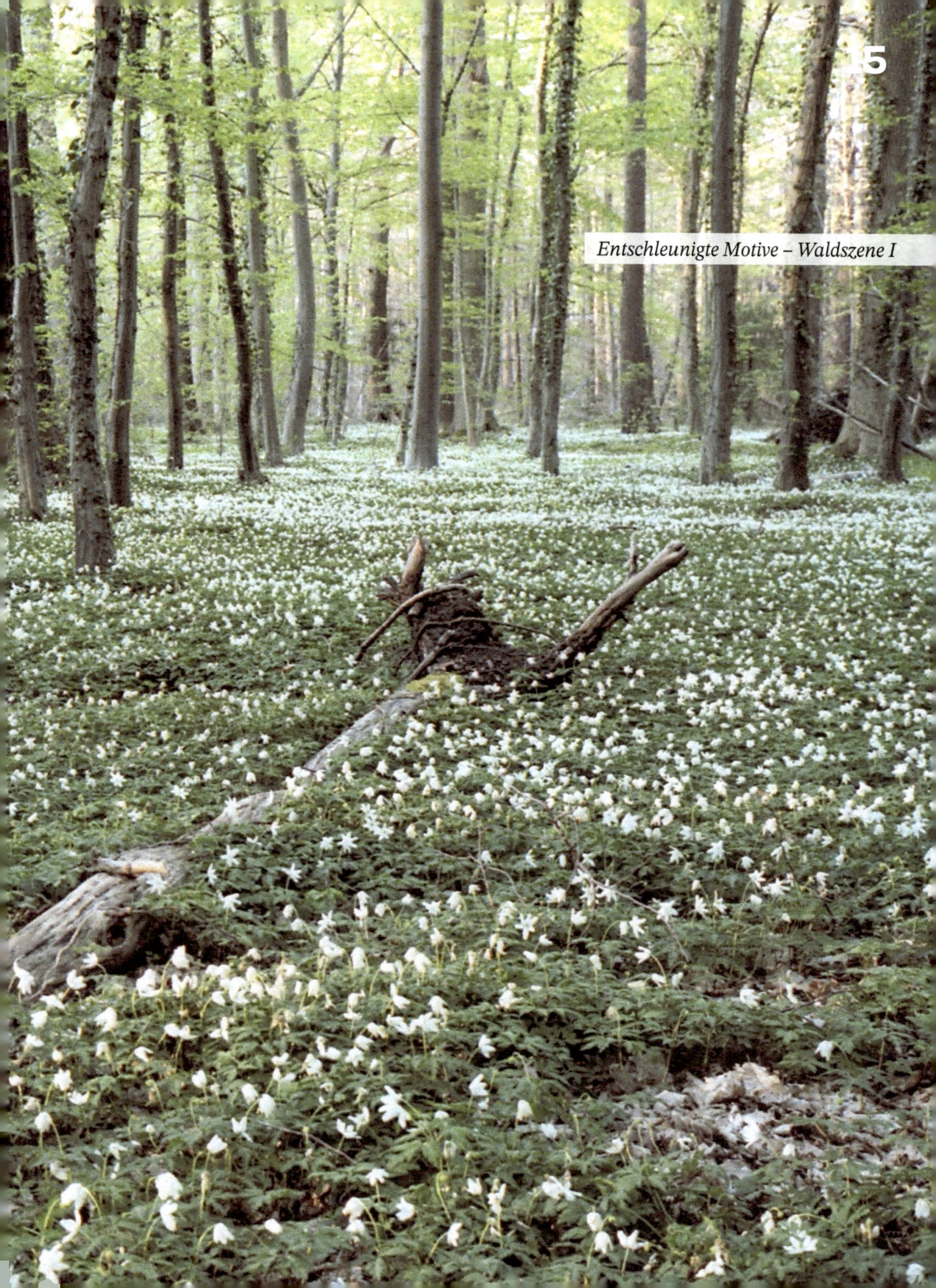

Entschleunigte Motive – Waldszene I

da man auf die Abzüge der Belichtungen warten bzw. diese erst einmal selbst erstellen muss. Zunächst bin ich gespannt darauf, ob die entwickelten Negative etwas „geworden" sind oder genauer: spiegeln sie meine Interpretation der Motive in der Weise wider, wie ich sie im Zusammenhang zu ihrer Umgebung, Atmosphäre sowie meiner Stimmung und Intention getroffen habe? Zu diesen subjektiven Eindrücken treten die technischen, quasi objektiven Kriterien wie Unter- bzw. Überbelichtung, Zeichnung etc. hinzu. An diese erste Sichtung der „Rohergebnisse" schließt sich ein erneuter Kreativprozess an: die Positiventwicklung. Diese eingehende inhaltliche und technische Auseinandersetzung mit Motiv und Material verlangt zweifellos nach (viel) Zeit und stellt den Takt des Tuns auf Langsamkeit.

Entschleunigte Motive – Waldszene II

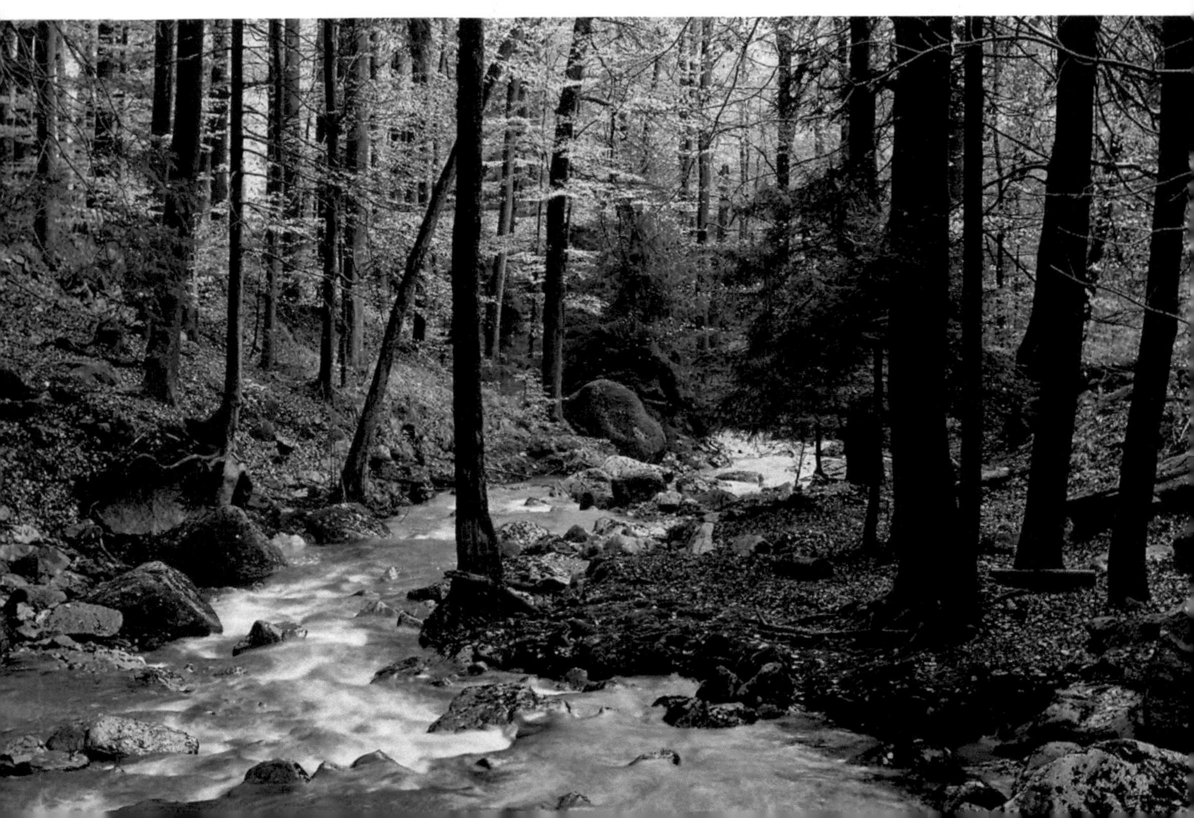

Jedoch, und das ist aus meiner Sicht der Kern der Entschleunigung, eröffnet gerade dies die Chance, auf entspannte Art kreativ zu sein und die Umwelt mithilfe der analogen Fotografie im persönlich angepassten Tempo wahrzunehmen und in Szene zu setzen.

Die passende Motivwahl – lieber statisch als dynamisch

Bei der entschleunigten Fotografie ist das Motiv zwar sekundär, da die Art des Fotografierens im Mittelpunkt steht und mithin das

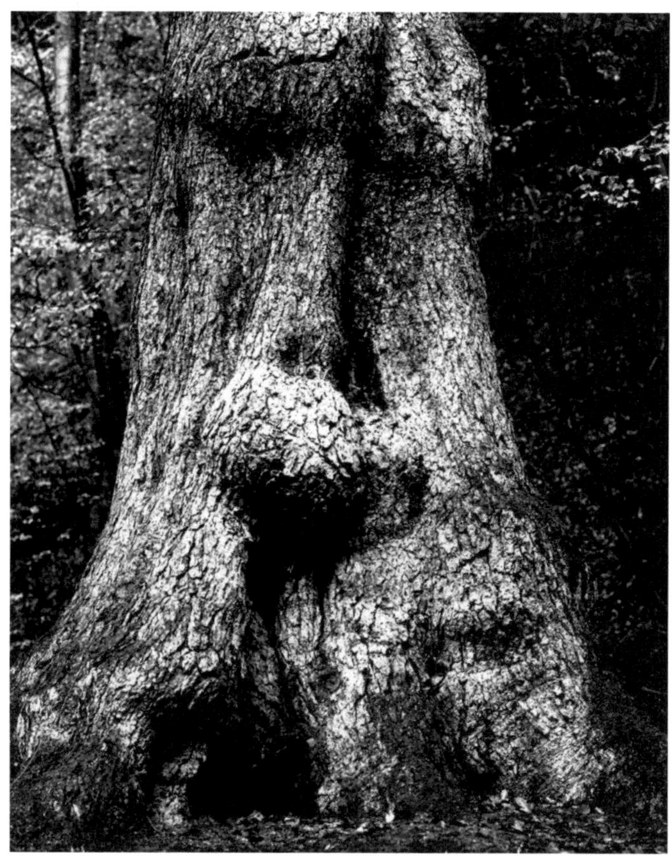

Entschleunigte Motive – Er schläft weiter

„Wie". Jedoch unterstützen manche Sujets, also das „Was", den Prozess der Entschleunigung meines Erachtens mehr als andere. Erste Wahl sind hier solche Motive, die sprichwörtlich nicht „weglaufen" können und bei denen sich der entscheidende fotografische Moment in der Regel nicht sekündlich ändern kann, wie zum Beispiel in der Straßen- oder Actionfotografie. So bieten sich exemplarisch Naturlandschaften an, in denen Bäume oder Blumenarrangements sowohl einen fotografischen Reiz, als auch eine beruhigende Wirkung auf den Fotografen ausüben.

Entschleunigte Fotografie – einige praktische Tipps

Die analoge Fotografie in all ihren handwerklichen und gestalterischen Facetten kommt dem Wunsch nach Entschleunigung entgegen und entpuppt sich als ein wirksames Mittel gegen ein Symptom unserer Zeit: jenes wachsender Hektik und zunehmender Beschleunigung.

☑ Widme dem Weg von der Motividee zum fertigen Bild in jeder Phase ein angemessenes Maß an Zeit.

☑ Schenke Deiner Art zu fotografieren mehr Aufmerksamkeit als Deinen Bildergebnissen.

☑ Nutze möglichst älteres Fotoequipment ohne Automatiken.

☑ Wähle Motive, die eine beruhigende Wirkung ausstrahlen.

☑ Entwickele Deine Filme selbst und fertige Vergrößerungen in Eigenregie an.

☑ Zeige Deine Fotografien und präsentiere sie als Papierausdruck.

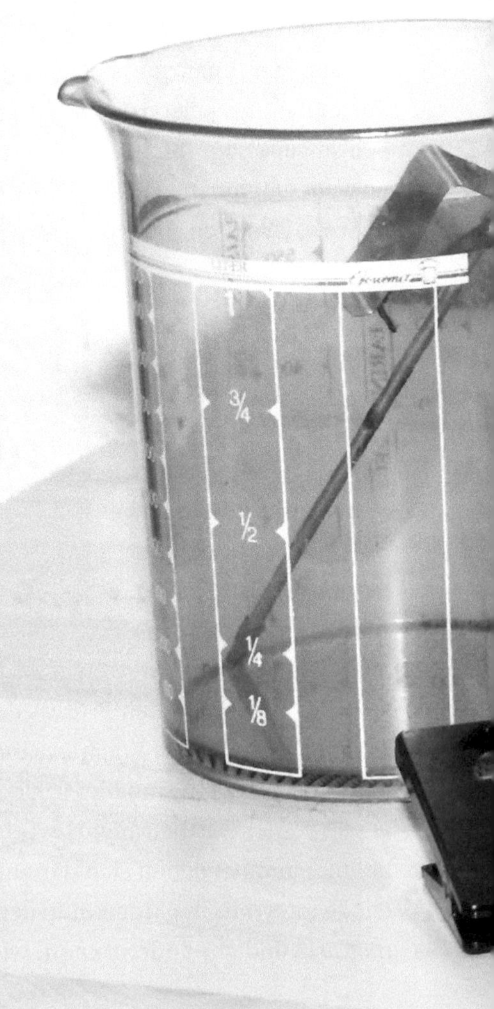

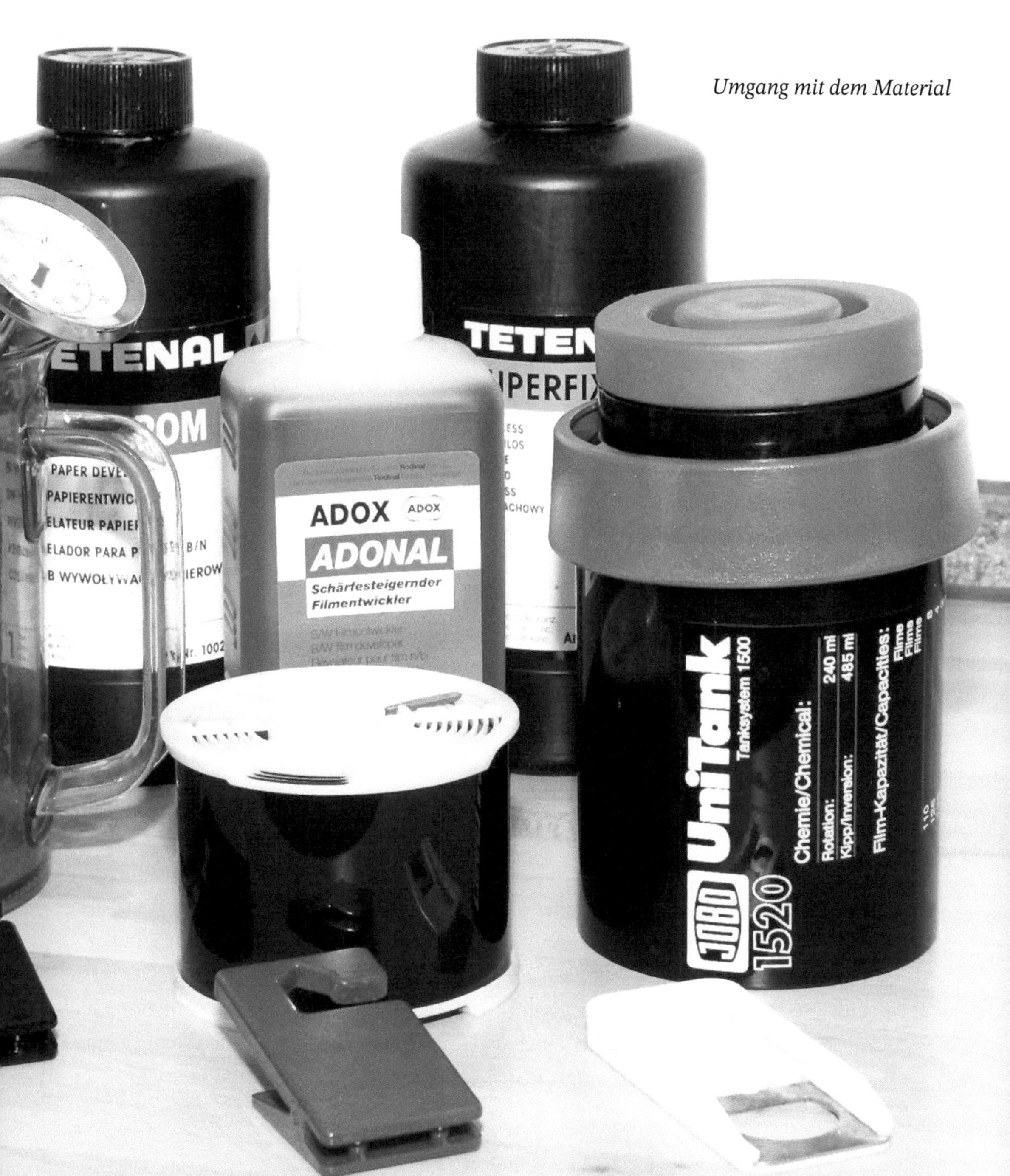
TETENAL
ROM
PAPER DEVE
PAPIERENTWIC
ELATEUR PAPIE
ELADOR PARA P   S   B/N
B WYWOŁYWA   IEROW
Nr. 1002
TETEN
UPERFIX
ADOX   ADOX
ADONAL
Schärfesteigernder
Filmentwickler
S/W Filmentwickler
B/W film developer
Developer pour film n/b
JOBO UniTank
Tanksystem 1500
1520
Chemie/Chemical:
Rotation: 240 ml
Kipp/Inversion: 485 ml
Film-Kapazität/Capacities:
Filme
Films
Films

Die Sache mit der Nachhaltigkeit

Nachhaltigkeit…! Nur wenige Begriffe prägen die öffentliche Diskussion heute so sehr wie dieser, wenn es um das umweltrelevante Verhalten von Unternehmen geht. Aber auch kaum ein Verbraucher kann sich diesem Thema entziehen und sollte reflektieren, wie nachhaltig er sich in seinem Konsum und täglichem Handeln verhält. Wie passen nun analoge Fotografie und Nachhaltigkeit zusammen und ist es überhaupt möglich, nachhaltig zu fotografieren?

Meine (neue) alte Rolleiflex

Sie war zurück, meine Rolleiflex 3,5 F, Baujahr 1960. Nach einem vierwöchigen Reparaturaufenthalt in der Werkstatt der Firma Foto- und Videogeräte Service GmbH, Braunschweig, hielt ich die geschichtsträchtige Kamera wieder in Händen. Laut Auftragsrechnung war im Grunde nicht viel nötig gewesen, um sie in einen voll funktionsfähigen Zustand zurückzuversetzen, nachdem sich einige Wehwehchen, wie etwa Ungenauigkeiten im Ablauf der langen Belichtungszeiten, bei dem Gerät eingeschlichen hatten. Es wurden Dichtungen erneuert, Funktionsteile frisch geschmiert und eine „CLA" (aus dem Englischen: Clean – Lubricate – Adjust; Zu Deutsch: Reinigen – Schmieren – Justieren) durchgeführt.

Im Begleitschreiben versprach die Reparaturfirma, dass die „alte Dame" Rolleiflex nach dieser Rosskur nun „wie neu" daherkäme und viele weitere Jahre klaglos ihren Dienst verrichten würde. Dazu attestierte man mir, durch den Reparaturauftrag für das betagte Stück einen „wertvollen Beitrag zur Nachhaltigkeit" geleistet zu haben. Der Begriff Nachhaltigkeit war mir zwar geläufig, jedoch hatte ich eine etwas nebulöse Vorstellung von seiner Bedeutung und brachte ihn bisher nur mit dem ökologischen Verhalten von Unternehmen in Verbindung. Worin lag mein eigener Bezug zu diesem Thema, wenn es um mein Hobby Fotografie ging? Was war dran an der Behauptung der Firma, außer vielleicht dem unterschwelligen Gefühl, in irgendeiner Weise etwas vermeintlich Gutes getan zu haben, indem ich meine Kamera habe instand setzen lassen?

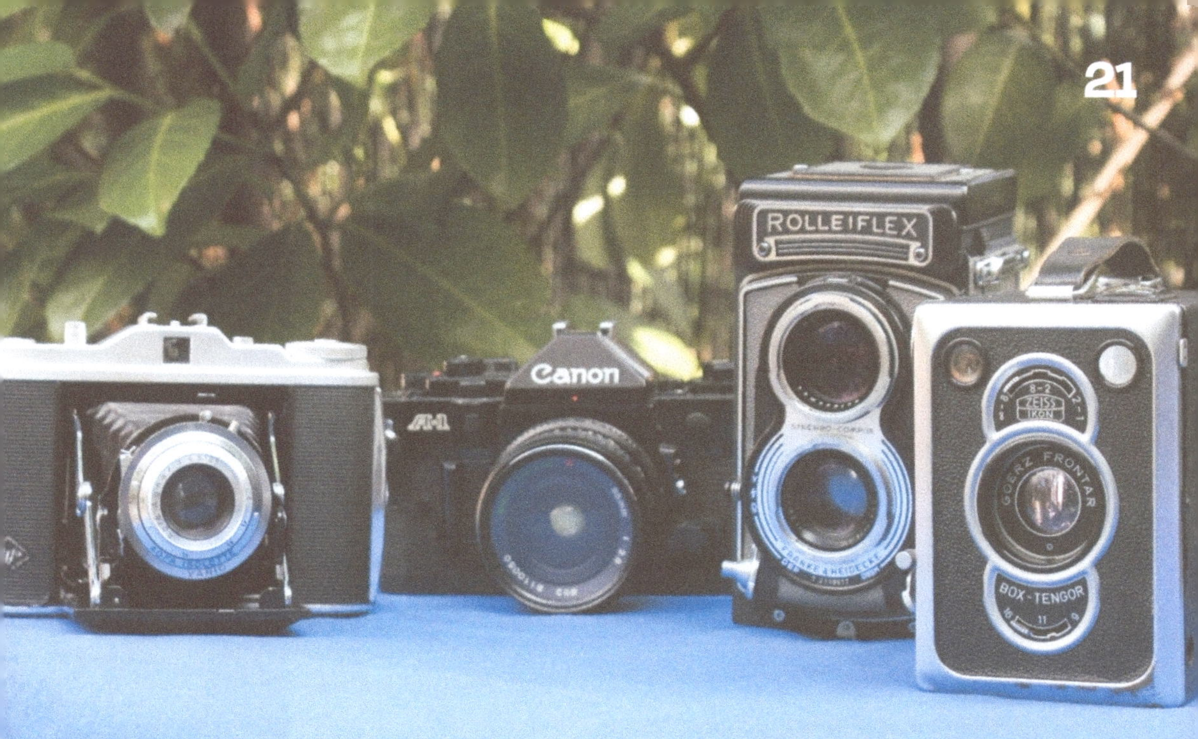

Analoge Kameras wiederentdeckt

Nachhaltigkeit – Was ist das eigentlich?

Blicken wir in Literatur und Medien, finden wir eine Vielzahl von Erklärungen und Beispielen, was der etwas sperrige Begriff „Nachhaltigkeit" meint und inwiefern sich jede und jeder Einzelne nachhaltig verhalten könne. Ursprünglich ging es um die Frage, welche langfristigen qualitativen und quantitativen Folgen es für die Ressourcen unserer Erde hat, wenn wir sie für unsere Zwecke nutzen. Danach ist die Ressourcennutzung gemäß englischer Übersetzung des Begriffes („to sustain") dann nachhaltig, wenn sie „dauerhaft aushaltbar" oder „ertragbar" ist. Dies ist dann gegeben, wenn keine größere Menge an Ressourcen genutzt oder verbraucht wird, als künftig wieder aufgebaut werden oder nachwachsen kann. Galt dieser Grundsatz anfänglich nur für die Ressource Holz, die der Mensch dem Ökosystem Wald entnahm, wurde er später auf alle als endlich und knapp erkannten Rohstoffe sowie sämtliche, in ihrer Langlebigkeit gefährdeten Systeme übertragen.

Aus seinem wirtschaftlichen Ursprung heraus ist die Nachhaltigkeitsidee bis heute zu einem normativen Grundsatz für nahezu alle Lebensbereiche weiterentwickelt worden. Die Vereinten Nationen leiteten daraus gar 17 Nachhaltigkeitsziele ab, zu deren Erreichung sich alle Menschen mit ihrem Tun oder Unterlassen verpflichtet fühlen sollen. Dies stets unter dem Leitgedanken, die Möglichkeiten der nachfolgenden Generationen nicht durch die heute lebenden Menschen und ihren Umgang mit Umwelt und Natur einzuschränken.

Die Fotografie ist ähnlich dem Schreiben oder Lesen eine der zentralen Kulturtechniken des Menschen, mit der er sich die Welt erschließt, sie wahrnimmt und dokumentiert. Um sie ausüben zu können, braucht es Ressourcen, weshalb auch die (analoge) Fotografie nachhaltig sein sollte. Dabei ist es vor allem die ökologische Komponente der Nachhaltigkeit, die es zu beachten gilt, aber auch die Bildsprache unserer Fotografie kann nachhaltig sein und soziale und ethische Aspekte berühren (sogenannter „dreidimensionaler Nachhaltigkeitsbegriff").

Womit wir fotografieren – Kamera & Co.

Wenn wir fotografieren, ob analog oder digital, nutzen wir ein bestimmtes Maß an Equipment, das eine Reihe von Gebrauchsgütern wie Kamera, Wechselobjektive und weitere Accessoires umfasst. Damit zurück zu meiner Rolleiflex. Seit mehr als sechs Jahrzehnten funktioniert sie zuverlässig und dies nicht zuletzt deshalb, weil in ihr Bauteile wie Leder, Zink oder Gusseisen verbaut wurden, die schon per se für Langlebigkeit stehen. Weiterhin bietet die Rolleiflex ganz ohne Elektronik alles, was eine Kamera braucht, um es dem Fotografen bis in die heutigen Tage zu ermöglichen, technisch hervorragende Bilder zu machen. Gleiches gilt für andere Marken, wie der Leica Camera AG mit ihrem seit fast siebzig Jahren vertriebenen „M-System", dessen Vertreter ebenfalls auf ihre wesentlichen Funktionen reduziert sind. Diese und andere analoge Kameramodelle, die es noch immer in fast jedem Haushalt gibt, sind technisch ausgereift und können insofern gar nicht „veralten". So gesehen brauchen sich Analogfotografen nicht ständig mit der Verführung beschäftigen, nicht vielleicht doch etwas vermeintlich „Besseres" für ihre Ausrüstung kaufen zu wollen.

Natürlich fanden immer wieder technisch sinnvolle Weiterentwicklungen ihren Weg auf den Kameramarkt, die zu wirklich innovativen Produkten führten. Die Einführung der Digitaltechnik brachte jedoch eine so starke und sukzessive Verkürzung der Produktlebenszyklen von Kameras und Smartphones mit sich, dass eher von geplanter Obsoleszenz, denn von technischem Fortschritt gesprochen werden muss. Dies bedeutet, dass Anbieter durch künstlich herbeigeführte Veralterung (z. B. Software-Updates, sich verschlechternde und nicht ersetzbare Akkus) Konsumenten zum Ersatz eigentlich noch tadellos funktionierender Produkte durch Neukäufe veranlassen – das Gegenteil des Nachhaltigkeitsgedankens! So kaufen deutsche Konsumenten einer aktuellen Befragung des Institutes Nevis Security, Zürich, zufolge im Schnitt alle drei bis fünf Jahre eine neue Digitalkamera beziehungsweise in einem Rhythmus von drei bis vier Jahren ein neues Smartphone. Letzteres vor allem wegen vermeintlich leistungsfähigeren, eingebauten Kameras. Damit verbunden, es liegt auf der Hand, sind anwachsende Mengen an Elektronikschrott sowie zunehmende Ressourcenverbräuche, besonders im Bereich von Energie, seltener Erden und CO_2-Emissionen.

Bei der Produktion analoger Kameras verhielt es sich zwar einst ähnlich, jedoch verteilen sich die dabei verursachten Verbräuche von Rohstoffen auf eine viel längere Lebensdauer und eine Obsoleszenzproblematik gibt es für sie nicht – im Gegenteil: Die seit einiger Zeit am Gebrauchtmarkt zu beobachtende steigende Nachfrage nach Analogkameras aller Fabrikate und entsprechender Preisentwicklung „nach oben" führt dazu, dass viele Kameras wieder reaktiviert und ihre Nutzungsdauer weiter verlängert wird. Und dies aus gutem Grund, gibt es doch deutschlandweit eine große Anzahl fachkundiger Werkstätten und Techniker, die sich noch immer (oder wieder neu) mit Leidenschaft der Erhaltung und Pflege analogen Equipments verschrieben haben. Korrespondierend dazu halten viele renommierte Hersteller wie die Leica Camera AG, Wetzlar, auch für eine über den gesetzlich vorgeschriebenen Zeitraum von zehn Jahren hinausgehende Dauer Ersatzteile für ihre einst gefertigten Produkte vor.

Ebenfalls zur Nachhaltigkeit analoger Systeme trägt die Kompatibilität von Kameras, Objektiven und weiterem Zubehör zueinander, selbst über Produktionszeiträume vieler Jahrzehnte hinweg, bei. Denn sie sorgt dafür, dass Zubehör auch bei einem Kamerawechsel weiter genutzt werden kann und nicht ressourcenbelastend neu produziert werden muss. Bekannte Marken wie Leica, Rollei oder Voigtländer nehmen hier eine Vorreiterstellung ein, da an aktuellen Kameras dieser Fabrikate teils noch Objektive verwendet werden können, die in den 1930er-Jahren und folgender Dekaden gefertigt wurden. Was die Seite der Gebrauchsgüter anbelangt, können wir somit als Zwischenfazit ziehen: Ja, die analoge Fotografie ist nachhaltig.

Womit wir Filme entwickeln und Abzüge erstellen – Chemie & Co.

Wie sieht nun die Nachhaltigkeitsbilanz der analogen Fotografie aus, wenn wir auch Verbrauchsmaterial in unsere Betrachtung miteinbeziehen? Denn sobald wir unsere Kamera mit einem neuen Film bestückt haben, bleibt ein Utensil zurück, welches nicht mehr benötigt wird – die Filmdose. Dies aber nur auf den ersten Blick, denn das Döschen lässt sich vielfach weiternutzen. Ich bewahre darin zum Beispiel Kleinstmaterialien wie Nägel oder

Schrauben auf. Auch Kindergärten nehmen diese gerne in Empfang, um dort Kleinteile zu verstauen, die es via „Klappergeräusch" von den Kindern zu erraten gilt. Übrigens ist auch mit dem Filmmaterial selbst in zweierlei Hinsicht ein nachhaltiger Umgang möglich. Dies zum einen dann, wenn wirklich sparsam mit den jeweils 12 (Mittelformat) oder 36 Aufnahmen (Kleinbild) verfahren und nur das abgelichtet wird, was wirklich in Erinnerung bleiben soll nach dem Motto „Klasse statt Masse". Und zum anderen dann, wenn Filme auch sehr weit über ihr Ablaufdatum hinaus verwendet werden. Zwar zeigen sie dann nicht mehr ihre volle physische und optische Leistung, dafür aber teils so extravagante Bildeffekte, dass sich die „Expired-Film-Fotografie" inzwischen zu einer eigenen akzeptierten Stilrichtung entwickelt hat. Ein weiterer Aspekt ist der Stromverbrauch, wobei möglichst auf Akkus statt Batterien zurückgegriffen werden sollte. Wenn rein analog gearbeitet wird, lässt sich aus beiden Optionen ein Pluspunkt gegenüber der Digitalfotografie ableiten, denn: Die Verwendung digitaler Speicherkarten und die Speicherung oft enorm großer Bilddateien, besonders via Cloudlösungen, verursachen ein hohes

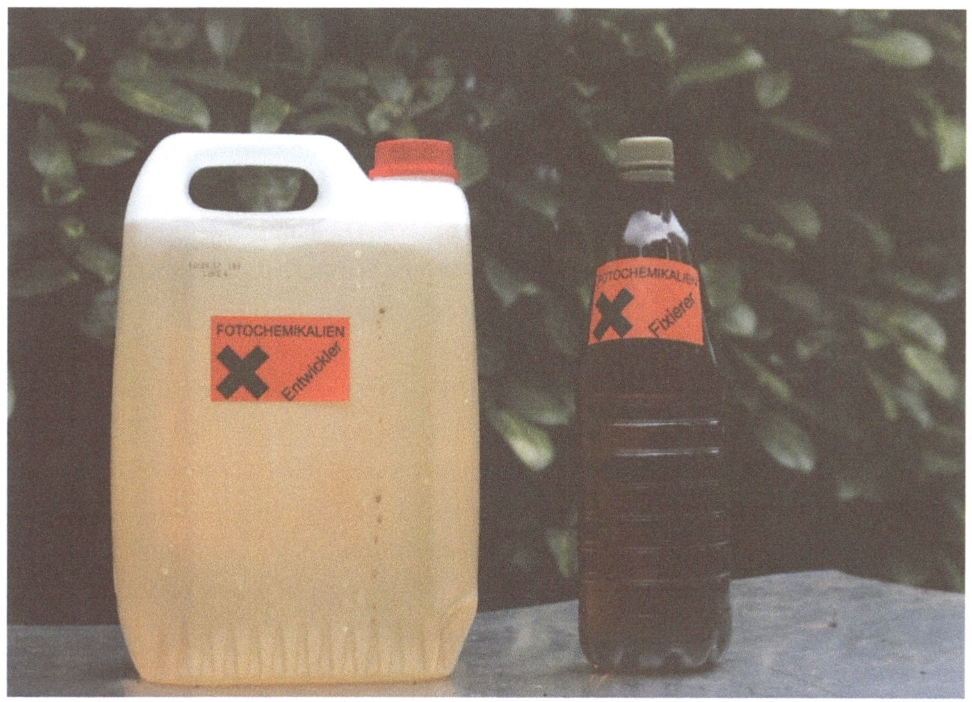

Entwickler und Fixierer trennen

Maß an Stromverbrauch und CO_2-Emissionen, auch, wenn man es „nicht sieht".

Setzen wir nach erfolgter Filmbelichtung unseren fotografischen Schaffensprozess mit der Film- und Fotoentwicklung fort, sind Verbrauchsmaterialien wie Papier und Chemie vonnöten. Wie nun damit in nachhaltiger Weise umgehen? Eine schriftliche Anfrage bei den drei großen Herstellern von Verbrauchsmaterial für die klassische Fotografie, Kodak, Ilford und Foma Bohemia ergab, dass die Unternehmen ihre Verantwortung für nachhaltige Produktionsprozesse sehr ernst nehmen. Neben der Verankerung nachhaltigen Denkens in Firmenleitbildern und unternehmerischem Zielsystemen leiten sich aus der Befragung unter anderen fünf praktische Maßnahmen für nachhaltiges Handeln ab:

▶ Sukzessive Umstellung aller Verpackungen auf ökologisch abbaubare Alternativen;

▶ Ersatz herkömmlicher Verarbeitungsbäder (u. a. Entwickler-, Stopp- und Fixierbad) durch solche Bäder, die ausschließlich ökologisch abbaubare Substanzen enthalten;

▶ Verzicht auf und Reduktion von bisher verwendeten umweltgefährdenden Chemikalien und Rohstoffen, die gemäß den Originalrezepturen in den vertriebenen Produkten enthalten waren und, soweit möglich, Verwendung ökologisch neutraler Inhaltsstoffe;

▶ Empfehlung an die Kunden, gebrauchte Entwicklungsbäder und sonstige chemische Abfallprodukte in vorgeschriebener Weise auf ökologischem Wege zu entsorgen und einem fachgerechten Recycling zuzuführen;

▶ Umsetzung organisatorischer und technologischer Maßnahmen, um „in eigener Sache" Energie zu sparen. Zum Beispiel ist bei Foma Bohemia ein Projekt zur Installation von Sonnenkollektoren für die ökologische Stromerzeugung aller Produktionsprozesse ins Leben gerufen worden;

▶ Überlassung sämtlicher Abfälle, einschließlich silberhaltiger Folien- und Papierreste, einer fachgerechten Weiterverarbeitung (z. B. Recycling) durch Fremdfirmen.

Diese Beispiele zeigen, dass die analogen Prozesse zwar noch nicht völlig emissionsfrei sind, jedoch seitens der Hersteller bereits viel dafür getan wird, die Umweltbelastungen auf ein Minimum zu reduzieren. Als engagierte und umweltbewusste Fotografen sind wir dazu aufgerufen, diese Ansätze für uns zu übernehmen und fortzuführen.

Doch was heißt das ganz konkret für die Entsorgung unserer Altchemie? Zunächst sind die verbrauchten Entwickler- und Fixiererlösungen in separaten und dicht verschlossenen sowie aufrecht stehenden Behältern beim zuständigen Abfallwirtschaftsbetrieb als Wertsoff abzugeben.

Die im Fixierer enthaltenen potenziell umweltschädlichen Silbersalze werden später recycelt, wodurch metallisches Silber zum

Weiterverkauf gewonnen und eine nachhaltige Weiterverwendung erreicht wird. Unkritischer verhält es sich mit Stopp-, Wässerungs- und Netzmittelbad, da diese nur noch wenig Entwickler- und Fixiererrückstände enthalten beziehungsweise im Falle des Netzmittelbades aus Tensiden (Seife) bestehen und über den Ausguss entsorgt werden dürfen.

Wie und was wir fotografieren – die soziale Komponente

Nicht unerwähnt bleiben soll die Tatsache, dass es nicht nur ökologische Bezüge der Fotografie zur Nachhaltigkeit gibt, sondern auch soziale und ethische. Allerdings gilt das hier Gesagte für jede Form von Fotografie, ganz gleich, ob sie analog oder digital betrieben wird. Es geht darum, auf welche Weise wir fotografieren und was wir mit unseren Fotografien bezwecken, also welchem Anlass oder welcher Verwendung sie letztlich dienen.

So sollte es beim Fotografieren in der Natur für uns selbstverständlich sein, dass wir diese nicht zerstören oder unseren Müll hinterlassen. Wenn wir Menschen,

Chemie – richtig entsorgen

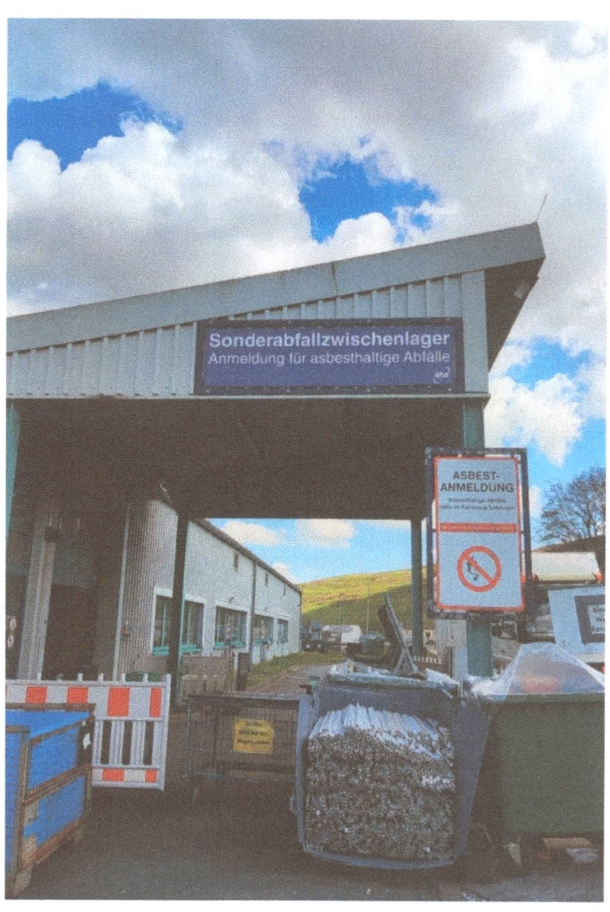

gerade Unbekannte, fotografieren, sollten wir Respekt, Würde und Wertschätzung walten lassen und die „Zielperson(en)" vorher darum bitten, fotografiert zu werden sowie ihnen die Verwendung der Fotografien klar und offen kommunizieren. Hierzu gehört auch, sich im Vorfeld über die kulturellen Hintergründe der zu fotografierenden Person und eine möglicherweise bestehende Sensibilität des Ortes, an dem fotografiert wird, zu informieren. Auf diese Weise entstehen Bilder, die bei allen an ihnen Beteiligten, also Fotograf, portraitierte Person und gegebenenfalls Auftraggeber der Fotografien positiv in Erinnerung bleiben und damit nachhaltig wirken. Auch der Inhalt des Bildes selbst kann Nachhaltigkeit thematisieren oder nachhaltiges Verhalten von Menschen befördern. Ein Beispiel hierfür können Bilder von geschädigten Wäldern sein, die den Betrachter dazu veranlassen, für eine Aufforstung zu sorgen und die Nachhaltigkeit des Waldes zu unterstützen. Schließlich kommt als weiterer Aspekt die Sichtweise hinzu, dass ein nachhaltig handelnder Fotograf seinem Motiv etwas zurückgeben kann, insbesondere dann, wenn er seine Fotografie professionell betreibt und mit ihr Geld verdient. Denn was spricht in diesem Zusammenhang dagegen, wenn ein Streetfotograf die Menschen auf der Straße an seinen dort gemachten Fotos teilhaben lässt, indem er zu einer kostenlosen Ausstellung einlädt und ihnen ein nachhaltiges Erleben seines Werkes verschafft?

Was bleibt?

Wie auch immer wir unser Hobby Fotografie betreiben und den gesamten Zyklus von der ersten Idee für ein Motiv bis hin zur Ausstellung unserer Fotografien gestalten – es wird niemals zu einhundert Prozent nachhaltig gelingen, da ein gewisses Maß an Ressourcenverbrauch oder Emissionen unvermeidlich ist. Insofern ist die eingangs etwas trotzig formulierte Behauptung, die klassische Fotografie sei nachhaltig, wie so Vieles im Leben in ein „Ja, wenn..." zu relativieren. Aber immerhin führen schon wenige und einfach umzusetzende Aktivitäten oder auch „Nicht-Aktivitäten", wie der Verzicht auf einen (zu schnellen) Neukauf oder ähnliches dazu, dass unsere analoge Fotografie zumindest deutlich nachhaltiger wird. So macht uns unser Hobby nicht nur Spaß, sondern bezogen auf Umweltaspekte auch ein gutes Gefühl.

Kapitel 2
Ikonen klassischer Fotokameras

Die Agfamatic 6008

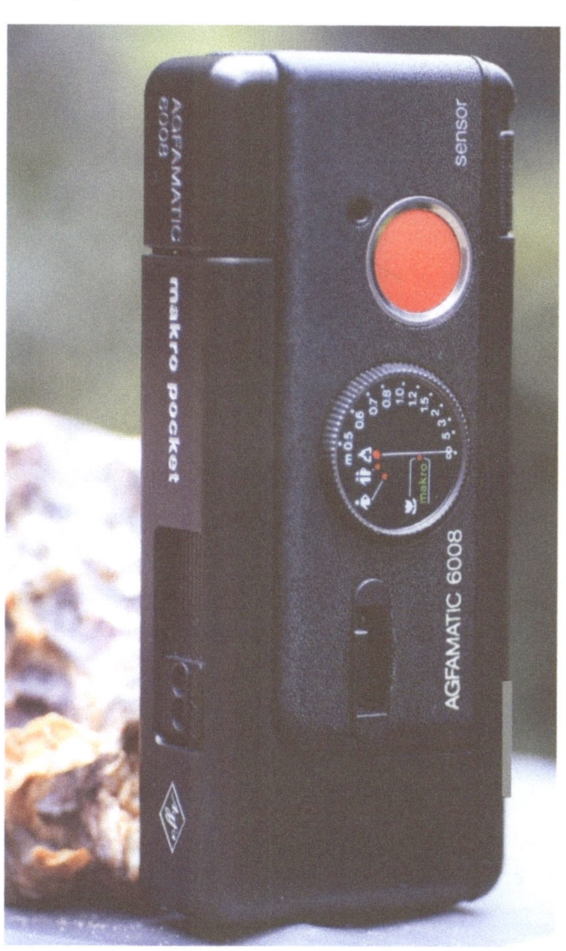

In der inzwischen knapp 150-jährigen Geschichte des Kamerabaus ist eine Fülle unterschiedlicher Typen und Modelle für die filmbasierte Fotografie entstanden, die sich mehr oder weniger gut für verschiedene Einsatzzwecke eignen. In den folgenden Abschnitten soll auf einige wenige, besonders ikonische Kameras eingegangen werden, die für die Alltagsfotografie besonders stilbildend waren und wieder sind.

Dabei stehen nicht die technische Leistungsfähigkeit der Kameras im Vordergrund, sondern die Art und Weise, wie mit ihnen entschleunigt und bewusst fotografiert werden kann, auch und gerade im digitalen Zeitalter. Somit wird der Fokus klar auf den praktischen Einsatz der Modelle gelegt. Neben den Kameras als Ganzes werden zwei markante Bauteile separat betrachtet, der Auslöser und der Sucher der Kamera. Dabei wird beleuchtet, wie die Art unseres fotografischen Sehens und Erlebens im Moment der Aufnahme durch diese Bauteile beeinflusst wird.

Fotografie aus der Hosentasche – die Pocketkamera

„Die beste Kamera ist gerade die, die man dabei hat". Wer heute auf dieses Zitat von Eliott Erwitt stößt, denkt unweigerlich an die in Smartphones oder in sonstiger Form überall anzutreffenden digitalen Kompaktkameras. Oftmals werden diese auch als „Pocket"-Kamera bezeichnet, obwohl die Geburtsstunde der Fotografie „aus der Hosentasche" bereits nahezu ein halbes Jahrhundert zurückliegt. So brachte Kodak schon im Jahre 1972 den „Pocket"-Film für das 110er Format auf den Markt und läutete damit eine über zwei Dekaden andauernde Dominanz der

gleichnamigen Kameras in der Fotografie ein. Waren Pocketkameras nach Ablauf dieser Zeit nahezu spurlos vom Markt verschwunden, erleben sie in jüngster Zeit dank neuer und passender Filmfabrikate ein (vorerst noch) kleines Revival. Wie ist das zu erklären und was macht diesen Kameratyp bis heute für viele Anwender so besonders, ja so liebenswert?

(M)Ein „Ding" aus Kindertagen

Kürzlich fand ich vor meiner Haustür einen nachbarschaftlichen Gruß in Form eines kleinen Kartons vor. Darauf ein Zettel mit der Aufschrift: „Sie sammeln doch Kameras". Zwar hätte ich mir zum Wort „sammeln" auch noch den Zusatz „und nutzen" gewünscht, freute mich aber natürlich trotzdem über dieses unerwartete Präsent. Das Kistchen wurde umgehend inspiziert und gab eine Reihe von Kameramodellen aus dem Massenmarkt der 1960er und 1970er Jahre frei, darunter auch eines, welches meine besondere Aufmerksamkeit erregte.

Es handelte sich um einen flachen, länglichen und schwarz lackierten Plastikquader namens „Agfamatic 6008" – einen typischen Vertreter der analogen Pocketkamera. Durch diesen Fund fühlte ich mich zurückversetzt in frühe Kindertage des Jahres 1982, als ich zu meinem zehnten Geburtstag eine ähnliche Kamera, genauer gesagt eine Kodak Ektralite, geschenkt bekam, die über einige Jahre mein lieb gewonnenes und erstes fotografisches „Ding" wurde.

Sie begleitete mich buchstäblich überall hin, da sie in jeder Tasche und an jedem (Ablage-) Ort Platz fand. Ohne Wissen über Belichtung, Aufnahmeabstand, Schärfe und dergleichen mehr half sie mir, einigermaßen passabel alles im Bild festzuhalten, was mir in dieser Zeit wichtig war – ohne Schnörkel, schnell und einfach. Einzig zwischen den Wetterphänomenen sonnig, wolkig und bedeckt musste ich mich mittels eines Schiebers an der Oberseite der Kamera vor der Aufnahme entscheiden. Heute weiß ich, dass mit dieser Einstellung die Belichtung festgelegt wurde. In Erinnerung geblieben ist mir auch ein ausklappbarer Griff an der Ektralite, der nicht nur für den Schutz der Kamera vor äußeren Einflüssen sorgen sollte, sondern ebenso den Akt der Auslösung stabilisierte und so gleichsam als Stativersatz fungierte. Über ihn machte ich mir mehr Gedanken

als über die spätere Qualität der Bilder, da er ständig drohte, abzubrechen und mir ohnehin oftmals schlicht im Weg war. Da mein damaliges Taschengeld neben den reinen Filmkosten nur zur Finanzierung von Abzügen in 9 x 13 cm reichte, blieben meinen Kinderaugen bildmäßige Qualitätsreserven, die stärkere Vergrößerungen wohl sicher zu Tage gefördert hätten, ohnehin verborgen. Irgendwann verlor ich meine „Pocket" für immer aus den Augen und – aufgrund der Anschaffung einer Spiegelreflexkamera – auch aus dem Sinn. Allerdings war mir damals noch nicht bewusst, welch interessante Entwicklungsgeschichte sich hinter ihr verbarg. Dies herauszufinden wollte ich nun, motiviert durch meinen Haustürfund, nachholen und begann, zu recherchieren.

Alles, nur nicht „Opas Fototasche"

Die ersten Ideen zur Entwicklung der „Pocket" genannten Kameramodelle entstammten den Ergebnissen von Marktforschungsstudien, die die Firma Agfa in den ausgehenden 1960er-Jahren durchführte, einer Zeit also, in der besonders von der Jugend alle geltenden gesellschaftlichen Konventionen und Traditionen hinterfragt und in Zweifel gezogen wurden.

Auch die Fotografie als besondere künstlerische Ausdrucksform der Alltagskultur blieb hiervon nicht ausgenommen. Danach äußerten die Befragten den Wunsch, mit allem aus Ihrer Sicht fotografisch Altem und Überkommenem brechen zu wollen, was bis dato ihre Wahrnehmung in diesem Bereich geprägt hatte. Dies hieß vor allem: weg mit „Opas Fototasche" und her mit neuen Kameramodellen, die zwar nicht technisch hochwertig sein, jedoch eine zumindest professionelle Anmutung haben mussten. Dies bedeutete damals einerseits ein Verzicht auf klobige, zumeist in glänzendem Braun gehaltene und passend zu bestimmten Modellreihen (z. B. Agfa Isolette) gefertigte Kamerataschen und andererseits die Produktion von Kameragehäusen in schwarzem Finish als damaliges Synonym für „professionell".

Die Herausforderung für die Kamerakonstrukteure jener Zeit bestand also darin, Modelle zu entwickeln, die problemlos in die „Hosentasche" passten und so „Opas Fototasche" vergessen machten. Pionier auf diesem Weg war 1972 die Firma Kodak mit der Markteinführung der „Pocket Instamatic-Reihe" nebst passendem Film im 110er Format, der Negative in der Größe 13 x 17 mm lieferte. Zwar boten einige Hersteller wie etwa Rollei zu diesem Zeitpunkt bereits seit etwa einem Jahrzehnt handliche Kleinbildkameras als Vorläufer der späteren „Pocket" an. Jedoch konnten sich diese aufgrund unterschiedlicher technischer Probleme nicht marktbedeutend durchsetzen. Erst die Filminnovation von Kodak verhalf der Pocketkamera zu ihrem Durchbruch als Massenphänomen und ließ sie in den 1970er und 1980er Jahren zu einer Art „Kugelschreiber" der Fotografie werden. Denn dieser Kameratypus war einfach jederzeit überall anzutreffen und von nahezu jedem, an der Fotografie interessierten Menschen ohne jegliche Vorkenntnisse sofort intuitiv einsetzbar. So hatte sehr bald jede große Kameramarke mindestens eine dieser Kameras im Angebot. Jedoch nicht die von Kodak angebotenen, sondern diejenigen Modelle der Firma Agfa aus dem „Agfamatic"-Programm gerieten zu stilbildenden Ikonen für die Kameragattung „Pocket" überhaupt („Agfapocket") und schafften es schnell an die Spitze einschlägiger Verkaufsstatistiken.

Zwischen 1974 (Agfamatic 2000 Pocket) und 1978 (Agfamatic Motor) betrieb Agfa eine intensive Modellpflege und platzierte

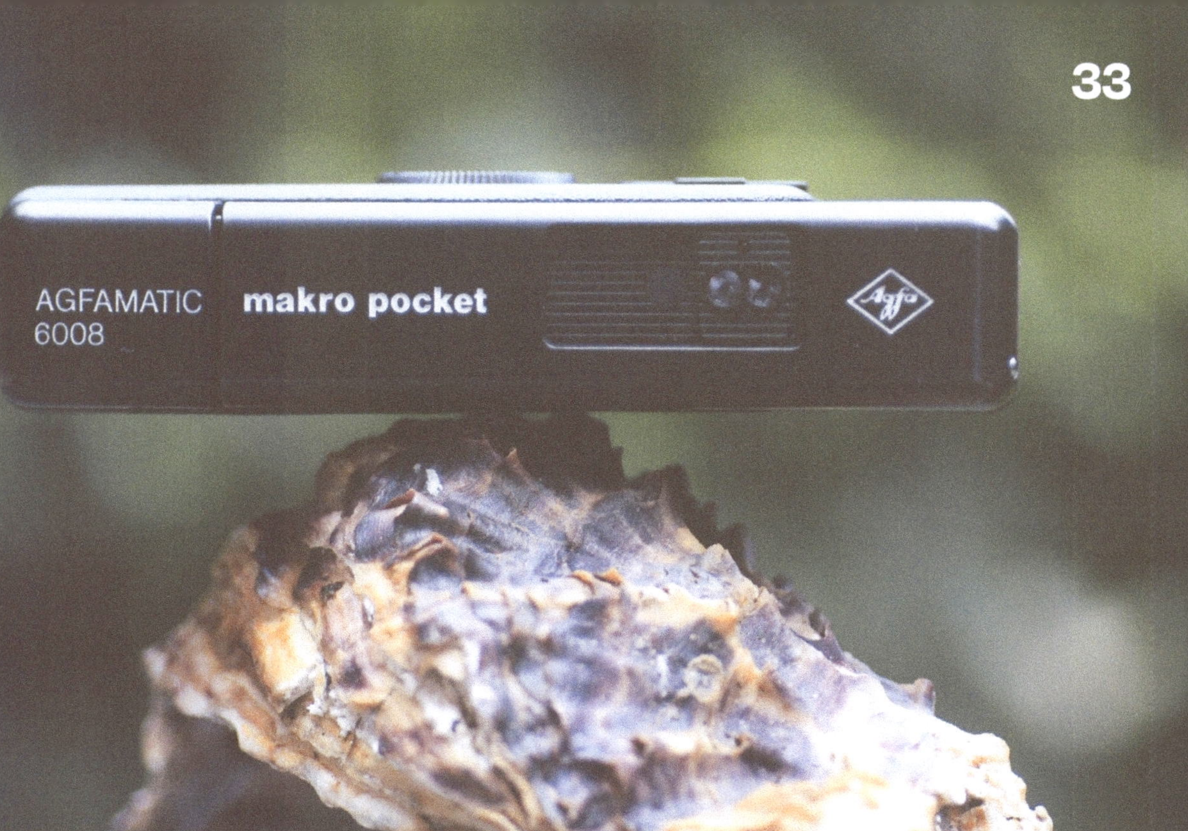

Die Hosentaschen-Pocket

in kurzen Zeitabständen zahlreiche neue Kameravarianten im Markt. Dabei wurden einzelne technische Features immer wieder verändert und verfeinert. Einige Eigenarten, die den ganz speziellen Charme der „Pocket" ausmachten und auch von anderen Marken übernommen wurden, blieben jedoch konstituierend erhalten. Unter ihnen sticht besonders der etwas eigentümliche Mechanismus des Filmtransports hervor. Dieser ging in der Weise vonstatten, dass vor jeder Aufnahme zunächst ein Schieber an der Unterseite der Kamera bewegt werden musste, was deren Gehäuse aufspringen ließ sowie Sucher und Objektiv frei gab – die Kamera war aufnahmebereit! Nach Betätigen des Auslösers wurde die Kamera zusammengeschoben, wodurch der Verschluss gespannt und der Film ein Belichtungsfenster weiter transportiert wurde. Diese Aktion verursachte ein „Ritsch-Ratsch-Geräusch", welches ich noch heute aus der Kindheit erinnere. Es geriet zu einer Art auditiver Visitenkarte der „Pocket" und war so charakteristisch für sie, dass die Bezeichnung „Ritsch-

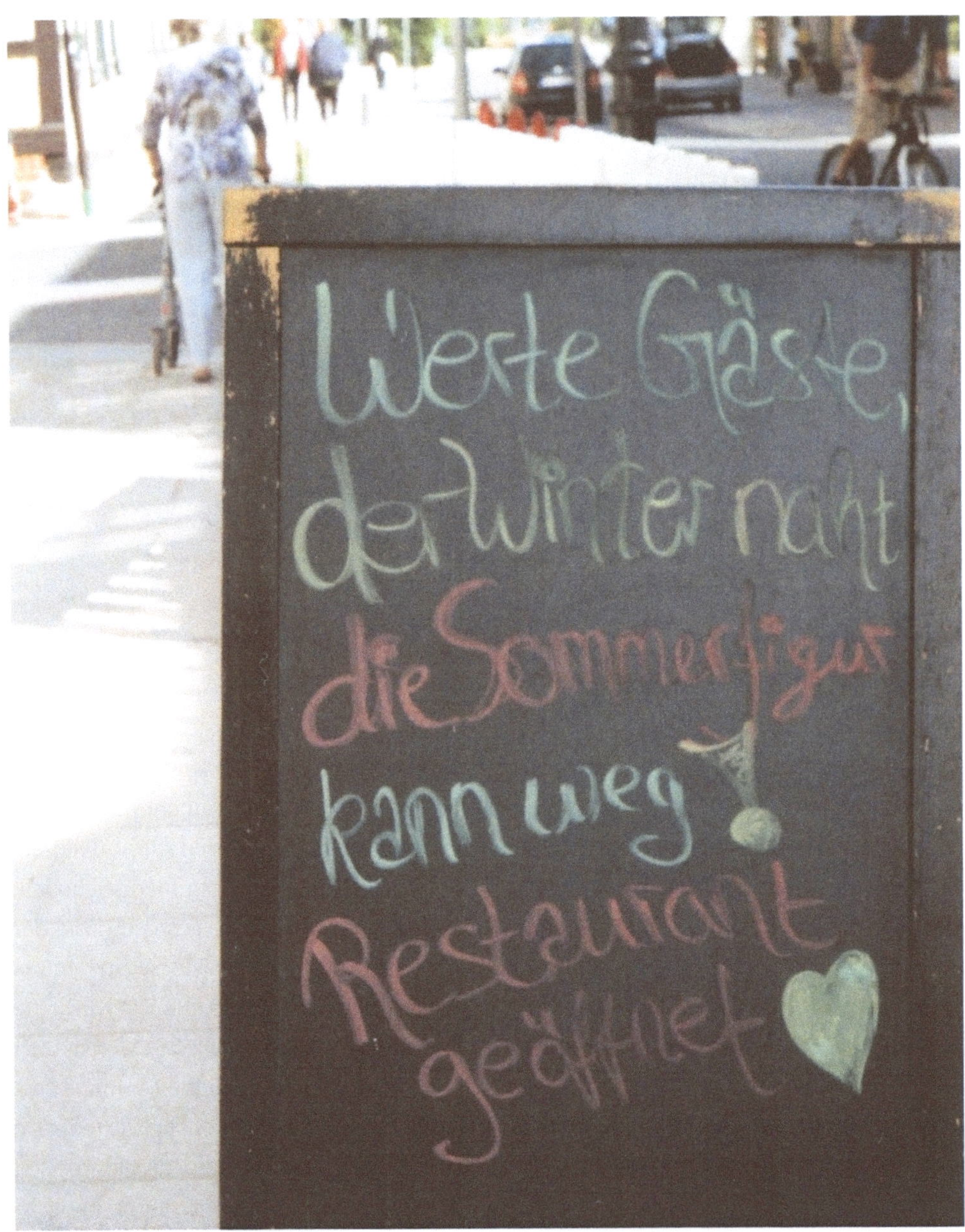

Mit der Pocket in Wernigerode I

Ratsch" als Synonym für den Kameratypus schlechthin in den Sprachgebrauch einging – vergleichbar mit dem Begriff „Tempo" für Papiertaschentuch.

Weiterhin verblieb die rein technische Ausstattung der Agfamatic-Reihe über sämtliche Modelle auf einem recht spartanischen Niveau, da es angesichts des Leitmotivs, die Kamera möglichst kompakt und handlich zu halten (Prinzip „Hosentasche"), vor allem darauf ankam, Bedienelemente einzusparen und die volle Nutzbarkeit der Kamera möglichst einfach zu halten. So verfügten alle Pocketkameras über ein Fixfokus-Objektiv geringer Lichtstärke sowie fester Brennweite und nur die Spitzenmodelle wiesen einen Belichtungsmesser im eigentlichen Sinne auf. Bei den meisten Modellen verhielt es sich so, dass sich der Fotograf für eines von zwei oder – bei höherwertigen Modellen – auch vier Wettersymbolen zu entscheiden hatte und die Kamera dann eine ganz bestimmte und je Symbol klar festgelegte Kombination aus Blenden- und Verschlusszeitenwert automatisch hinzusteuerte. Für die Fotografie in Innenräumen oder unter schlechten Lichtverhältnissen konnten alle Modellvarianten zusätzlich mit Blitzwürfeln unterschiedlicher Art bestückt werden. Noch großzügiger als in belichtungstechnischen Fragen zeigte sich die Agfamatic bei Entfernungseinstellung und Fokussierung. Hier repräsentierten drei Piktogramme (Portrait, Landschaft, Gruppe) den jeweils fernen, mittleren und nahen Einstellbereich. Die Praxis sollte mir später zeigen, dass seitens des Fotografen eine große Portion Schätzvermögen erforderlich war, um hier einigermaßen richtig zu liegen.

Neben den rein technischen Fragen soll ein prominentes Feature nicht unerwähnt bleiben, welches einen ganz eigenen Charme versprüht: die auf der Kameraoberseite sehr auffällig und mindestens daumendick große, leuchtend rote Auslösetaste. Rein funktionell betrachtet machte diese Taste das, was sie sollte: auslösen! In der Werbung sprach Agfa jedoch von einer „Sensor-" – statt einer „Auslösetaste", was dem Anwender suggerierte, dass in dem Moment, in welchem sie betätigt wurde, irgendwelche Messvorgänge in Punkto Belichtung, Schärfe etc. innerhalb der Kamera ablaufen würden. Dies war jedoch nur schöner Schein und würde ja auch deutlich über die nur professionelle Anmutung eines schwarz lackierten Gehäuses hinausgehen. Aber immerhin: Agfa verhalf dieser Taste – und damit der ganzen Kamera – zumindest kommunikativ zu höheren technischen Weihen, als ihr nach der Papierform zustand.

Unterwegs mit der Agfamatic Pocket

Sämtliche Kameras meiner Sammlung möchten und sollen zuweilen auch benutzt werden, wie nun eben auch mein „Neuzugang", die Agfamatic Pocket 6008. Nachdem die letzten Hersteller von Filmen für das 110er Format Ferrania und Fuji deren Produktion 2007 einstellten, wagte die Firma Lomography 2013 die Markteinführung neuer Filmfabrikate dieses Typs. So konnte ich die „Pocket" also reaktivieren und mit ihr „auf Fototour" gehen. Dabei entpuppte sie sich als „Immer-Dabei"-Kamera par excellence, da sie weder in Platz noch in Technikfragen große Ansprüche an mich stellte. Alle Sujets, denen ich begegnete, wurden mit ihr in den Fokus genommen – ohne vorherige Planung und ohne Überlegungen für ein perfektes Negativ anzustellen, denn das konnte ich von der „Pocket" auch nicht erwarten.

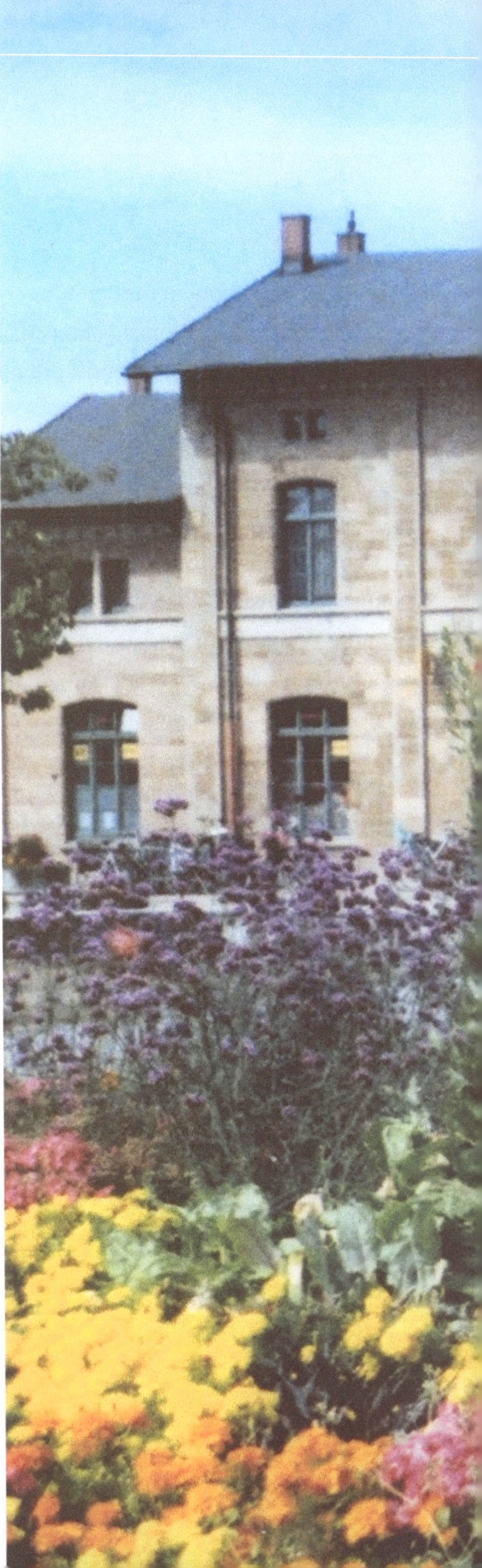

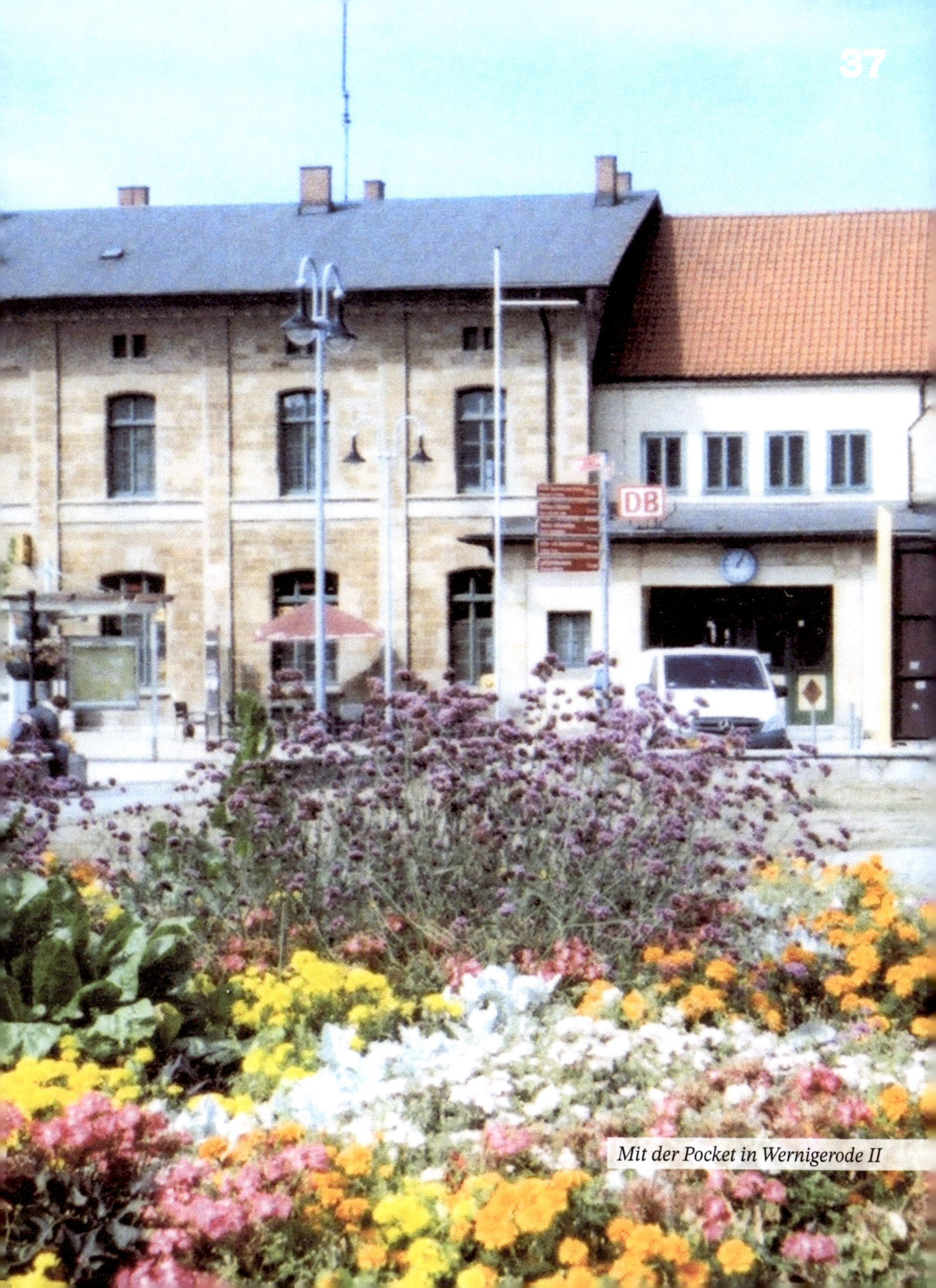

Mit der Pocket in Wernigerode II

Hielt ich ein Motiv für fotografisch attraktiv, so konnte ich mich nur zwischen drei alternativen Entfernungseinstellungen entscheiden, wobei im Nahbereich noch eine zusätzliche Feineinstellung möglich war, die jedoch sehr unpräzise arbeitete. Alles andere musste ich vollends den mir verborgenen Algorithmen der Agfamatic überlassen, ihr insofern blind vertrauen. Auch das Handling der Kamera gestaltete sich als durchaus gewöhnungsbedürftig und bald unterlief es mir, dass ich versehentlich das Filmfach öffnete, statt den Filmtransport zu betätigen. Allerdings bemerkte ich „en passant" auch, dass ich mich leichter und zügiger für das Ablichten von Motiven oder Situationen entscheiden konnte, also unbekümmerter mit der „Pocket" fotografierte, als dies mit umfangreicheren und qualitativ höherwertigeren Fotoequipments der Fall war. So erlebte ich es als entspannend, einerseits eine kaum spürbare Ausrüstung mit mir zu führen und andererseits nicht zu hohe Erwartungen an mich und die Qualität der späteren Belichtungen zu stellen. Ich konnte mich darauf einlassen, einfach und schnell spontane Eindrücke mit der „Pocket" festzuhalten. Durch das „Wenig (er)" an Kamera war es „unter Menschen"

häufig möglich, nahezu unbemerkt zu fotografieren und das charakteristische „Ritsch-Ratsch"-Geräusch wurde meist vom Hintergrundrauschen der Szenerie verschluckt. So hatte ich in einigen Momenten das Gefühl des Spionierens in der Rolle eines geheimen Beobachters. Andererseits war es aber genau dieses Merkmal, über das ich einmal ins Gespräch mit einer Person kam, die sich selbst an ihre „Pocket" von einst zurückerinnerte und äußerst erstaunt darüber war, dass noch immer (oder wieder) Filme für diesen etwas urigen Kameratyp erhältlich waren.

Was bleibt?

Die Pocketkamera, in unzähligen Haushalten noch heute vorhanden, wird als Farbtupfer mit hohem Spaßfaktor auch in Zukunft noch anzutreffen sein, so dass wir auch künftig immer mal wieder ein „Ritsch-Ratsch" hören, welches ein Lächeln in so manches Gesicht zaubern wird.

Kurzportrait Agfamatic Pocket

Die Agfamatic Pocket in Zahlen und Fakten

☑ **Typ** — Pocketkamera mit einlinsigem Objektiv

☑ **Produktion** — 1970 – Ende 1980er, mehrere Dutzend Millionen Stück

☑ **Varianten** — diverse reguläre Modelle und Sondermodelle

☑ **Gehäuse** — schwarzes Plastikgehäuse mit verchromtem Rahmen

☑ **Abmessungen** — 125 mm x 75 mm x 55 mm

☑ **Gewicht** — 200 - 300 g

☑ **Sucher** — Optischer Sucher

☑ **Sucheranzeige** — Belichtungswerte und Bildbegrenzung

☑ **Belichtungsmessung** — Integrierte Selen-Belichtungsmessung (neure Modelle)

☑ **Verschluss** — mechanischer Zentralverschluss

☑ **Verschlusszeiten (Sek.)** — von 1/30 bis 1/300

☑ **Einführungspreis 1970** — 50 DM (Set aus Kamera, Tasche, zwei Filmen und Blitzwürfeln)

☑ **Heutiger Straßenpreis** — ab etwa 20 DM in Zustand „B" (nur Kamera)

Auf einen Blick – zehn Gründe für die Agfamatic Pocket

1. **sehr günstige Kamera**
2. **extrem einfache, intuitive Bedienung**
3. **gutes Preis-Leistungs-Verhältnis**
4. **„überall dabei-Kamera"**
5. **wirkt „professionell"**
6. **sehr geringe Naheinstellgrenze mittels Nahlinsen**
7. **sehr handlich und unauffällig**
8. **viele Varianten erhältlich**
9. **großes Gebrauchtangebot**
10. **hoher „Spaßfaktor"**

Point and Shoot – Rollei 35 und Leica CL

Ab Mitte der 1960er Jahre kamen die sogenannten „Point and Shoot"-Kameras in Mode. Dabei handelte es sich um kleine Kompaktkameras, die vor allem einfach und benutzerfreundlich aufgebaut und für das „drauf los" oder spontane Fotografieren konzipiert waren. Ohne große Vorkenntnisse oder umfangreiche Einstellungen an der Kamera sollten einfache Aufnahmen ermöglicht werden. Zwei besonders markante Modelle, die zu Kultkameras avancierten, werden hier vorgestellt: die Rollei 35 und die Leica CL.

Die Rollei 35

„Sag′ mal, du fotografierst doch noch mit Film. Ich habe da noch eine kleine analoge Kamera aus dem Nachlass meines verstorbenen Mannes". Als eine Kollegin auf diese Weise meine Neugier weckte, ahnte ich noch nicht, dass ich bald einen neuen ständigen Begleiter haben würde, einen „fotografischen Komplizen" sozusagen.

Die Kamera, um die es ging, fristete bereits seit vielen Jahren ein unbeachtetes Dasein in einem Kellerschrank, noch dazu eingeschlossen in einer schwarzen Ledertasche, mit der sie schon werkseitig untrennbar verbunden war. Der Aufdruck auf der Entdeckung und eine kurze Recherche ließen eindeutig erkennen, dass es sich um eine Vertreterin der aus dem Jahr 1966 millionenfach und variantenreich produzierten kleinsten Kleinbildkamera der Welt handelte: der Rollei 35. Hierbei stand die Zahl 35 für das Filmformat und der Zusatz „S" für den in der Kamera verbauten Objektivtyp „Sonnar".

Obwohl sie nur wenig größer als eine EC-Karte ist, vermittelt die Rollei ihrem Anwender gleich beim erstmaligen „In-die-Hand-Nehmen" ein sehr angenehmes haptisches Gefühl, denn die lederne Ummantelung des Metallgehäuses und die äußerst kompakte Bauform erweisen sich als wahre „Handschmeichler". Wendet man sich dann den einzelnen Bedienungsele-

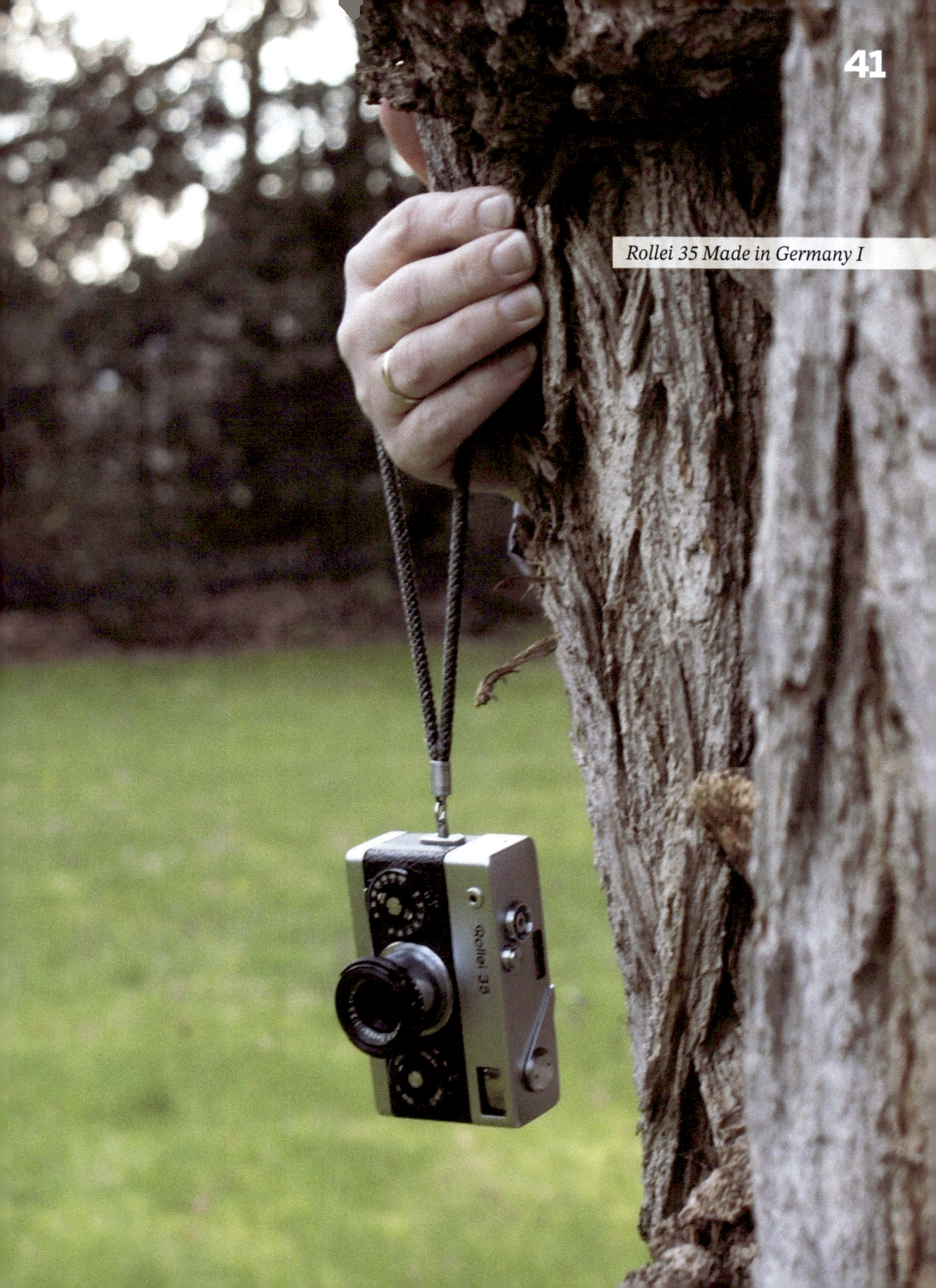
Rollei 35 Made in Germany I

menten zu, fallen eine Reihe von Besonderheiten ins Auge, die der Kamera einen unverwechselbaren Charakter verleihen und zahlreiche konstruktionsbedingte Finessen erkennen lassen. Die Spektakulärste unter ihnen ist sicherlich das ins Innere der Kamera versenkbare Objektiv, welches eine feste Brennweite von 40 mm und eine Anfangsöffnung von modellabhängig Blende 2,8 bzw. 3,5 aufweist. Aber auch die Anordnung des Spannhebels links am Gehäuse sowie des Rückspulhebels an dessen rechter Unterseite waren für den Kamerabau zur Zeit der Markteinführung der Rollei unüblich. Dagegen kannte man die zu beiden Seiten des Objektivs angebrachten Einstellrädchen für die gewünschte Zeit-Blenden-Kombination bereits von den schon seit Längerem erhältlichen zweiäugigen Rolleiflexen desselben Kamerabauers.

Die Rollei 35 kann vollkommen mechanisch bedient werden und Automatiken aller Art oder gar spezielle Motivprogramme sind ihr fremd. Insbesondere verzichteten die Konstrukteure der Kamera zugunsten ihrer Kompaktheit auf einen Entfernungsmesser, womit die Schärfe/Unschärfe-Ausdehnung des Motivs nicht visuell kontrollierbar ist.

Den einzigen „kleinen Luxus" für die Bildaufnahme stellt ein eingebauter Belichtungsmesser dar, der die korrekte Belichtung mittels eines kleinen Zeigers an der Gehäuseoberseite anzeigt. Seine Energie bezieht der Belichtungsmesser aus einer oberhalb der Filmkammer einzusetzenden Knopfzelle. Lange Zeit bestand diese im Typ PX 625, dessen Produktion jedoch seit 2001 aufgrund seines Quecksilbergehaltes eingestellt wurde. Von Kennern der Rollei werde ich daher auf meinen Fototouren immer wieder gefragt, ob es noch oder wieder Batterien für die Kamera gibt. Klare Antwort: Ja, die gibt es in Form der seit einigen Jahren erhältlichen 1,35-Volt-Zink/Air-Batterien verschiedener Hersteller. Diese dienen als Ersatz für die PX 625 und garantieren eine korrekte Belichtungsanzeige, wohingegen die sogenannten und eigentlich in Hörgeräten eingesetzten „Zink-Luft-Batterien" mit hierzu abweichender Spannung von zumeist 1,5 Volt zu Fehlbelichtungen von circa zwei Blendenstufen führen würden. Ist die Kamera nicht im Einsatz, so verbleibt sie in der mitgelieferten Tasche, wobei seitens des Belichtungsmessers kaum Strom verbraucht wird und sich die Batterie daher einer sehr langen Lebenszeit erfreuen kann.

Mit der Rollei wird jede Fototour zu einem Abenteuer, das schon beim Laden der Kamera beginnt. So muss zunächst das gesamte Unterteil des Gehäuses abgezogen werden, bevor die Filmpatrone genau andersherum als üblich in die Filmkammer eingespannt werden kann. Danach ist etwas Fingerspitzengefühl beim Einfädeln in die Transportspule gefragt, bevor einige „Trockenauslösungen" den Film an die Position „1" befördern.

Nach dieser Prozedur kann mit der Rollei 35 wunderbar unbemerkt fotografiert werden, was sie aus meiner Sicht besonders für die Reportagefotografie prädestiniert. Dank der mitgelieferten Handschlaufe „klebt" die Rollei quasi am Handgelenk und ist so stets sofort einsatzbereit. Zudem löst sie sehr leise aus, und das relativ hohe Gewicht fungiert, wenn man so will, als zusätzlicher Bildstabilisator, womit auch Zeiten von 1/15 Sekunden „aus der Hand" noch gut möglich sind. Gleichzeitig schult die Kamera gerade durch ihre etwas spartanische technische Ausstattung auch den bewussten Umgang des Fotografen mir seinen Motiven, da alle Aufnahmeparameter mit Bedacht bestimmt werden

wollen und die Rollei 35 ihrem Anwender hier „nichts abnimmt".

Als anfänglich sehr herausfordernd erwies sich allerdings die Tatsache, dass die Entfernung der Motive nur geschätzt werden kann, um die gewünschte Schärfe bzw. Unschärfe im Bild zu erhalten. Dabei stellte ich schnell fest, dass Aufnahmen mit großen Blendenöffnungen im Umfeld von etwa zwei bis drei Metern meist zu (ungewollten) Unschärfen führen, da ich doch häufig mit meinen Schätzungen „daneben lag". Dies zwar oftmals nur um einige Zentimeter, jedoch durchaus bildentscheidend. Allerdings sind Aufnahmesituationen im Nahbereich auch nicht Haupteinsatzzweck der Kamera, da es recht unpraktisch wäre, hier „erst einen Zollstock zu bemühen". Viel häufiger nahm ich im Laufe der Zeit Motive in den Fokus, die sich in einem Abstand von etwa fünf bis zehn Metern oder noch darüber befanden, was auch durch die eichte Weitwinkelperspektive es Objektivs unterstützt wird. Und hier bildet die Rollei schon bei Blende acht bis in den Bereich von Unendlich scharf ab und bietet eine sehr überzeugende Abbildungsleistung.

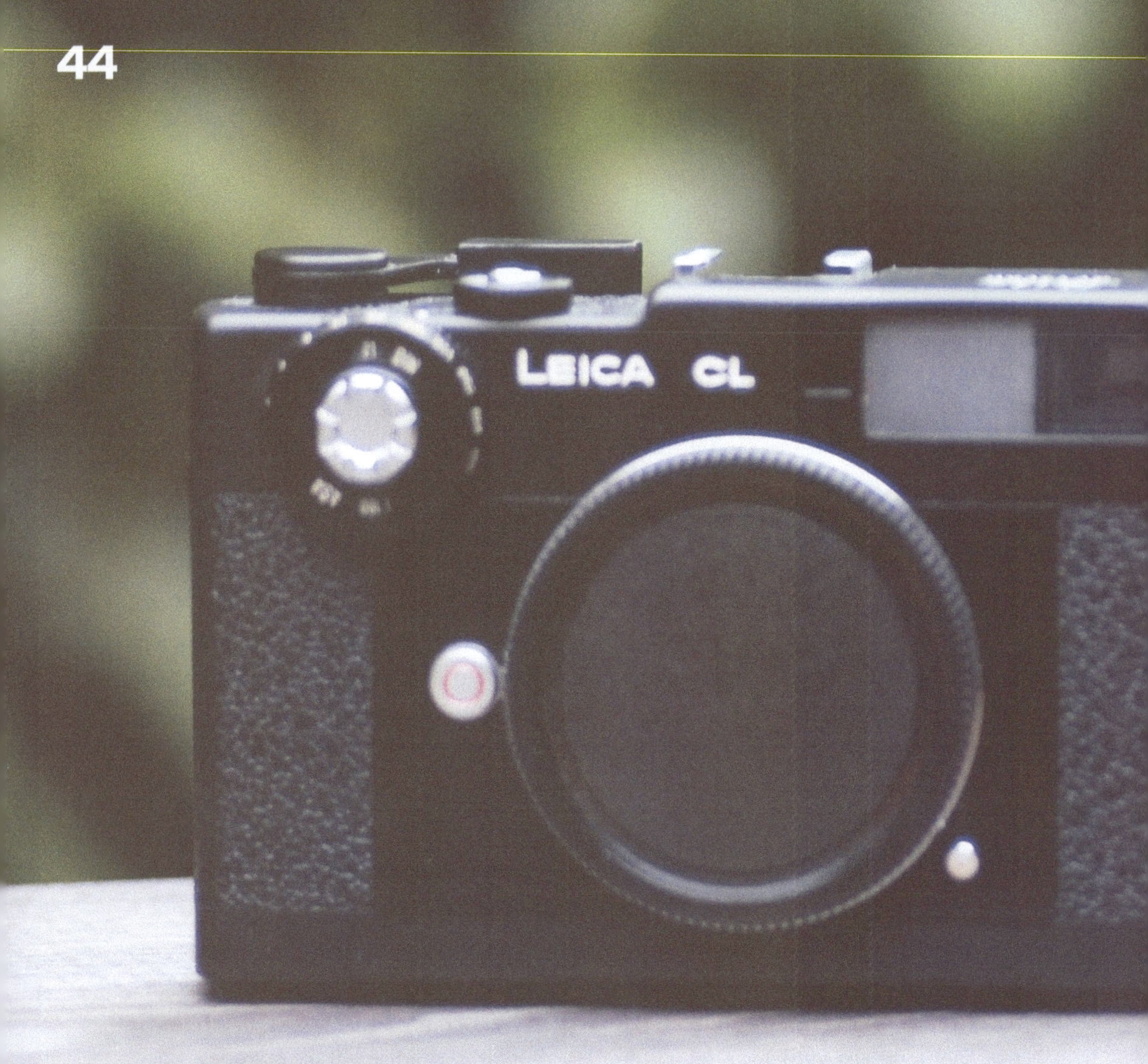

In einer recht „dynamischer" Umgebung, wie etwa dem Gewimmel einer belebten Fußgängerzone oder inmitten des hektischen Treibens einer Bahnhofsvorplatz-Szenerie, empfiehlt es sich zudem, von einem festen Aufnahmestandort aus die Blende voreinzustellen und damit die Schärfezone schon vorab festzulegen. Denn alle Szenen, die sich innerhalb dieser Zone abspielen, können nun sehr schnell und unauffällig mit der Rollei 35 eingefangen werden, ohne dass die Entfernungseinstellung ständig nachjustiert werden müsste.

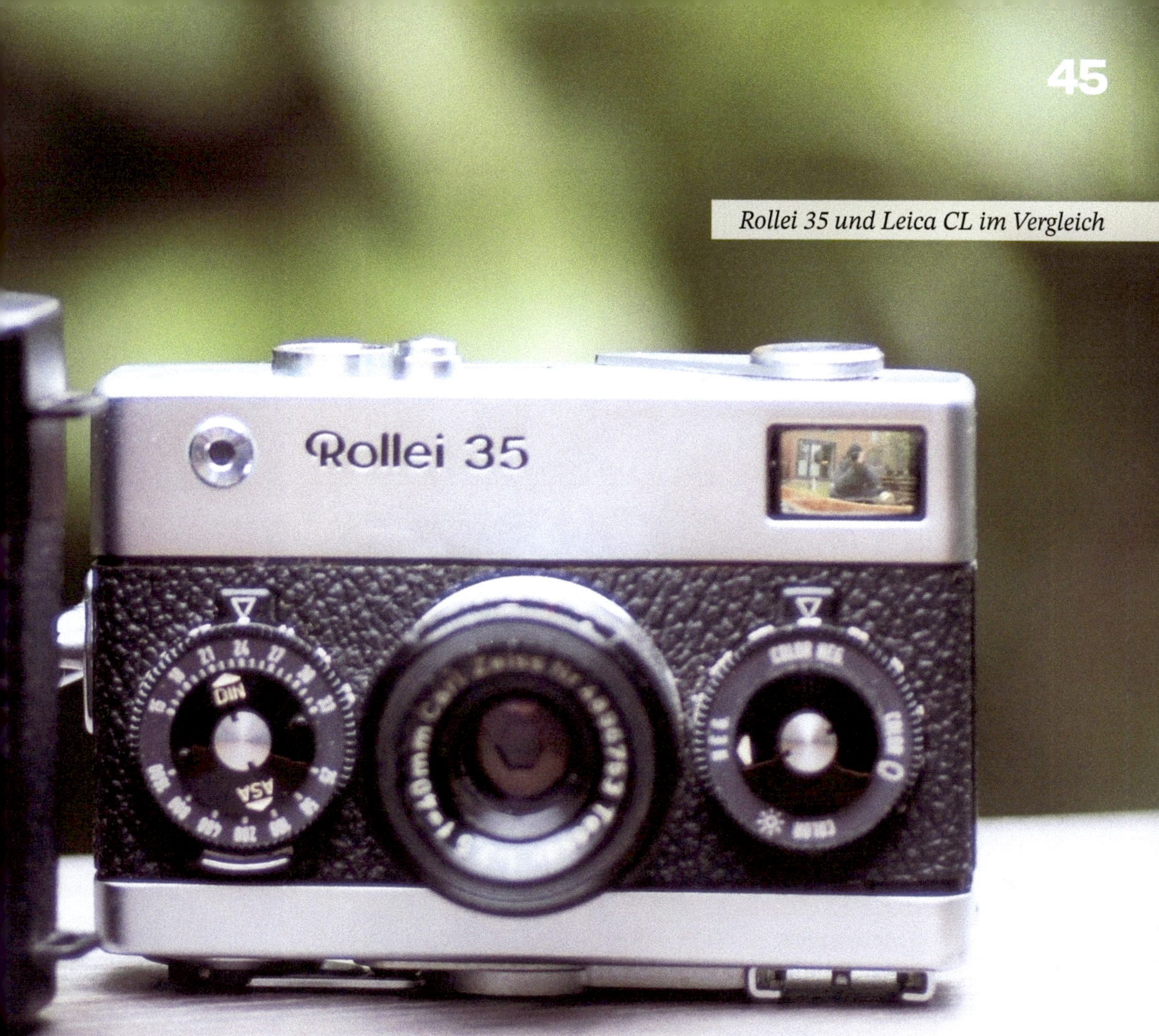

Aber ganz gleich, wohin ich diese charmante Kamera bislang auch begleitete, wurde ich häufig mit Reaktionen wie „Oh, so eine hatte ich auch mal" oder „Na, geht die noch?" auf die Rollei angesprochen – oft begleitet von einem verschmitzten Lächeln. Es kam auch schon vor, dass ich „erwischt" wurde, wenn ich Menschen auf der Straße mit der „kleinen 35er" fotografiert habe. Doch auch dann waren die Reaktionen fast ausnahmslos freundlich, denn eine Wirkung geht von dieser Kamera ganz bestimmt nicht aus: Aufdringlichkeit.

Kurzportrait Rollei 35

Die Rollei 35 in Zahlen und Fakten

☑ **Typ**	Kompakte Kleinbild-Kamera („Point and Shoot")
☑ **Produktion**	1966 - heute, insgesamt über 2.000.000 Stück
☑ **Varianten**	diverse reguläre Modelle und Sondermodelle
☑ **Gehäuse**	Druckguss mit schwarz-verchromter Decken- und Bodenplatte
☑ **Abmessungen**	97 mm x 60 mm x 32 mm
☑ **Gewicht**	375 g (nur Gehäuse)
☑ **Sucher**	Optischer Sucher mit 90 % Bildabdeckung
☑ **Sucheranzeige**	Verschlusszeiten und Messnadel sichtbar
☑ **Belichtungsmessung**	Selektive Lichtmessung durch das Objektiv
☑ **Verschluss**	vollmechanischer Zentralverschluss
☑ **Verschlusszeiten (Sek.)**	B, 1/2, 1/4, 1/8, 1/15, 1/30, 1/60, 1/125, 1/250, 1/500
☑ **Einführungspreis 1966**	378 DM
☑ **Heutiger Straßenpreis**	ab etwa 80 Euro in Zustand „B" (Serienmodell)

Auf einen Blick – zehn Gründe für die Rollei 35

1. kleinste je gebaute Kleinbildkamera
2. einfache, intuitive Bedienung
3. gutes Preis-Leistungs-Verhältnis
4. klein und kompakt
5. unauffällig und leise
6. viele Varianten am Markt verfügbar
7. robustes Gehäuse
8. auch ohne Energiequellen einsetzbar
9. wertstabil
10. hoher „Spaßfaktor"

Die Leica CL

Kürzlich feierte eine Kamera ihren 50. Geburtstag, die in mancher Hinsicht als einzigartig in ihrer Art gilt, die Leica CL („Compact Leica") analog! Obwohl nur über einen kurzen Zeitraum produziert, konnte sich das Modell selbst gegen ihre größere Schwester aus gleichem Haus, der „Leica M", behaupten und gilt noch heute als Vorbild aller Kompaktkameras. Wie kam es dazu und worin liegt das Erfolgsgeheimnis der CL?

Gesucht: eine Zweitkamera für die Manteltasche

Klein, schwarz, stark. Was sich wie der Werbeslogan einer Espressomarke liest, leitete ein Angebot eines bekannten Online-Auktionshauses ein, auf das ich aufmerksam wurde. Zum Verkauf stand ein Kameramodell, von dem ich bis dato noch nie gehört hatte, die „Leica CL analog". Zwar besaß ich zu jener Zeit bereits eine ohnehin schon recht kompakte Leica M6, befand mich aber dennoch auf der Suche nach einer kleineren Analogkamera, die sich einfach in der Manteltasche verstauen und immer mitführen ließ.

Der Verkäufer betonte in seiner Anzeige besonders zwei Eigenschaften der Leica, die mich schließlich dazu bewogen, die Kamera zu bestellen: ihre kompakte Bauform und der Anschluss für jene Wechselobjektive, die mit den Leica-Messsucherkameras kompatibel sind. Da ich meine M-Objektive also auch an der CL verwenden konnte, folgte meine Kaufentscheidung zunächst rein praktischen Erwägungen und der Idee, die kleine Leica als Zweitkamera zu nutzen. Dies aber wird ihr, wie sich bald herausstellen sollte, nicht gerecht, was mit der besonderen bautechnischen Geschichte und der zum damaligen technischen Entwicklungsstand opulenten Ausstattung der Kamera zusammenhing.

Die Compact Leica damals – „zu gut" für ihre Zeit

Die Geburtsstunde der Leica CL im Jahre 1973 fiel in eine Zeit großer Veränderungen auf dem deutschen Kameramarkt, die auch die bis dahin erfolgsverwöhnte Firma Ernst Leitz Wetzlar GmbH mit ihrer auf Messsucherkameras ausgerichteten Produktpolitik herausforderten. Damals gewannen innovative und vergleichsweise günstige Spiegelreflexkameras (SLR) japanischer Hersteller zunehmend Marktanteile im Profisegment, während kleine und kompakte Modelle im Amateurbereich immer

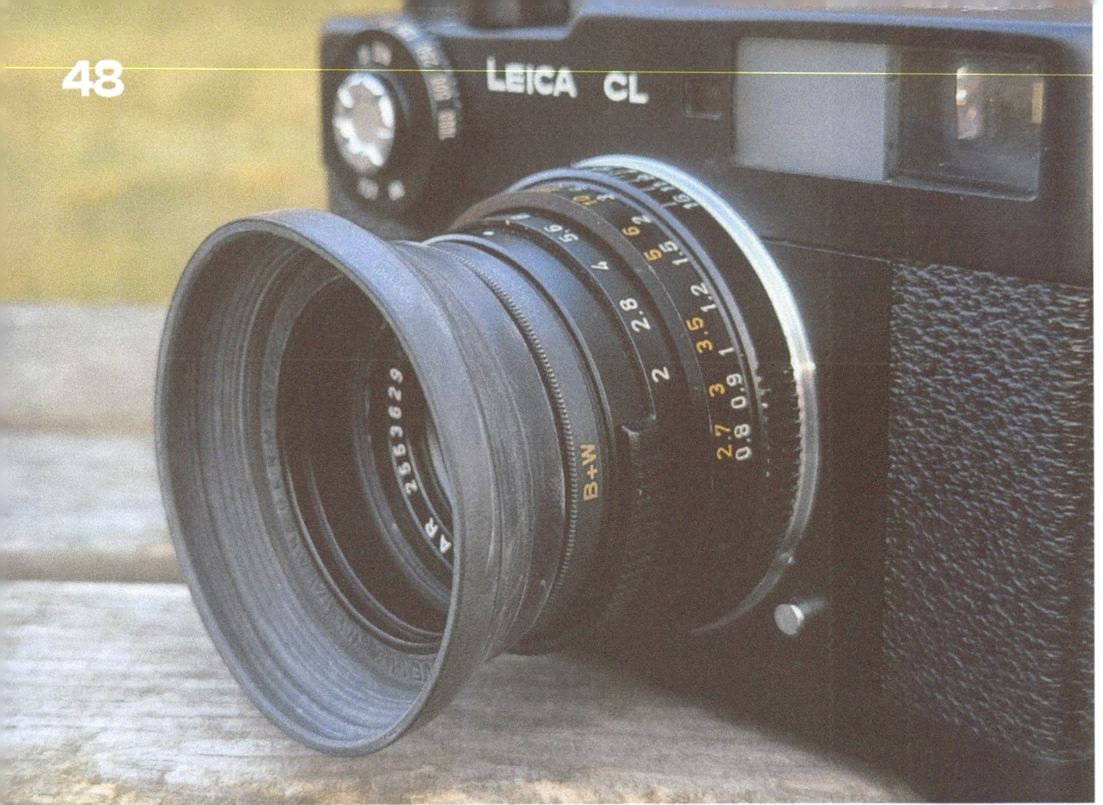

Leica CL I

beliebter wurden. Hinzu kam, dass sich die erst zwei Jahre zuvor eingeführte Leica M5, die als Leitz` Antwort auf den SLR-Boom gedacht war, wegen schleppender Absätze als Sorgenkind für Leitz entwickelte. Zwar stach die „neue M" gegenüber ihren Serienvorgängern technisch klar hervor, jedoch blieb sie wegen ihrer unorthodoxen und gegenüber früheren M-Modellen „kantigeren" Bauweise umstritten und von vielen Leica-Anhängern ungeliebt.

Mit der neuen Compact Leica verband Leitz die Hoffnung, den Weg zurück in die Erfolgsspur zu finden. Dies allerdings mit einer Art „Quadratur des Kreises", denn die für den engagierten Amateur entwickelte Kamera sollte sowohl eine hochwertige Ausstattung bieten als auch preislich so attraktiv sein, wie es die schon am Markt erfolgreichen kompakten Modelle der Mitbewerber waren. Konnte diese Strategie gelingen?

Um es vorwegzunehmen: Ja, sie gelang mit einer Kooperation, die die Firma Leitz erstmals in ihrer Firmengeschichte mit dem japanischen Kamerabauer Minolta einging. Zwar nahm man die Konzeption der CL selbst in Wetzlar vor, produziert wurde jedoch kostengünstig in Japan. Das Ergebnis dieser Zusammenarbeit war zum damaligen Zeitpunkt schlichtweg eine Sensation, denn die neue Leica stellte die bis dahin technisch anspruchsvollste Kompaktkamera dar, die je eine Marktbühne betrat. So kannte man Features wie einen eingebauten Entfernungsmesser mit selektiver Lichtmessung durch das Objektiv oder ein Bajonett für Wechseloptiken bislang nur von wesentlich größeren und teureren Kameras. Zusammen mit weiteren hochwertigen Ausstattungsmerkmalen wie einem hellen, großen und scharfen Sucher sowie einem zuverlässigen Stoffverschluss entstand ein Gesamtpaket, welches in Ausstattung und Leistung der „großen Schwester" M5 glich – nur eben in einem deutlich kleineren und nicht zuletzt viel günstigeren Gehäuse.

Dies hatte zur Folge, dass sich die CL nicht, wie vom Hersteller beabsichtigt, nur als Ergänzung zur „M" positionierte, sondern den Absatz des damaligen Leica-Flaggschiffs regelrecht kannibalisierte. So verkauften sich im Zeitraum 1973 bis 1976 doppelt so viele „kleine Leicas" wie von den Modellen M4 und M5 zusammen – ein Beleg dafür, dass die CL quasi „zu gut" für ihre Zeit war und die Vorteile der „Ms" den jeweils deutlich höheren Preis im Vergleich mit der kompakten Leica aus Sicht vieler Leitzkunden nicht rechtfertigten. Zudem stellte Leitz der Kamera zwei speziell auf sie abgestimmte Objektive zur Seite, die jeweils über sehr gute optische Eigenschaften verfügten: das Summicron-C 1:2/40 mm und das Elmar-C 1:4/90 mm.

Trotz oder gerade wegen des Erfolgs der kleinen Leica konzentrierte man sich in Wetzlar auf die Weiterentwicklung der M-Serie und zog sich 1976 aus dem CL-Gemeinschaftsprojekt mit Minolta zurück. Minolta hingegen nahm die Produktion der Kamera in einer vom Design her zwar identischen, nun jedoch unter der Typenbezeichnung „Minolta CLE" erhältlichen Form Anfang 1981 wieder auf. Doch nicht nur das, denn Minolta stattete den Nachfolger der CL schon bald mit einer Zeitautomatik aus und damit einer Technik, die sich erst 21 Jahre später auch in einer Leica M, genauer gesagt der M 7, fand. Bis zum Jahr 1985 kamen insgesamt 35.000 CLEs in den Handel.

Unterwegs mit der Compact Leica – vertraut und doch anders

Mit der kompakten Leica zu fotografie-

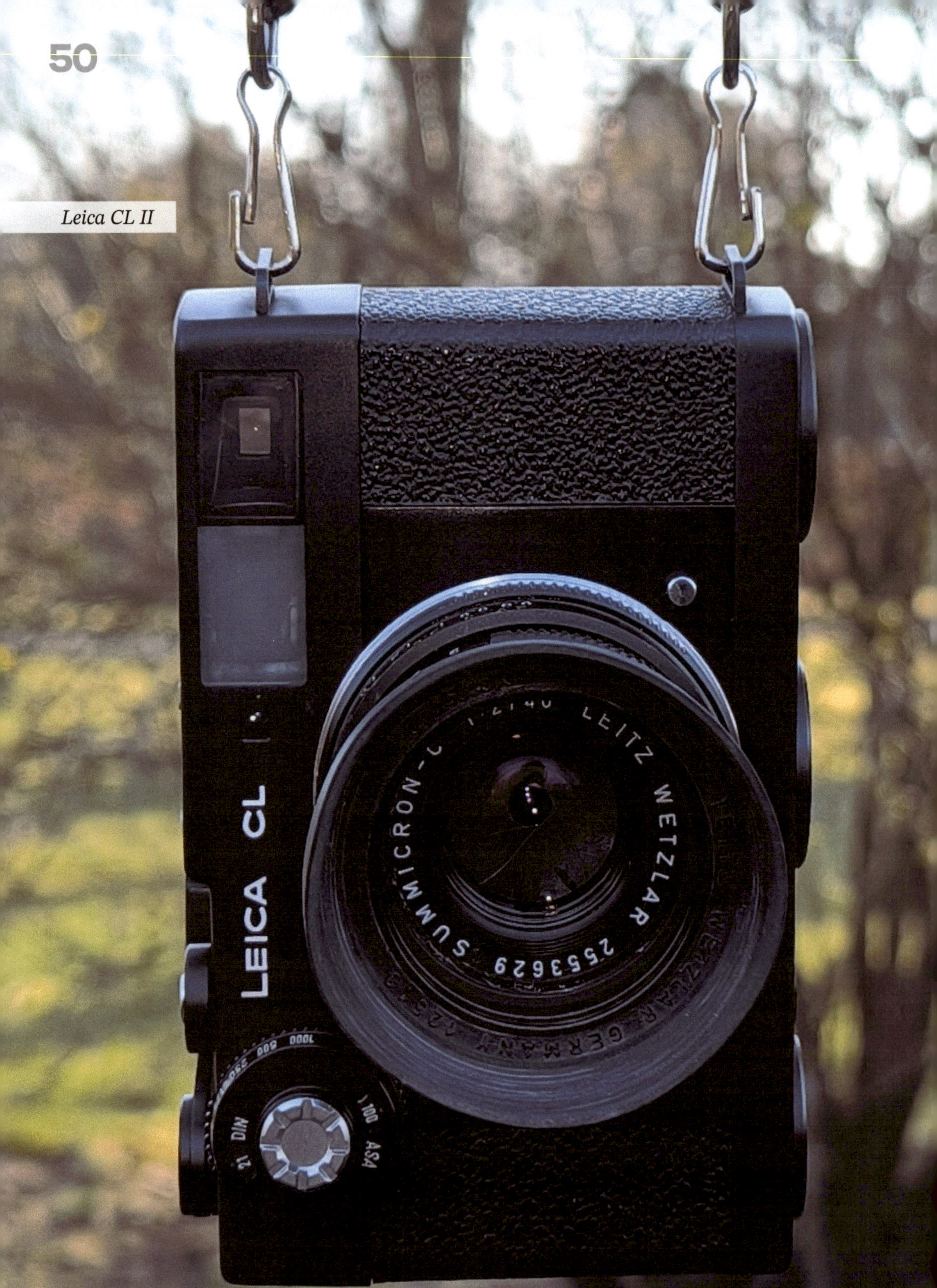
Leica CL II
LEICA CL
SUMMICRON-C 1:2/40 LEITZ WETZLAR 2553629
WETZLAR GERMANY
21 DIN
1000
ASA

ren, gleicht einer Entdeckungsreise voller kleiner Überraschungen, und dies nicht erst, wenn man mit ihr auf Fototour geht. Schon während der ersten „Trockenübungen" mit ihr lässt sich eine Art Leitz-Handschrift erspüren, die alle Produkte des Kamerabauers auszeichnet und ein starkes Gefühl von Vertrautheit vermittelt. Hierbei fügen sich eine einfache Handhabung und übersichtliche Anordnung weniger Bedienelemente zu einem aufgeräumten Erscheinungsbild zusammen. Dank dieses Konstruktionsprinzips finden die Finger meiner rechten Hand instinktiv alles das, was es braucht, um die kleine Leica einsetzen zu können. So ist mein Zeigefinger augenblicklich Herr über den auf der Deckkappe angebrachten Auslöseknopf, während Daumen und Mittelfinger bereits am „Abzug" des Filmtransporthebel ruhen beziehungsweise das Verschlusszeiten-Einstellrad, das an der Vorderseite des Gehäuses positioniert ist, umschließen.

Im nächsten Moment folgt eine Überraschung, denn die CL hängt sich nicht quer, sondern hochkant, da sie nur an einer ihrer kurzen Gehäuseseiten über zwei Ösen für einen Trageriemen verfügt. Somit lässt sie sich statt vor dem Bauch, nur seitlich über der Schulter hängend tragen, was ein unbemerktes Fotografieren ermöglicht und schnell zum Markenzeichen des Modells avanciert. Dazu passt, dass die Kamera weder von einem „roten Punkt" als Leitz-Markensymbol noch aufwändigen Beschriftungen geziert wird. Für mich ist dies ein klarer Fall von Understatement, mit der die CL trotz ihrer guten „inneren technischen Werte" auftritt.

Der erstmalige Blick durch den Sucher liefert sogleich die nächste Überraschung, selbst für Leica M-Fotografen. So befinden sich im Sucher der Kamera zwei Skalen, die in ihrem Zusammenspiel gute Dienste für die Bestimmung der Belichtung leisten. Auf der einen Skala ist die eingestellte Verschlusszeit ablesbar und mittels der zweiten Skala zeigt eine Messnadel die korrekte Belichtung im Sinne eines 18%igen Mittelgrau an. Dabei wirkt ein im Grunde schon bei Einführung der Kamera recht anachronistischer Vorgang, der in Gang gesetzt wird, wenn der Fotograf den Filmtarnsporthebel etwas ausklappt, also nicht ganz „durchzieht", so als wolle er den Verschluss für die nächste Aufnahme spannen. Ein schwenkbarer Arm befördert nun die Messzelle vor den Verschlussvorhang und misst das auftreffende Licht. Drückt man schließlich auf den Auslöser, wird dieser Arm mechanisch in seine Ausgangsposition zurückbefördert.

Es dauert eine Weile, sich an diesen Mechanismus zu gewöhnen, denn allzu oft betätigte ich den Transporthebel „bis zum Anschlag", ohne die Belichtungsmessung vorgenommen zu haben. Zudem muss gesagt werden, dass das ermittelte Messergebnis nicht immer sehr genau ist und in wichtigen Aufnahmesituationen ein „Double-Check" mit einem externem (Hand-) Belichtungsmesser erfolgen sollte. Allerdings ist die CL, was die Belichtungswerte angeht, sogar auskunftsfreudiger als eine Leica M6, die lediglich über die Richtung der Belichtung gemäß „stimmt genau" sowie „Über- und Unterbelichtung" ohne Anzeige konkreter Werte informiert.

Im Kamerasucher bleibt der Leuchtrahmen für die Brennweite 40 mm ständig eingespiegelt und wird bei Verwendung entsprechender Objektive durch denjenigen für 50 mm oder 90 mm ergänzt. Dies unterstreicht, dass das „40er" als Normalbrennweite der damaligen Zeit galt, mit der bereits die allermeisten Motive, etwa

im Landschafts- und Streetbereich erfasst werden können.

Doch ganz gleich mit welcher dieser Festbrennweiten die CL eingesetzt wird, erweist sie sich in der Praxis, gerade in sich schnell und dynamisch veränderten Aufnahmesituationen, als echte „Point and Shoot"-Kamera. Denn die Fokussierung des Motivs ist recht einfach, wenn man den „Aktivierungskniff" der Belichtungsautomatik mit dem Filmschalthebel einmal verinnerlicht hat. So befindet sich in der Suchermitte eine Scharfeinstellhilfe in Form eines kleinen Ovals, die mit der Entfernungseinstellung des Objektivs gekoppelt ist. Die Schärfentiefe bei gewählter Blende muss zwar geschätzt werden, allerdings lassen sich mit der kompakten Leica schnell Erfahrungswerte für die häufigsten Motivbereiche sammeln.

Wenn zum Beispiel eine 40mm oder 50mm-Brennweite, eine mittlere Blende von acht sowie eine Entfernungseinstellung am Objektiv von zwei Metern gewählt werden, ergibt sich eine perfekte Schärfentiefe für Motive im „Nahbereich" zwischen etwa 1,50 m und drei Metern. Für den „Fernbereich" bewirkt eine Umstellung des Aufnahmeabstands auf sechs Meter bei gleicher Blendenzahl, dass alles scharf abgebildet wird, was sich in einer Entfernung von drei Metern bis hin zu Unendlich befindet. Damit bedarf es bei Vorwahl von lediglich zwei Parametern nur eines kurzen Drehs am Objektiv, um die kleine Leica für die allermeisten Aufnahmesituationen „schussbereit" zu machen.

Der Filmwechsel offenbart schließlich einen Blick ins Innenleben der kleinen Kompakten und ist nicht „im Vorbeigehen" zu bewerkstelligen, sondern eher an einem ruhigen Ort mit Sitzgelegenheit. Zwar funktioniert die Rückspulmechanik des belichteten Films einfach und zuverlässig, jedoch ermöglicht erst das Entfernen der kompletten Rückwand die Entnahme der Filmpatrone. Was dann von der CL übrig bleibt, mutet etwas fragil an und legt die Kamera auf sonderbare Weise frei. Aber keine Panik, denn: alles an der CL ist robust verarbeitet!

Die Compact Leica heute – „immer noch gut" und begehrt

Wer heute mit einer kleinen und handlichen Kompaktkamera analog fotografieren möchte und die Vorteile des Messsucher-systems zu schätzen weiß, ist mit der „kleinen Leica" beziehungsweise dem Nachfolgemodell Minolta CLE noch immer gut bedient. Und wenn man die Anzahl aktueller Beiträge in einschlägigen Onlineforen sowie der Interessenten an Verkaufsangeboten eines bekannten Onlineauktionshauses als Indikatoren heranzieht, lässt sich sagen: der Kameraklassiker Leica CL erfreut sich auch heute noch einer aktiven Fangemeinde.

Ein genauer Blick auf den Gebrauchtmarkt zeigt, dass der tatsächliche Erhaltungszustand einzelner Exemplare enorm variiert, was besonders auf die in der Kamera verbauten Verschleißteile zutrifft. Die Achillesverse unter ihnen ist dasjenige Kabel, das den Cadmiumsulfit-(CdS-) Sensor des Belichtungsmessers mit der Kameraelektronik verbindet. Nach Jahrzehnten des Gebrauchs und der Lagerung könnte es heute spröde und brüchig geworden sein, was sich in Wackelkontakten oder gar Kabelbrüchen niederschlägt und die Belichtungsmessung verunmöglicht.

Sollte es noch „in Takt" sein, stellt sich die Gretchenfrage der Energieversorgung im Sinne von: Ersatzbatterie oder

Umrüsten? Denn die einst in der Kamera verwendeten quecksilberhaltigen PX 625-/ 1,25 Volt-Batterien werden aus Umweltschutzgründen schon seit geraumer Zeit nicht mehr hergestellt, können aber durch quecksilberfreie, jedoch relativ hochpreisige 1,5 Volt-Batterien mit der Typenbezeichnung „V625U" ersetzt werden. Zwar kann der Belichtungsmesser damit seinen Dienst erfüllen, dies aber de facto nur sehr ungenau, da die zu hohe Spannung oftmals Fehlbelichtungen erzeugt. Statt diese nun durch Hinzunahme eines externen Belichtungsmessers manuell zu korrigieren, kann die CL alternativ auf die Spannung von 1,5 Volt umgestellt werden. Manchmal hat man beim Gebrauchtkauf sogar das Glück, dass diese Prozedur schon vom Vorbesitzer veranlasst wurde.

Nun der finanzielle Aspekt. Möchte man heute eine sehr gut erhaltene und voll funktionsfähige CL erwerben, die sozusagen „on top" auf die aktuell übliche Batteriespannung hin umgerüstet wurde, so ist mit einem Gehäusepreis oberhalb von 650 Euro zu rechnen. Dagegen sind Exemplare im Zustand B schon ab etwa 400 Euro zu haben, wobei die Preisentwicklung aktuell leicht aufsteigend verläuft. Es empfiehlt sich jedoch, wie bei jedem anderen Liebhaberstück früherer Zeiten auch, vorsorglich noch einmal den gleichen Betrag für technische „Check-Ups" der nächsten Jahre und Jahrzehnte einzuplanen. In jedem Fall sollten vor dem Kauf ausführliche Funktionstests bei unterschiedlichen Einsatzbedingungen und Lichtsituationen vorgenommen werden, da nur so verlässliche Rückschlüsse auf einen langfristig einwandfreien Einsatz der Kamera gezogen werden können.

Was bleibt?

Beide Point and Shoot-Kameras, Rollei wie Leica, sind ideale „Immer-dabei-Kameras" mit viel Retro-Charme, die in jeder Tasche Platz finden und mit denen das Fotografieren zu jeder Zeit und an jedem Ort einfach viel Spaß macht. Neben der ganz spontanen Fotografie „im Nebenbei" sind auch anspruchsvolle Projekte möglich, womit die „große Ausrüstung" auch einmal zu Hause bleiben darf. Die Leica CL öffnet zudem eine kostengünstige Tür zu den besten Fotoobjektiven der Welt, von denen bis auf wenige Ausnahmen alle gängigen Modelle an der Leica CL verwendet werden können.

Kurzportrait Leica (CL) analog

Die Compact Leica (CL) analog in Zahlen und Fakten

☑ **Typ**	Kompakte Messsucher-Kamera („Point and Shoot")
☑ **Produktion**	1973 - 1976, insgesamt ca. 65.000 Stück
☑ **Varianten**	schwarz (ca. 61.500) und mit Logo „50 Jahre" (ca. 3.500 Stück)
☑ **Gehäuse**	Druckguss mit schwarz-verchromter Decken- und Bodenplatte
☑ **Abmessungen**	120 mm x 75 mm x 32 mm
☑ **Gewicht**	353 g (nur Gehäuse)
☑ **Sucher**	Direktsucher mit gekoppeltem Entfernungsmesser
☑ **Sucheranzeige**	Leuchtrahmen für Brennweiten 40 mm, 50 mm und 90 mm, Verschlusszeiten und Messnadel sichtbar
☑ **Belichtungsmessung**	Selektive Lichtmessung durch das Objektiv
☑ **Verschluss**	senkrecht ablaufender Schlitzverschluss
☑ **Verschlusszeiten (Sek.)**	B, 1/2, 1/4, 1/8, 1/15, 1/30, 1/60, 1/125, 1/250, 1/500, 1/1000
☑ **Einführungspreis 1973**	739 DM
☑ **Heutiger Straßenpreis**	ab etwa 400 Euro in Zustand „B"

Auf einen Blick – zehn Gründe für die Leica Compact Leica (CL) analog

1. günstigster Einstieg in die „Leica-Welt" mit ihren Top-Objektiven
2. einfache, intuitive Bedienung
3. gutes Preis-Leistungs-Verhältnis
4. klein und kompakt
5. unauffällig und leise
6. breites Angebot am Markt verfügbar
7. „echtes" Retro-Design
8. auch ohne Energiequellen einsetzbar
9. wertstabil
10. hoher „Spaßfaktor"

Das Arbeitspferd der Messsucher-Kameras – Leica M 2

Klassiker, so ist häufig zu hören, verschwinden nicht, sondern werden im Laufe der Zeit nur neu interpretiert. Ein solcher Klassiker ist zweifellos die Leica Messsucher-Kamera M 2. War sie zur Markteinführung 1958 lediglich als günstigere kleine Schwester der vier Jahre zuvor erschienenen M 3 gedacht, gilt sie heute als Synonym für Wertstabilität und entschleunigtes Fotografieren. Damit erfreut sie sich sowohl bei Sammlern, als auch unter aktiven Fotografen gleichermaßen hoher Beliebtheit.

Die „neue, alte": Einfach, schnell und leise soll sie sein!

Sie begann vor vier Jahren im Fotogeschäft einer niedersächsischen Kleinstadt nahe Hannover: meine Leidenschaft zur „M 2". Nach Jahrzehnten, in denen ich fotografisch unterschiedliche Systeme mit einer Fülle technischer Features genutzt hatte, war ich zu jener Zeit auf der Suche nach einer Kamera, die mich zurück zum Kern der (fotografischen) Sache führen sollte – zum „entkernten" Spiel mit Zeit und Blende. Einfach in Ausstattung und Handhabung, schnell und leise sollte „sie" sein, eine Kamera also, die von Haus aus möglichst wenig „können" durfte.

Das Modell, welches der Händler daraufhin auf dem Verkaufstresen platzierte, wirkte im ersten Moment wie ein alter Bekannter auf mich. Denn das Erscheinungsbild der Kamera weckte unzählige Erinnerungen an Filme und Bilder, in denen Kameras eine Rolle spielten. Dies ist insofern nicht verwunderlich, als dass die M 2 schon bei ihrer Vorstellung Teil einer langen „Ahnenreihe" fast baugleicher Kameras war und in direkter Tradition zur „Ur-Leica" von 1925 als der ersten Kleinbildkamera der Welt stand. Ausgehend von diesem, von vielen Fotografen als „Stein der Weisen" bezeichneten Modell, bildete sich ein ikonisches Design heraus, das in seiner äußeren Form über die M 2 bis hin zur aktuellen M 12 und der jüngst wiederaufgelegten analogen M6 kaum verändert wurde.

Die M 2 folgte der vier Jahre zuvor erschienenen M 3, die technisch und konstruktionsbedingt einen Meilenstein in der Geschichte der Ernst Leitz GmbH (Heute:

Leica Camera AG) darstellte, bedeutete sie doch eine Abkehr vom bis dahin üblichen Schraubgewinde und die erstmalige Umsetzung eines geschlossenen Sucher- und Entfernungsmesssystems. Durch Änderungen im Detail, die wir heute als „downgrading" bezeichnen würden, sollte eine kostengünstigere Nachfolgerin entwickelt werden, um die „M" für breitere Käuferschichten erschwinglich zu machen und die Marktposition der Marke Leitz insgesamt zu stärken. Obwohl sich die M 3 binnen kürzester Zeit ein hohes Renommee erarbeiten konnte, trat die M 2 schnell aus ihrem Schatten heraus und mauserte sich ebenfalls zu einem Verkaufserfolg. Denn die Modifizierungen an der M 2 gegenüber dem Vorgängermodell betrafen fast ausschließlich Aspekte des Bedienungskomforts, womit sie diesem technisch kaum nachstand, von dem zunächst fehlenden Selbstauslöser einmal abgesehen. Ja, mehr noch: Durch eine Verringerung der Suchervergrößerung konnte ein Leuchtrahmen für 35 mm Objektive einbezogen werden, was das mögliche Motivspektrum für die neue M erhöhte und ihr den Beinamen „Weitwinkel-Leica" einbrachte. Vor allem bei Pressefotografen fand die M 2 folglich großen Anklang, gilt die „35er" doch bis heute als ideale Reportagebrennweite.

Haptik und Anmutung – Das „wie für mich gemacht"-Gefühl

Bestückt mit einem 50 mm Normalobjektiv nehme ich die M 2 zum ersten Mal in die Hand. Über ihr Leder ummanteltes Gehäuse aus Zink-Druckguss, das von Decken- und Bodenplatten aus verchromtem Messing getragen wird, vermittelt mir die Kamera den Eindruck eines nicht nur gewichtigen, sondern vor allem sehr wertigen Werkzeugs. Unwillkürlich ertasten meine Finger in wenigen Augenblicken sämtliche Bedienungselemente der Kamera. So findet mein rechter Zeigefinger den auf der Deckplatte befindlichen Auslöser und das in unmittelbarer Nachbarschaft zu ihm angesiedelte Zeitenwahlrad. Mein rechter Daumen ruht in diesem Moment schon auf dem rückseitig angebrachten Schnellspannhebel, mit dem der Film transportiert wird. Gleichzeitig drehen Zeige- und Mittelfinger meiner linken Hand an den Entfernungs- und Blendenringen des angesetzten Objektivs. Ob dieses jedoch für das ausgewählte Motiv am besten geeignet ist, lässt sich durch Betätigung des Bildfeldwählers, der sich ebenfalls in Reichweite meines Zeigefingers befindet, schnell überprüfen.

Der Griff zur und an die M 2 ist gleichbedeutend mit ihrem „Begreifen", da sich alle Bedienelemente dort befinden, wo ich sie erwartet hätte und unmittelbar klar wird, welchen Funktionen sie dienen oder, kurz gesagt: Die Form folgt der Funktion. Es stellt sich somit unweigerlich das Gefühl ein, die Kamera wäre mir förmlich in die Hand hinein konstruiert, ja eigens für mich gemacht.

Aber natürlich hatte „mein" Exemplar, das laut Seriennummer aus dem Produktionsjahr 1960 stammte, bereits seine eigene Geschichte, wovon die aus einigen Kratzern und Dellen bestehende charakteristische Patina der Leica zeugte. An dieser Geschichte wollte ich mitschreiben und drückte mehrmals den Auslöser, wobei ich die gewählten Verschlusszeiten variierte. Dem jeweils kaum hörbaren „Klick-Geräusch" jeden Auslösens folgte ein anhaltendes Surren. Dieses „Nachgeräusch" wird vom Hemmwerk der Kamera verursacht, welches den zeitlichen Abstand zweier Verschlussrollos zueinan-

der regelt und nach deren Ablauf wieder in seine ursprüngliche Position zurückspringt. Es bildet eine Art „Auslösemelodik", die durch keinerlei unliebsames Klappern irgendeines der knapp eintausend Einzelteile der M 2 getrübt wird. Und das nach über sechzig Jahren! Allerdings, so bescheinigte mir der Händler, käme die Kamera auch direkt aus einer „CLA" (aus dem Englischen: Clean – Lubricate – Adjust; Zu Deutsch: Reinigen – Schmieren – Justieren), was erst einmal für mindestens zehn weitere Jahre perfektes Funktionieren der Kamera garantiere, selbst unter intensiver Nutzung. Mehr Nachhaltigkeit geht kaum.

Technik und Ausstattung – Alles, was eine Kamera braucht!

Der M 2 sind jedwede elektronischen Bauteile, Automatiken oder gar Motivprogramme, mit denen die Vertreter nachfolgender Kamerageneration ausgestattet waren, fremd. Vielmehr sollte es noch mehr als zehn Jahre bis zur Einführung der M5 im Jahre 1971 und fast ein halbes Jahrhundert bis zum Erscheinen der M7 dauern, bis ein M-Modell erstmalig einen Belichtungsmesser beziehungsweise eine Belichtungsautomatik aufwies.

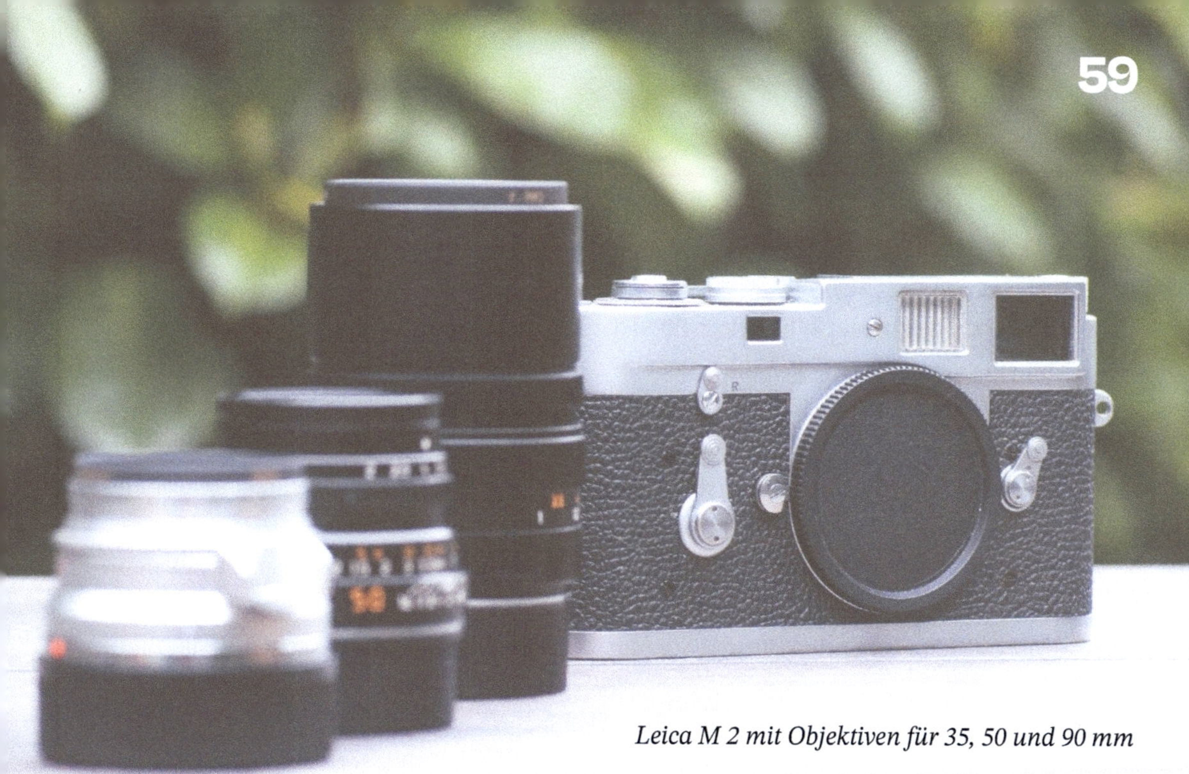

Leica M 2 mit Objektiven für 35, 50 und 90 mm

Das technische und für den Kameratyp namensgebende Herzstück ist ohne Frage der Messsucher der M 2. Er ist die Bühne, auf der die Wirkung aller bildbeeinflussenden Einstellungen zu einem Gesamtwerk kulminieren. Während Aufbau und Funktionsweise dieses Bauteils bei allen Leica M – Modellen nahezu identisch ist, weist der Sucher der M 2 einige Besonderheiten auf. Zunächst handelt es sich um einen optischen Direktsucher, bei dem der Fotograf das Motiv ständig, so auch im Moment der Aufnahme, im Blick behält, da er nicht durch das Objektiv, sondern den Sucher schaut. Die sogenannte Parallaxe, die sich aus den unterschiedlichen Blickwinkeln von Sucher- und Objektivsicht auf das Motiv ergibt, wird automatisch ausgeglichen.

In der Suchermitte befindet sich eine Scharfeinstellhilfe in Form eines kleinen Rechtecks, die mit der Entfernungseinstellung des Objektivs gekoppelt ist. Speziell bei der M 2 kann die Schärfentiefe bei gewählter Blende trotz des fehlenden Blicks durch das Objektiv anhand zweier verschieden großer Aussparungen an Ober- und Unterseite dieses Rechtecks zumindest grob abgeschätzt werden. Ist das anvisierte Objekt danach innerhalb der schmalen Aussparung sichtbar, liegt es im Schärfentiefenbereich einer gewählten Blende von mindestens 5,6. Ist es dagegen in der breiten Aussparung zu sehen, ist dies bei Blende 16 der Fall.

Das Sucherbild passt sich an Objektive mit den Festbrennweiten 35, 50 und 90 mm an, indem entsprechend große Leuchtrahmen eingespiegelt werden, die den jeweils erfassten Bildinhalt begrenzen. Durch die Leuchtrahmen wird nur ein mehr oder weniger großer Teil des Sucherbildes abgedeckt, so dass auch das „Drumherum" dessen zu sehen ist, was später auf dem Foto erscheint. Auf diese Weise können gerade bewegte Motive schon in die Bild-

Die M 2 „pur"

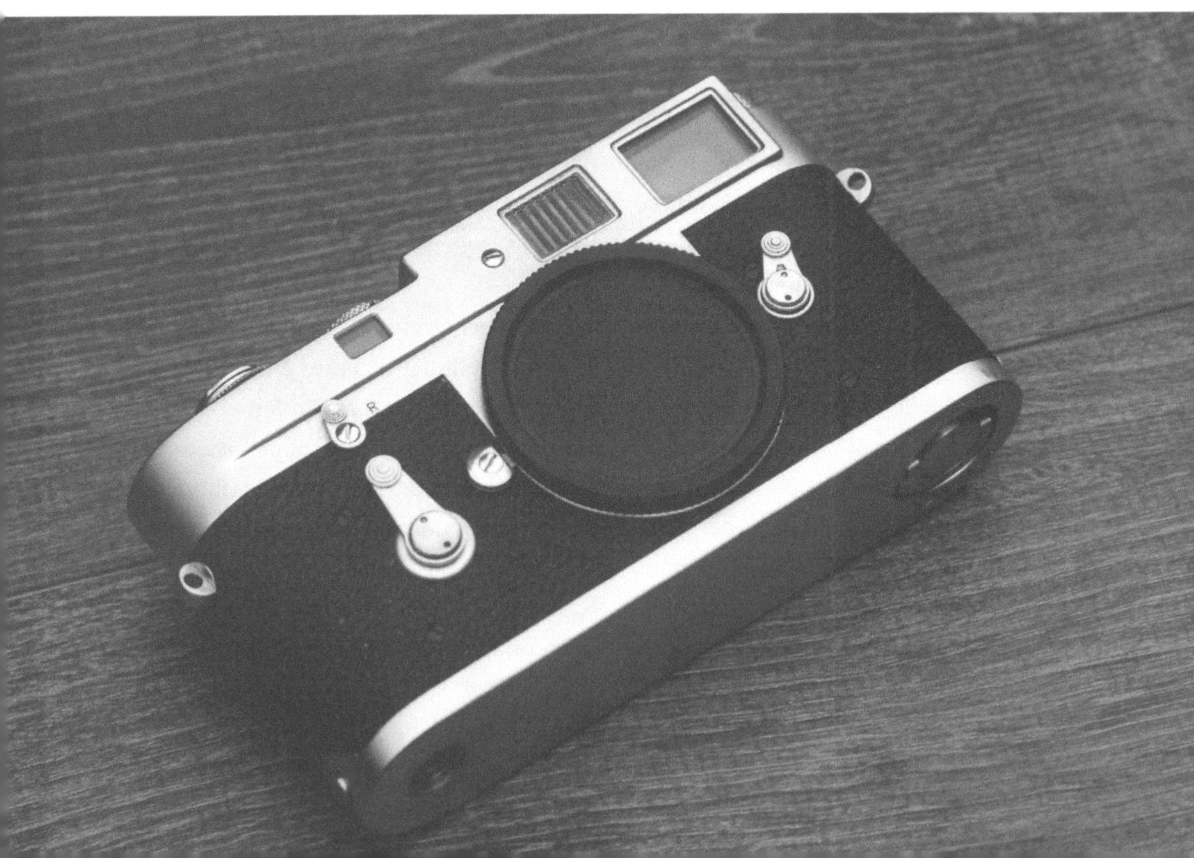

gestaltung einbezogen werden, bevor sie in den von der jeweiligen Brennweite begrenzten Bildbereich gelangen. Alle übrigen Bedienelemente und Funktionen der Kamera sind auf das Wesentliche reduziert und wirken, als seien sie als eine Art „sachdienliche Assistenten" um den Messsucher herum gebaut.

Im Laufe der Produktion kamen bei einer kleinen Anzahl von Exemplaren einige Annehmlichkeiten hinzu, wie ein Vorlaufwerk zur Selbstauslösung, ein Motorantrieb oder eine Schnellladespule für zügigen Filmwechsel. Aber auch ohne derartigen „Luxus" ausgestattet, brachte jede produzierte M 2 alles mit, was eine Kamera braucht: Entfernungseinstellung, Zeitenwahl, Filmtransport und die Wahl des passenden Bildfeldes (Sucherrahmens), wobei das Einstellen der Blende „traditionell" Sache des Objektivs war. Apropos Objektive – Leicaobjektive gehören ohne Wenn und Aber zu den besten der Welt, was Fertigungsqualität und Abbildungsleistung angeht. Hinzu kommt eine äußerst kompakte Bauweise der zumeist in Deutschland hergestellten Optiken, selbst im sehr lichtstarken Segment. Ganz gleich also, welches Objektiv aus Wetzlar an der M 2 genutzt wird, eine wirklich falsche Wahl gibt es im schier unerschöpflichen Angebot der Traditionsfirma nicht. Im Zubehörsortiment der Kamera fand sich unter anderem ein auf das Gehäuse aufsteckbares „Leicameter", mit dem eine Belichtungsmessung vorgenommen werden konnte, sowie Accessoires wie eine Bereitschaftstasche und ähnliches.

Unterwegs mit der M 2 – Dabei statt daneben!

Die Leica M 2 ist auf jeder Fototour ein genügsamer Begleiter, der sich dem Fotografen unterordnet und ihm ein entschleunigtes, unauffälliges Fotografieren ermöglicht. Denn einerseits macht sie wenig Aufhebens um sich, da sie selbst mit angesetztem Objektiv für eine Systemkamera geringe Maße aufweist und noch dazu sehr leise, ja kaum hörbar, auslöst. Und andererseits muss ihr nicht viel Aufmerksamkeit gewidmet werden, um sie zu verstehen und zu überlegen, welche Funktionseinstellung oder welches Programm für die jeweilige Aufnahmesituation wohl am geeignetsten wäre. Von solchen Überlegungen befreit, erlaubt die M 2 Teil einer Szene oder eines Motivs zu bleiben, auch in dem Moment, wenn auf den Auslöser gedrückt wird. Insofern muss der M 2-Fotograf nicht erst aus einer Szene heraustreten, um die Kamera für die kommende Aufnahme vorzubereiten, was ihn exponieren und ein Stück weit vom unmittelbaren authentischen Erleben eines Moments abschneiden würde. Die M 2 kann intuitiv bedient werden und ist stets auslösebereit, so dass sich der Fotograf voll auf sein Motiv konzentrieren kann. Da dieses ständig im Sucher sichtbar ist und die M 2 eine sehr geringe Auslöseverzögerung aufweist, sind Aufnahmen „auf den Punkt" garantiert.

Die Kamera nimmt allerdings auch nichts ab, bewertet und korrigiert nichts, sondern sie verlangt, dass jeder bildbestimmende Faktor selbst erarbeitet wird. So handelte ich mir am Anfang meiner „M 2-Zeit" noch recht häufig unscharfe oder falsch belichte-

Suchereinblick der M 2

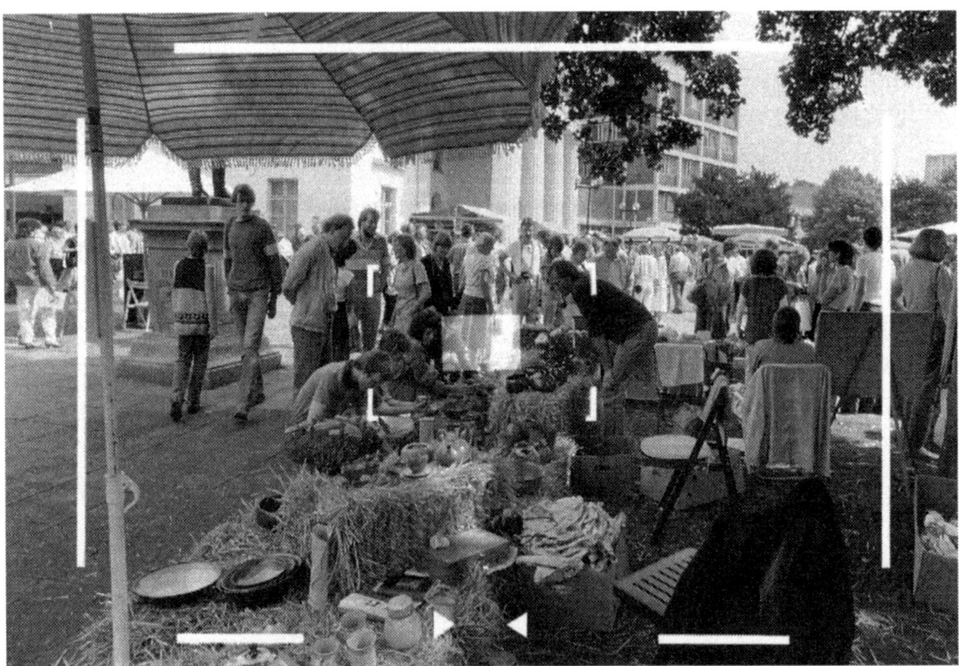

te Bilder ein. Aber auf diese Weise konnte ich dazulernen, ein Gefühl für die nötige Belichtung entwickeln und mit der Zeit abschätzen, wie weit sich eine Schärfezone bei unterschiedlichen Kombinationen aus Blendenwerten, Brennweiten und Motivabständen ausdehnt. Diese Kamera schickt ihre Nutzer schnell auf die Lernkurve!

Die M 2 kann auch mit Objektiven jenseits der Brennweiten 35, 50 und 90 mm, für die sie Leuchtrahmen bereithält, bedient werden. Aber schon mit dieser Trilogie an Optiken wird ein sehr großes Motivspektrum, nämlich dasjenige, für den Messsucherkameras typenmäßig prädestiniert sind, abgedeckt: Es sind dies Reportage-, Landschafts-, Portrait- und Straßenfotografie, um nur einige dieser Sujets zu nennen. Nur für wenige Motivfelder, etwa die Sportfotografie, eignen sich Kameras mit Autofokus besser. Unabhängig von Motiv und Aufnahmesituation dient das hohe Gewicht des Gehäuses quasi als Bildstabilisator, womit nach meiner Erfahrung Aufnahmen mit einer Belichtungszeit von bis zu 1/8 Sekunde verwacklungfrei möglich sind.

Mit der M 2 zu fotografieren heißt auch, entschleunigt zu fotografieren, da jede Ein-

stellung an ihr echte Handarbeit bedeutet und achtsam vorgenommen werden sollte. Dies fängt schon beim Einlegen des Films an, wobei zunächst die Bodenplatte abzuschrauben und danach der Film in eine Aufnahmespule zu friemeln ist. Dies ist nicht im Vorübergehen zu bewerkstelligen und auch mit klammen Fingern eine Herausforderung. Ist dies jedoch vollzogen, weist die Kamera nur noch eine Schwäche auf: Sie macht süchtig.

Die Leica M 2 heute – Begehrt und beliebt!

Die M 2 ist in den Angeboten des stationärem Fotohandels und von Online – Auktionshäusern heute häufig anzutreffen. Und dies nicht nur als Sammelobjekt, sondern als nachgefragte und robuste Anwenderkamera für Wieder- und Neueinsteiger in die klassische Fotografie. Da die Herstellerfirma Leica Camera AG noch immer auf ein umfängliches Ersatzteilprogramm für das Modell zurückgreifen kann und eine Reihe bundesweit gestreuter Werkstätten einschlägige Reparatur- und Servicedienste anbieten, sind auch „frisch servicegeprüfte" Exemplare am Gebrauchtmarkt zu finden. Solche, fast neuwertige Modelle im Zustand A/B schlagen derzeit mit etwa

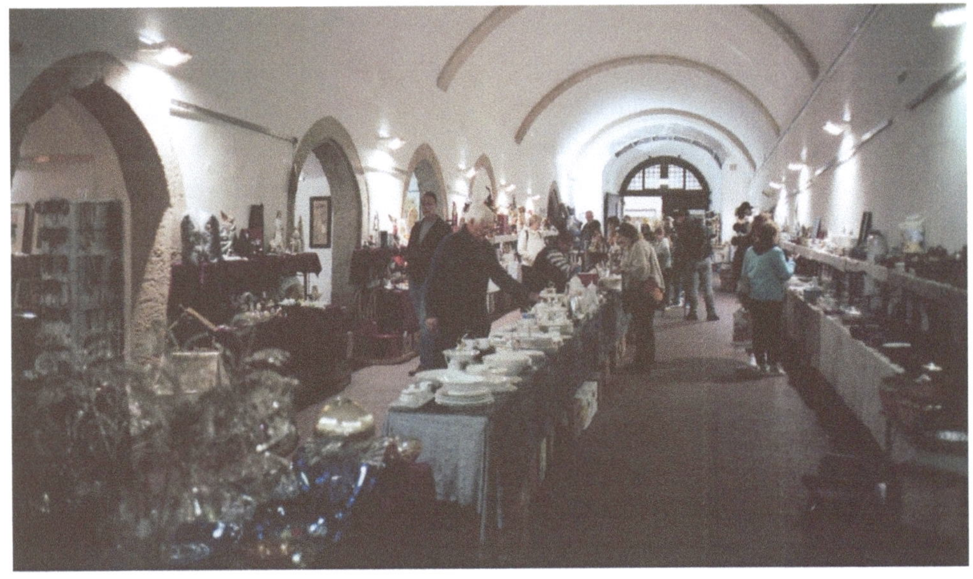

Innenaufnahme mit der M 2

1.200 bis 1.800 Euro (nur Gehäuse) zu Buche, während zwar „abgerockte", aber voll funktionsfähige Kameras ab etwa 900 Euro zu haben sind. Die Preisentwicklung ist unter allen verfügbaren Varianten und jeglichen Erhaltungszuständen der Kamera bereits seit einigen Jahren stetig ansteigend.

Anwender sollten bei Erwerb vor allem auf die richtige Justage des Entfernungsmessers, den korrekten Ablauf der (langen) Belichtungszeiten und nicht zuletzt einen sauberen Filmtransport achten. Wer absolut sicher gehen möchte, eine perfekt funktionierende M 2 auf Sicht vieler Jahre zu besitzen, sollte zeitnah zum Kamerakauf auch in eine CLA investieren.

Dass spezielle und in sehr kleiner Stückzahl gefertigte Ausführungen der M 2 auch hervorragende Wertanlagen sein können, zeigen die Ergebnisse jüngster Versteigerungen. So erzielte 2020 eine M 2 in grauer Farbgebung, von der einst lediglich zwanzig Exemplare produziert wurden, einen Hammerpreis von 360.000 Euro, während ein schwarzes Modell immerhin auf 60.000 Euro kam.

Was bleibt?

Die Leica M 2 ist ein Meisterstück kameratechnischer Ingenieurskunst – verlässlich, robust und mit allem ausgestattet, was es, rein technisch gesehen, zu guten Fotos braucht. Auf Anwenderseite ist sie für Neulinge als auch „alte Hasen" der Fotografie gleichermaßen gut geeignet. Denn während erstere mit der M 2 wachsen und das Spiel aus Blende und Zeit „von der Pike auf" erlernen können, profitieren letztere von ihrer Erfahrung und können zum Beispiel die richtige Belichtung, die es braucht, schlicht schätzen. Mit der M 2 zu fotografieren, heißt: Den Film einlegen, nicht an Batterien denken und loslegen. So kann sich der Fotograf auf das konzentrieren, was wirklich zählt: Sein Motiv.

Mit der M 2 in Rothenburg ob der Tauber

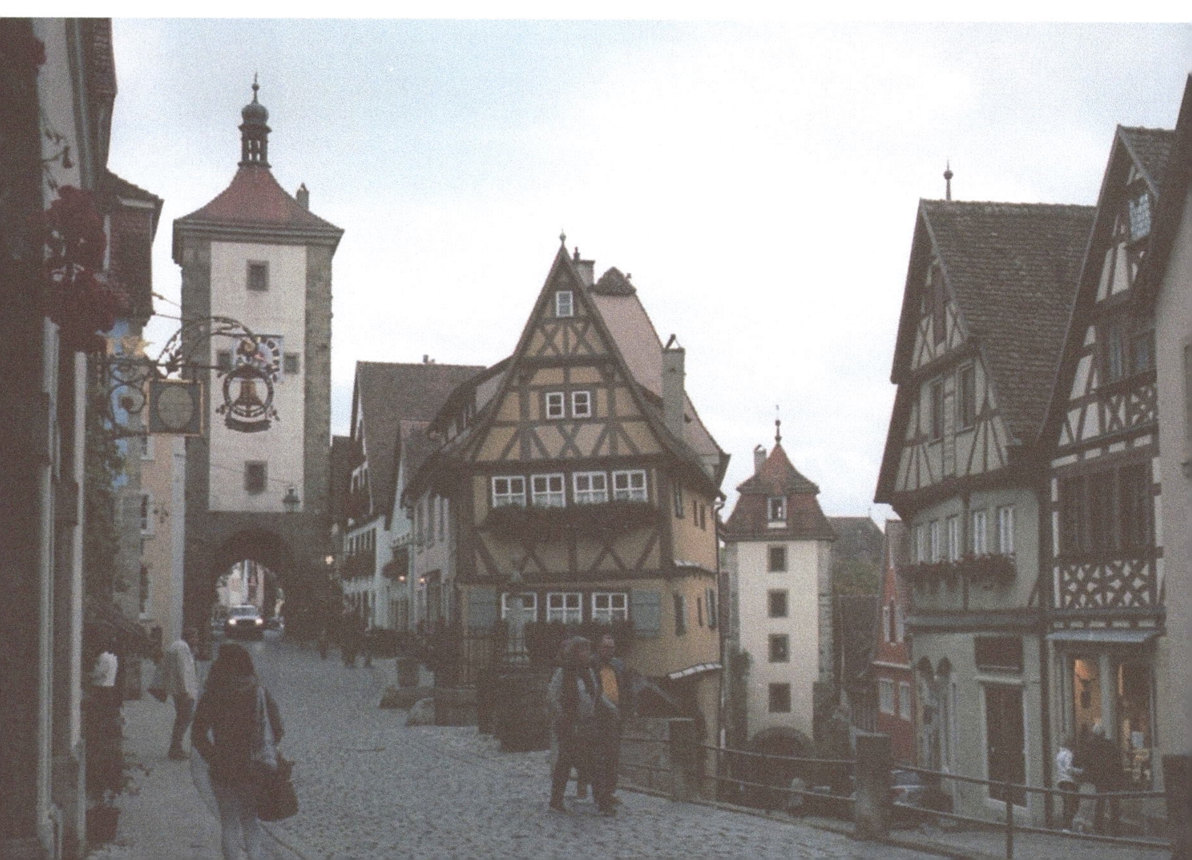

Kurzportrait Leica M 2

Die Leica „M 2" in Zahlen und Fakten

☑	**Typ**	Messsucher-Kamera
☑	**Produktion**	1958 - 1968, insgesamt ca. 82.000 Stück
☑	**Varianten**	verchromt (ca. 74.000 Stück) und schwarz (ca. 6.000 Stück); mit (ca. 6.000 Stück) und ohne (ca. 76.000 Stück) Vorlaufwerk (Selbstauslöser)
☑	**Gehäuse**	Zink-Druckguss mit verchromter Decken- und Bodenplatte
☑	**Abmessungen**	138 mm x 77 mm x 36 mm
☑	**Gewicht**	580 g (nur Gehäuse)
☑	**Sucher**	Direktsucher mit gekoppeltem Entfernungsmesser
☑	**Sucheranzeige**	Leuchtrahmen für Brennweiten 35 mm, 50 mm und 90 mm, heller Entfernungsmessfleck in der Mitte
☑	**Belichtungsmessung**	keine
☑	**Verschluss**	horizontal ablaufender Gummituch-Schlitzverschluss
☑	**Verschlusszeiten (Sek.)**	B, 1, 1/2, 1/4, 1/8, 1/15, 1/30, 1/60, 1/125, 1/250, 1/500, 1/1000
☑	**Heutiger Straßenpreis**	ca. 1.200 - 1.800 Euro im Zustand A/B

Auf einen Blick – zehn Gründe für die Leica M 2

1. **sehr hochwertige und langlebige Kamera**
2. **einfache, intuitive Bedienung**
3. **Zugang zu den weltbesten Objektiven**
4. **unauffälliges Fotografieren möglich**
5. **kaum hörbares Auslösegeräusch**
6. **Ersatzteile und Services verfügbar**
7. **robustes Gehäuse**
8. **auch ohne Energiequellen einsetzbar**
9. **wertstabil**
10. **hoher „Spaßfaktor"**

Das technische Spiegelreflex-Kraftpaket – Minolta Dynax 7

Schon als Kind zu Beginn der 1980er-Jahre habe ich mir an den Schaufensterscheiben der Fotofachgeschäfte und technischen Kaufhäuser die Nase plattgedrückt, um sie zu bestaunen – Spiegelreflexkameras (Single-Lens-Reflex, SLR)! Denn die mit diesem Kameratyp verbundene Möglichkeit, Objektive wechseln und so in bislang ungeahnter Weise kreativ werden zu können, war verlockend. Zudem versprühten diese Kameras den Charme des Professionellen und die Verheißung, wie ein Profi fotografieren zu können. Zwar kamen die ersten SLR-Exemplare bereits in den 1930er-Jahren auf den deutschen Markt, doch erst in den späten 1960er-Jahren wurden sie durch das Auftreten japanscher Hersteller zu einem Massenmarkt-Phänomen und entwickelten sich zunächst für professionelle Nutzer und bald auch für engagierte Amateure zum täglichen Handwerkszeug. Eine dieser neuen Anbieter war neben Canon mit seinem EOS-System und Nikon mit seiner F-Modellreihe die Firma Minolta, die 1988 seine „Dynax"-Reihe im europäischen Markt einführte und deren Vertreter „Dynax 7" ich erwarb.

Entdecke die Möglichkeiten

Die Minolta Dynax ist zunächst ein ganz typischer Vertreter des SLR-Kameratyps, bei denen ein Spiegel das vom Objektiv

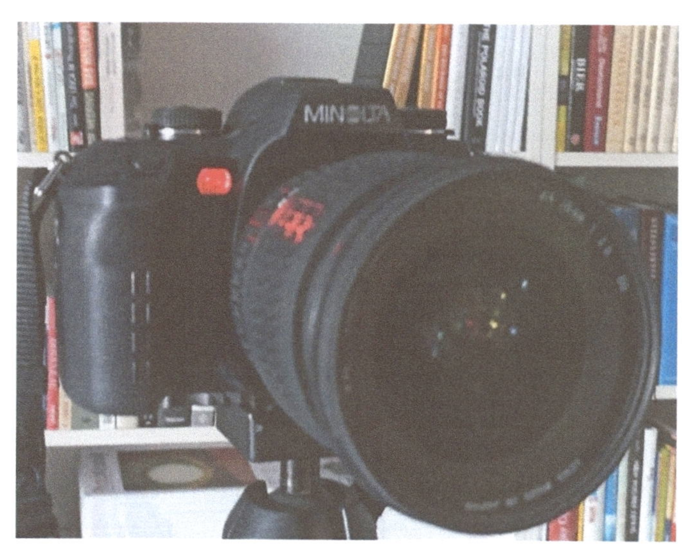

Minolta Dynax 7 I

einfallende Licht in einen optischen Sucher reflektiert. Hierdurch sieht der Fotograf durch den Sucher genau das, was später auf dem Bild erscheinen wird (What You See Is What You Get – WYSIWYG). Dieser Spiegel klappt im Moment des Auslösens hoch und das einfallende Licht fällt auf den Film. Verglichen mit den Modellen der Wettbewerber gleichen Typs und der Vorgängermodelle der Dynax-Reihe weist die 2001 erschienene Dynax 7 jedoch einige Besonderheiten auf, die aus ihr ein echtes technisches Kraftpaket machen.

So bietet die Kamera die Möglichkeit, alle bildbeeinflussenden Parameter wie Blende oder Verschlusszeit komplett manuell zu bestimmen oder halb- bzw. vollautomatisch von der Kameraelektronik festlegen zu lassen. Gleiches gilt für die Entfernungseinstellung oder Fokussierung des Motivs, wobei bei Autofokusbetrieb sogar unter mehreren Modi gewählt werden kann, in welcher Form dies genau vorgenommen werden soll. Doch unabhängig davon, wie sich der Fotograf jeweils entscheidet, kann er an der technischen Ausstattung dieser Kamera in seinen fotografischen Fähigkeiten „wachsen" von der Rundum-Sorglos-Variante der Auto-

matiken bis hin zur völligen Gestaltungsfreiheit manueller Einstellungen. Dies gilt nicht nur für die bildgebenden Parameter, sondern für knapp zwei Dutzend sogenannter „Custom-Funktionen", mit denen der Anwender die grundsätzliche Arbeitsweise der Kamera, wie etwa die Art der Bildzählung oder die Geschwindigkeit des Autofokus an seine Präferenzen anpassen kann.

Die so gebotene Fülle an Einstellmöglichkeiten wird anhand eines durchdachten und übersichtlichen Bedienkonzeptes umgesetzt. In dessen Zentrum stehen beidseitig auf der Oberseite des Gehäuses angebrachte Einstellräder für die wichtigsten Belichtungsfunktionen um die herum sich einige weitere, auch „in Action" gut erreichbare Bedienelemente wie eine kreisrunde Wippe für die Wahl der Fokussierung gruppieren. Ein relativ großes Display an der Gehäusehinterseite der Dynax bietet eine visuelle Kontrolle aller Eistellungen und meldet etwaige Änderungen gut ablesbar zurück. Natürlich, und das unterscheidet die Spiegelreflexkamera von allen anderen in diesem Kapitel besprochenen Modellen, benötigt sie zu alledem Strom in Form einer Batterie.

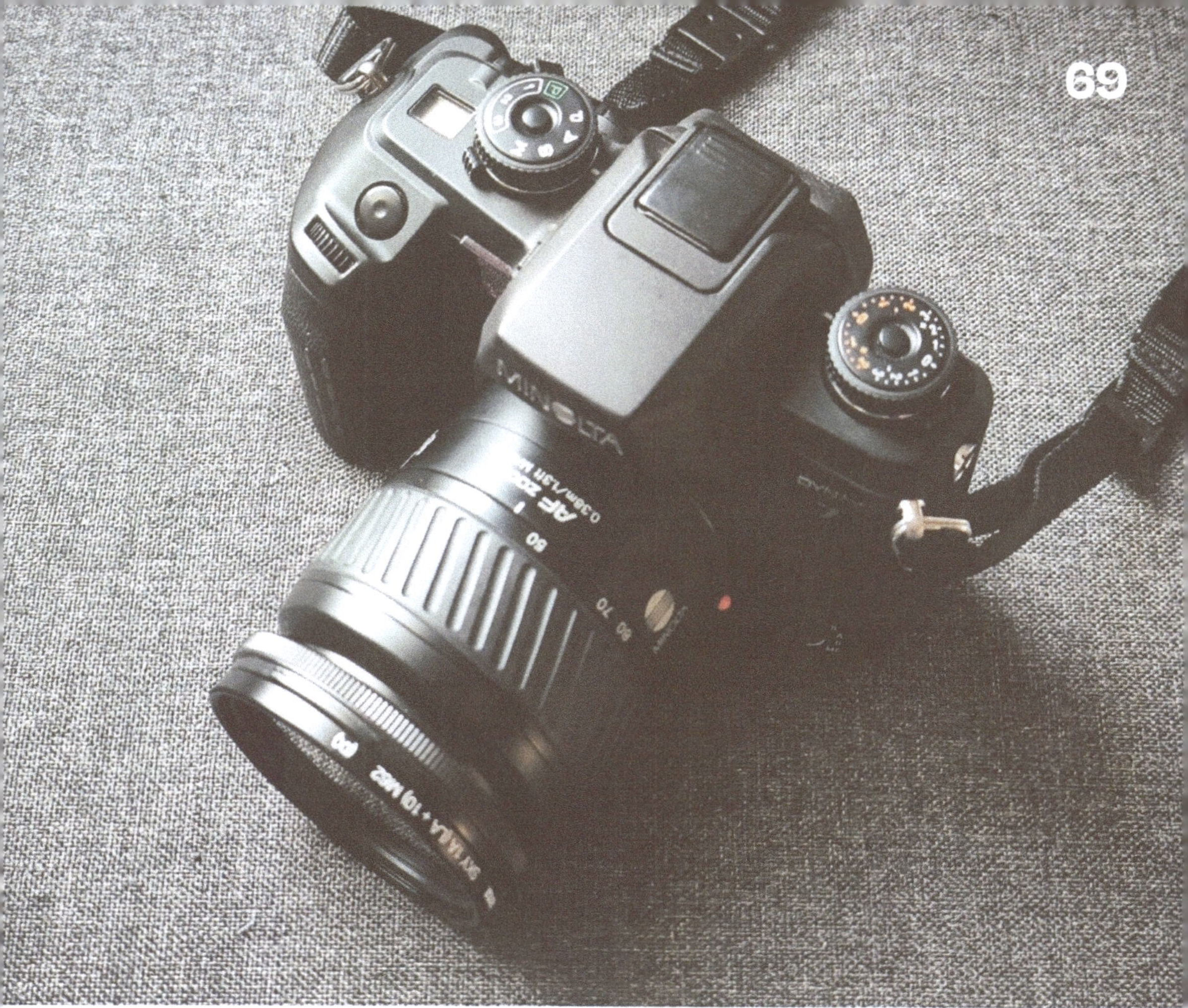

Minolta Dynax 7 II

Unterwegs mit der Dynax

Mit ihrem enormen Funktions- und Ausstattungsumfang gilt die Dynax als technisch voll ausgereiftes SLR-Kamerasystem und so im Grunde gleichermaßen als der höchste zu erreichende technische Entwicklungsstand der analogen Kleinbild-Fotografie. Obwohl es im Detail bei den Folgemodellen Dynax 9 oder derjenigen vergleichbarer Wettbewerbermodelle noch Weiterentwicklungen, zum Beispiel im Autofokussystem, der kürzest möglichen Verschlusszeit oder dem sogenannten „Anti Shake" System, der Bildstabilisierung des Kameragehäuses gab. Dadurch ergebt sich in der Praxis ein schier unbegrenztes Einsatzspektrum für die Dynax, zumal ein herstellerseitiger Objektivpark zur Verfügung steht, der vom Ultraweitwinkel- bis hin zum Superzoom-Objektiv alles bereithält, was das Herz des Fotografen sich wünschen mag. Aufgrund ihrer relativ kompakten Maße wirkt die Kamera nicht aufdringlich, so dass ungestörtes und unbemerktes Fotografieren auf der Straße, in der Natur oder in belebter Umgebung, etwa Sportevents, gut gelingt, viel Spaß bereitet und mit wenig Aufwand sehr gute Ergebnisse erbringt. Hinzu kommt, dass die Dynax ihrem Nutzer das Gefühl verleiht, „schon irgendwie" auf alle denkbaren Motivsituationen vorbereitet zu sein. Allerdings verursacht das Auslösen der Kamera Geräusche, die das Klappen des Spiegels im Innern der Kamera mit sich bringen und den Fotografen „verraten" können. So ist es in manchen Locations wie dem Theater oder in der Kirche, wenn man die sprichwörtlichen Stecknadeln fallen hören könnte, mitunter schwierig, ohne Aufhebens wirklich authentische Aufnahmen mit der SLR zu machen.

Was bleibt?

Die Dynax 7 ist wie andere SLR-Vertreter auch ein hervorragendes Instrument in den Händen kreativer Fotografen. Durch die Möglichkeit, alle relevanten Einstellungen entweder komplett manuell wählen oder automatisch durch die Kameraelektronik festlegen zu können, bietet eine solche Kamera ihrem Nutzer die Chance, sich in seiner fotografischen Kreativität perfekt weiterzuentwickeln.

Kurzportrait Minolta Dynax 7

Die Minolta Dynax 7 in Zahlen und Fakten

☑	**Typ**	Autofokus-Spiegelreflexkamera
☑	**Produktion**	2000-2004
☑	**Varianten**	keine
☑	**Gehäuse**	Kunststoff-Gehäuse
☑	**Abmessungen**	127 mm x 87 mm x 61 mm
☑	**Gewicht**	775 g
☑	**Sucher**	Lichtschachtsucher mit heller Mattscheibe zur Bildkomposition
☑	**Sucheranzeige**	Belichtungswerte und Fokus-Indikator
☑	**Belichtungsmessung**	TTL-Mehrfeldmessung
☑	**Verschluss**	vertikal ablaufender elektronischer Schlitzverschluss
☑	**Verschlusszeiten (Sek.)**	B, 1/2, 1/4, 1/8, 1/15, 1/30, 1/60, 1/125, 1/250, 1/500, 1/1000,1/2000, 1/4000, 1/8000
☑	**Einführungspreis 2000**	2.400 DM (nur Gehäuse)
☑	**Heutiger Straßenpreis**	ab etwa 300 Euro in Zustand „B"

Auf einen Blick – zehn Gründe für die Dynax 7

1. hochwertige Kamera
2. viele Funktionen von komplett manueller bis vollständig automatischer Bedienung
3. Gebrauchtmodelle günstig zu erwerben
4. großes Angebot an Wechselobjektiven verfügbar
5. leichtes, handliches und robustes Gehäuse
6. modernes Design
7. großer Spielraum an Verschlusszeiten
8. nahezu unbegrenzte Einsatzbereiche
9. Fotograf kann sich mit der Kamera gut weiterentwickeln
10. breites Zubehörangebot

Eine Kamera wie eine Handtasche – Voigtländer Box

Wie in den Vormittagsstunden vieler Samstage zuvor, ging ich auch heute „über den Flohmarkt" in der hannoverschen Altstadt. Dort also, wo der Fluss Leine noch unverbaut zu sehen ist. In der schon hoch am Himmel stehenden Julisonne schimmerten und glänzten zahllose Gegenstände aus allen Lebensbereichen auf den Verkaufstischen der Händler. Ohne dass ich nach etwas Bestimmtem suchen würde, ging ich an ihnen vorbei, verweilte hier und da kurz und nahm etwas in Augenschein. So fiel mir ein kleiner brauner Kasten mit Handschlaufe an dessen Oberseite auf, der in der Auslage eines besonders großen Tisches zwischen diversen Kameras und Geschirr platziert war. Ich dachte zunächst, es handele sich um ein historisches Bügeleisen oder eine Art Tasche. Beim genauen Hinsehen entpuppte sich der Kasten jedoch als eine Kamera im Stil einer einfachen Lochkamera. Das gute Stück, das ein noch zu lüftendes Geheimnis beherbergte, wechselte für zehn Euro in meinen Besitz.

Der Junge auf dem Dreirad

Eine Recherche und genaue Untersuchung der Kamera wies sie Boxkamera aus, von denen während der zweiten Hälfte der 1930er- Jahre mehrere einhunderttausend Stück in Deutschland produziert worden waren. Sie wurden von den Herstellern damals sehr günstig verkauft, in Gewinnaktionen verlost oder sogar verschenkt, um den Absatz der passenden Rollfilme anzukurbeln. Günstigster Vertreter dieses Kameratyps war die vier Reichsmark teure Agfa Box 50. Fand man vier einzelne Münzen zu jeweils einer RM mit den Buchstaben A, G F und A für die jeweiligen Prägeorte, so bekam man die Kamera geschenkt. Meine „Box" stammte hingegen vom deutschen Kamerabauer Voigtländer und ließ sich mit einem kurzen, etwas kräftigerem Zug am Gehäusedeckel öffnen. Es kam ein belichteter und auf der Aufwickelspule befindlicher Rollfilm zum Vorschein. Man hatte ihn offenbar schlicht in der Kamera vergessen, jedoch: Aus welcher Zeit stammte er? Konnten dem Film noch brauchbare Negative entlockt werden? Mit Herzklopfen und den dafür notwendigen Materialien machte ich mich an die Entwicklung des Agfa Isopan, eines Filmfabrikats also, das

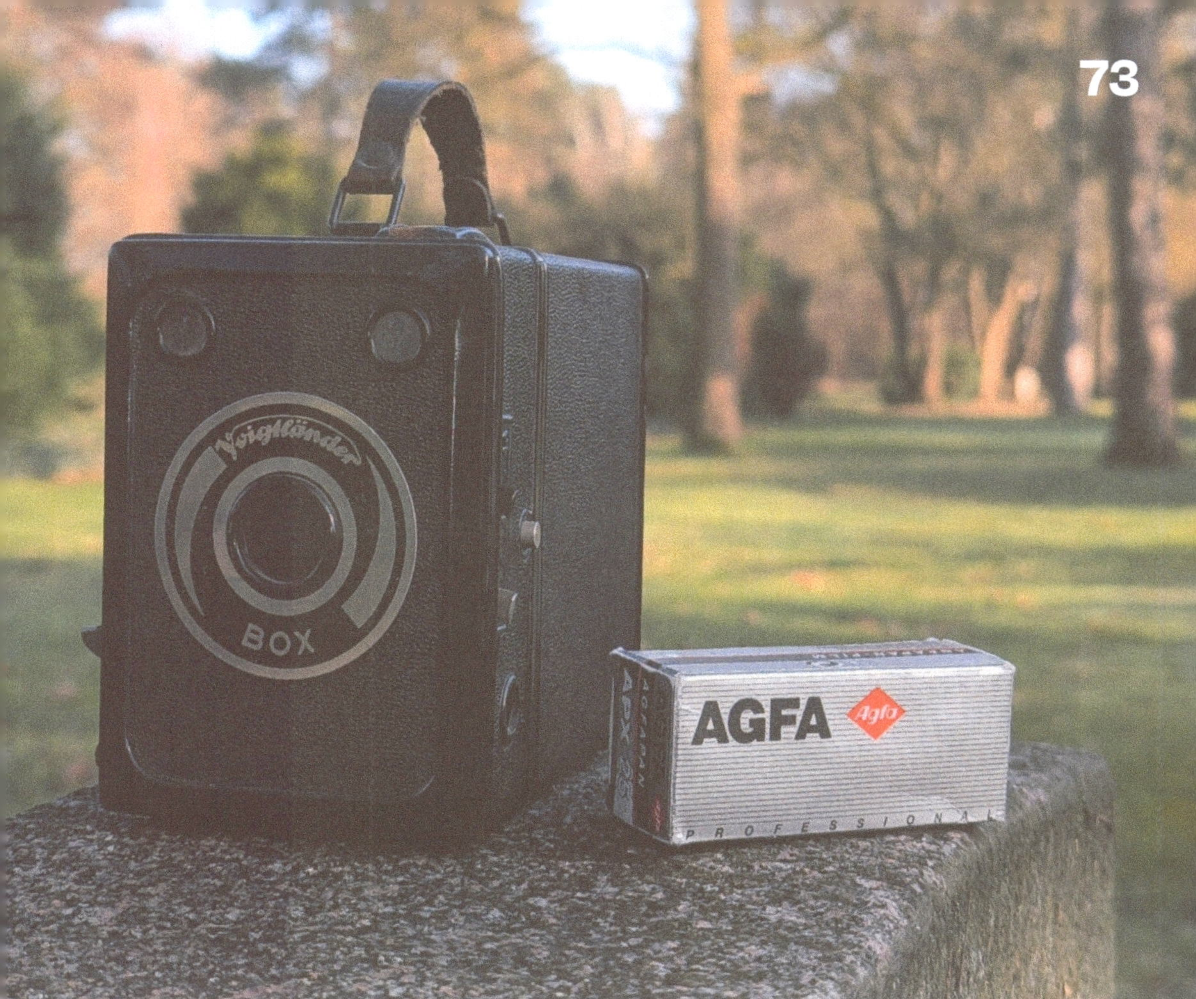

Voigländer Box I

seit vielen Jahrzehnten nicht mehr produziert wurde. In dem Augenblick, als ich den entwickelten Negativstreifen nach der Wässerung aus der Entwicklungsdose zog und gegen das Licht hielt, stockte mir beinahe der Atem und ich bekam feuchte Augen. Denn immerhin war auf drei der acht 6 x 9 cm großen Negative etwas zu erkennen und dazu noch recht gut. Ein etwa drei Jahre alter Junge auf einem Dreirad, der voller Stolz auf sein Gefährt in die Kamera blickt. Ein kindlicher Gruß aus längst vergangenen Tagen, denn, so stellte sich heraus, handelte es sich bei dem Kind um den Vater des Kameraverkäufers. Danach mussten die Fotos um das Jahr 1962 herum aufgenommen worden sein. Es war fast nicht zu glauben.

Die technische Ausstattung – Nur so viel, wie nötig

Wir müssen schon genau hinsehen, um die wenigen Bedienelemente dieser der legendären Lochkamera so ähnlichen Kamera zu entdecken und uns ihr Zusammenspiel zu erklären. So befinden sich an der linken Außenseite der Kamera zwei Regler für die Wahl der Belichtungswerte. Dabei können wir hinsichtlich der Belichtungszeit zwischen „M" oder 1/25 Sekunde für eine Momentaufnahme und „Z" für Zeitaufnahme, dem heutigen „B" wie bulb, wählen. Ein zum Zeitpunkt der Box-Markteinführung oft gegebener Tipp lautete hier, man solle für den Zeitraum ab drei Stunden nach Sonnenauf- und drei Stunden vor Sonnenuntergang doch M wählen und für Aufnahmen außerhalb dieses Zeitraums das Z. Bei der Blendenwahl konnte man sich zwischen den Optionen „11" und „16" entscheiden. werden. Das waren dann schon alle Einstellmöglichkeiten, die durch einen bei Auslösung zu betätigenden Hebel komplettiert werden.

Unterwegs mit „der Box"

Die Boxkamera ist an der Hand des Fotografen baumelnd ein sehr unauffälliger Begleiter, ganz gleich, wo und was wir mit ihr fotografieren. So ist sie allein schon deshalb kaum als Kamera erkennbar, da sie über eine winzige Linse verfügt, die vollständig ins Gehäuse hineinreicht und von außen nicht zu sehen ist. Sobald die Box mit einem Rollfilm, der acht Negative im Format 6 x 9 cm liefert, bestückt hat, begibt sich der Fotograf jedoch auf einem zwar spannenden, aber gleichermaßen ungewissen Blindflug. Denn der als „Brilliant-Sucher" bezeichnete einfache optische Sucher der Kamera der in zweifacher Ausführung, also für das Hoch- sowie Querformat an der Box angebracht war, ließ es kaum zu, das Motiv in seinen Details ins Visier zu nehmen. Lediglich war es durch diese kleinen Fenster mit reflektierendem Glas möglich, hindurchzuschauen und das Motiv vor der eigentlichen Auslösung zu „rahmen". Somit eignet sich dieser Kameratyp eher für „ruhige", wenig dynamische Motive wie Landschaften, die zumeist mit hoher Schärfentiefe fotografiert werden. Motive im Nahbereich, die meist eine sehr präzise Fokussierung erfordern, bieten sich hingegen weniger an. Verwackelungsfreie Aufnahmen mit der Box hinzubekommen, sind eine besondere Herausforderung, da auch die für „Moment-

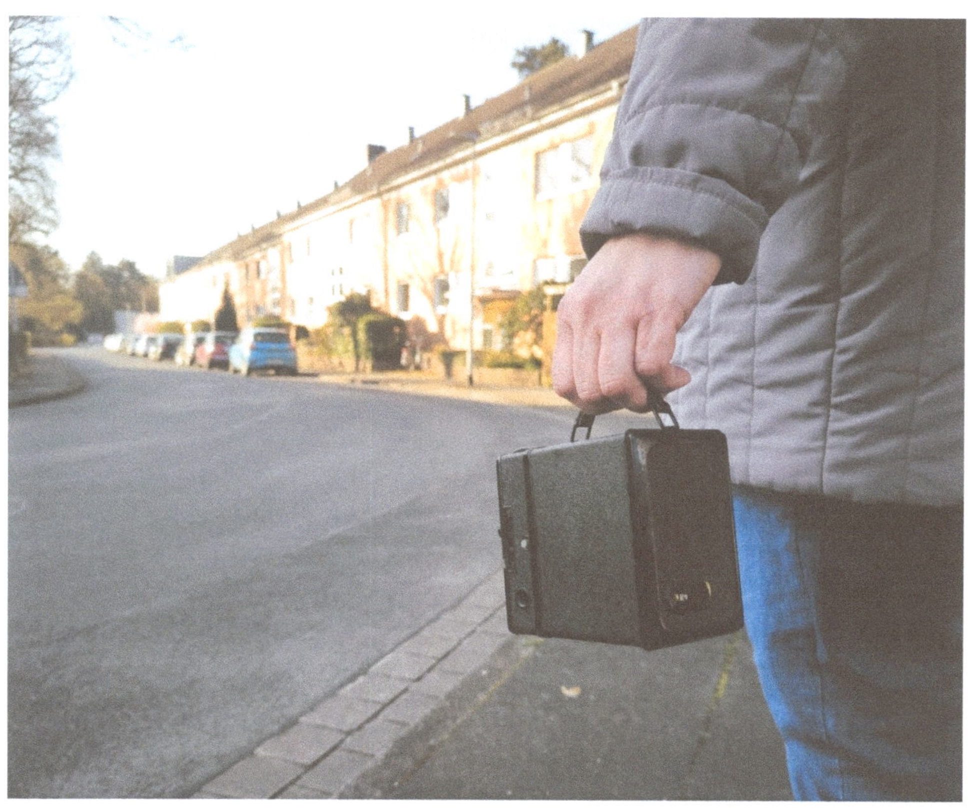

Voigtländer Box II

aufnahmen" eingebaute Belichtungszeit von 1/25 Sekunde in Kombination mit der Auslösebewegung eine sehr ruhige Hand voraussetzen. Oder man drückt die rechteckige Box fest an den Körper, will man, denn hierfür bietet die Kamera immerhin einen Anschluss, kein Stativ benutzen.

Was bleibt?

Diese Vertreterin aus der Frühzeit der Massenfotografie besticht durch ihren Charme und ihr unorthodoxes Äußeres. Auch wenn beim Fotografieren mit ihr manches dem Zufall gleicht, vermittelt sie doch einen hohen Spaßfaktor.

Kurzportrait Voigtländer Box

Die Voigtländer Box in Zahlen und Fakten

☑	**Typ**	Rollfilmkamera 6 x 9 cm mit Objektiv Meniskus 11/10,5 cm
☑	**Produktion**	1936 – 1939, Stückzahl unbekannt
☑	**Varianten**	keine
☑	**Gehäuse**	Blechgehäuse, schwarz beledert
☑	**Abmessungen**	122 mm x 93 mm x 109 mm
☑	**Gewicht**	497 g
☑	**Sucher**	Lichtschachtsucher mit heller Mattscheibe zur Bildkomposition
☑	**Sucheranzeige**	Brillantsucher, jeweils für Hoch- und Querformat
☑	**Belichtungsmessung**	keine
☑	**Verschluss**	einfacher, selbstspannender Schleuderverschluss
☑	**Verschlusszeiten (Sek.)**	B, 1/25
☑	**Einführungspreis 1938**	10,00 RM
☑	**Heutiger Straßenpreis**	ab etwa 30,00 Euro in Zustand „B"

Auf einen Blick – zehn Gründe für die Voigtländer Box

1. **einfacher Einstieg in das Mittelformat**
2. **einfache, intuitive Bedienung**
3. **gutes Preis-Leistungs-Verhältnis**
4. **hoher „Abenteuerfaktor"**
5. **sehr wenig Fehlerquellen bezüglich möglicher Einstellungen**
6. **große Negative**
7. **sehr gute Verfügbarkeit am Gebrauchtmarkt**
8. **robustes Gehäuse**
9. **auch ohne Energiequellen einsetzbar**
10. **breites Zubehörangebot**

Ein Falter ohne Flügel – Agfa Isolette

Klein, schön und verlockend. So fühlte es sich an, dieses Stück Aluminium, das mir ein Freund mit den Worten „die wollte ich schon entsorgen" in die Hand drückte. Mit „die" war eine waschechte Mittelformatkamera vom Typ Agfa Isolette gemeint, die in verschiedenen Serien zwischen 1936 und 1960 gebaut wurde. In meinem Fall handelte es sich um die Ausführung Isolette I mit dem Objektiv Vario Agnar, 1:4,5, 85 mm aus dem Produktionsjahr 1952. Soweit die spärlichen Fakten, die auf der Kamera abzulesen waren. Doch diese kommen erst zum Vorschein, nachdem ein Knopf an der Gehäuseoberseite bedient wurde, der die Deckklappe des Gehäuses nach vorne unten aufspringen lässt und die Optik der Faltkamera samt Balgen freigibt. Kam die Isolette bis hierher noch recht flach und kompakt daher, entpuppt sie sich nun zwar als etwas klobig, aber immer noch gut aus der Hand bedienbar.

Schaltzentrale Objektiv

Der etwa 10 cm lange gefaltete (davon abgeleitet der Kameratypus „Falter") Balgen ist so etwas wie die Achillesferse der Kamera, womit beim Kauf besonders darauf zu achten ist, dass dieser völlig lichtundurchlässig und nicht brüchig ist. Denn oftmals, und dies ist schon allein dem Alter der Geräte geschuldet, ist der Balken porös und weist kleinste, kaum mit bloßem Auge sichtbare Löcher auf, die sich in

Agfa Isolette I

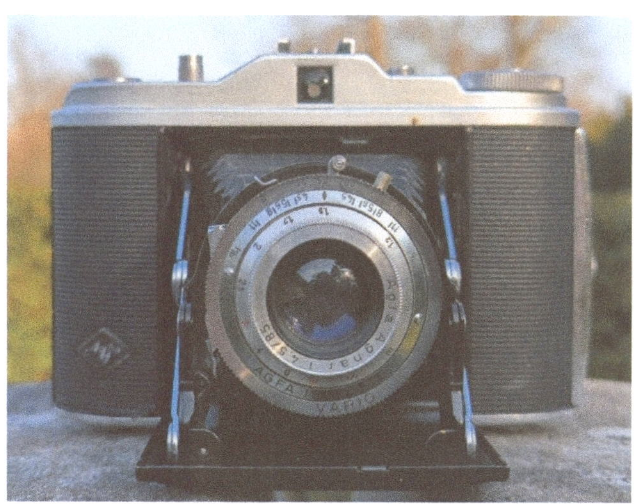

den Fotos dann jedoch als sehr unschöne schwarze Punkte bemerkbar machen und das Bild unbrauchbar machen.

Schaltzentrale der Kamera ist ihr Objektiv, dass sich am Ende des Balgens befindet, da hier zwei Einstellringe für Belichtungszeit und Entfernung sowie ein Schieberegler für die Blendenöffnung und last but not least der Spannhebel für den Verschluss zu finden ist. Die weiteren, auf der Deckkappe und an den Gehäuseseiten angebrachten Bedienelemente dienen der Filmeinlage und dem Öffnen des Gehäuses.

Ein für Mittelformatkameras jener Zeit besonders charakteristisches Element ist an der Gehäuserückseite des Falters positioniert: das sog. „Rotfenster" oder, genauer, ein kleines Fenster, das mit einer rot eingefärbten Scheibe geöffnet und verschlossen werden kann. Was hat es nun damit auf sich? Das Rotfenster dient der Kontrolle des manuellen Filmtransports durch den Fotografen. Sobald also die „1", die auf dem Schutzpapier eines 120er Rollfilms aufgedruckt ist, im Rotfenster erscheint, kann die erste Aufnahme erfolgen. Doch nur, nachdem das Fenster mit-

tels roter Scheibe geschlossen wurde, was dem Schutz des Films vor zu viel Lichteinfall dient. Ein Gewinde für ein Stativ an der Kameraunterseite rundet die Ausstattung der Isolette ab.

Unterwegs mit der Agfa Isolette

Die Isolette ist einfach ein Eyecatcher, wo auch immer man mit ihr auftaucht. Oft werde ich auf sie angesprochen, woraus sich stets interessante Gespräche über Kamerahistorie und die Freude des Fotografierens an sich ergeben. Gibt man sich dieser Freude hin, so fordert die Faltkamera ihren Anwender einerseits heraus, zeigt ihm aber andererseits auch die kreativen Möglichkeiten echten fotografischen Handwerks auf.

Dies ergibt sich zunächst aus dem Umstand, dass die Isolette über keinen eingebauten Belichtungsmesser verfügt und nur die drei Belichtungszeiten 1/200, 1/50 und 1/25 Sekunde plus Langzeitbelichtung „Bulb" kennt. Sich mit einer solchen Kamera auf Fototour zu begeben, eröffnet neue spannende Wege, den Umgang mit Licht und dessen fotografische Nutzung zu erlernen. Ohne jegliche Technik stehen uns unsere Intuition und unsere Augen als „Messinstrumente" zur Verfügung, die Menge an vorhandenem Licht abzuschätzen und die Parameter für die Belichtung darauf abzustimmen. Dies macht neben der Suche nach Motiven bereits einen wichtigen Teil des kreativen Schaffensprozesses „Fotografie" aus. Die größte natürliche Lichtquelle ist die Sonne. „Wenn die Sonne lacht, nimm` Blende acht". Wer hat diese Eselsbrücke nicht schon einmal gehört? So eingängig sie ist, stellt sie nur ein Drittel der Wahrheit dar, denn die Belichtung wird neben der Blende von zwei weiteren Faktoren beeinflusst: der Verschlusszeit und der Filmempfindlichkeit. Alle drei Parameter werden in der bekannten „Sunny-16-Regel" berücksichtigt. Bei Anwendung dieser Regel wird zunächst die Verschlusszeit als Kehrwert der verwendeten Filmempfindlichkeit eingestellt. Bei einem ISO 100 Film führt dies zur 1/100 Sekunde beziehungsweise der nächstgelegenen Verschlusszeit 1/125 Sekunde, die bei der Isolette zum Einstellwert 1/200 Sekunde führt. Die dazugehörige Blende erfordert dann ein Gespür für die, in der Aufnahmesituation vorhandene Lichtmenge, welche im Outdoorbereich im Grunde eine Einschätzung des Wetters bedeutet. Bei ungestörtem Sonnenschein, der Name

der Regel lässt es erahnen, ist dies Blende 16. Möchte man in dieser Situation aber einen wahrhaft sonnenüberfluteten Eindruck auf das Foto bannen, so darf es auch eine etwas größere Blende sein. Insofern ist diese Blendenwahl niemals ein Dogma. Bei trüberen Wetterbedingungen und weniger verfügbarem Licht ist die Blende nun schrittweise weiter zu öffnen, wobei die Einstellung von Filmempfindlichkeit und Verschlusszeit beibehalten wird. Auf diese Weise soll eine Helligkeitsverteilung im Negativ bzw. dem späteren Print erreicht werden, die möglichst exakt der realen Situation im Moment der Aufnahme entspricht. Bei leicht bewölktem Himmel gilt danach Blende 11 als Richtwert und bei dichter Bewölkung der Wert 8 oder 5,6. Hier lässt es sich gut probieren, wodurch im Laufe der Zeit ein recht gutes Gefühl für Wettersituationen und die damit verbundene Lichtmenge als wichtigste „Zutat" für die Fotografie gewonnen wird. Die nach vorne aufspringende Gehäuseklappe kann in der Praxis als eine Art Bildstabilisator dienen, da sie, sofern sie mit den Fingern der linken Hand gestützt und die Kamera etwas an den Körper herangedrückt wird, die 1/25 Sekunde noch gut aus der Hand machbar erlaubt.

Was bleibt?

Die Isolette ist eine formschöne charmante Kamera, die einen kostengünstigen Einstieg ins Mittelformat ermöglicht. Zudem vermittelt sie den am Handwerk der Fotografie interessierten Anwender schnelle Lernerfolge in fotografischen Grundlagen wie Belichtung oder Fokussierung. Aufgrund des Alters und teils empfindlicher Materialen sollte der Kauf einer solchen Kamera möglichst beim Gebrauchtfachhandel vorgenommen werden.

Agfa Isolette II

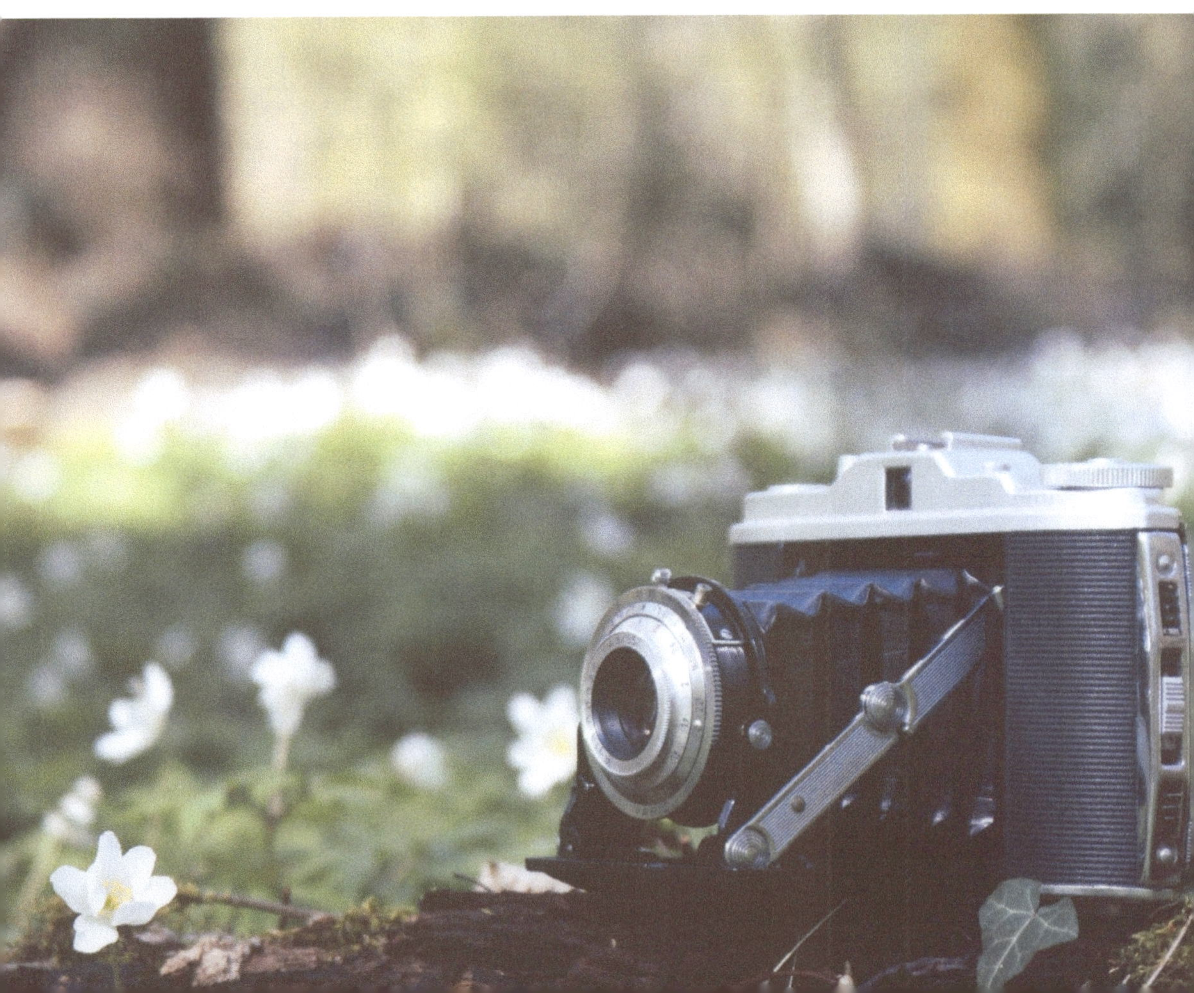

Kurzportrait Agfa Isolette

Die Agfa Isolette in Zahlen und Fakten

☑	**Typ**	Mittelformat-Klapp-/ Sucherkamera
☑	**Produktion**	1949 – späte 1950er-Jahre, insgesamt mehrere 100.000 Stück
☑	**Varianten**	diverse reguläre Modelle und Sondermodelle
☑	**Gehäuse**	Aluminium-Druckguss
☑	**Abmessungen**	105 mm x 90 mm x 55 mm (ausgeklappt)
☑	**Gewicht**	400 bis 600 g, je nach Modell
☑	**Sucher**	Rückklapp- oder Rahmensucher
☑	**Sucheranzeige**	einfache Rahmenanzeige zur groben Motiverfassung
☑	**Belichtungsmessung**	manuell
☑	**Verschluss**	mechanischer Zentralverschluss (Synchro-Compur-Verschluss)
☑	**Verschlusszeiten (Sek.)**	1/25 bis 1/200, B (einige Modelle)
☑	**Einführungspreis 1949**	50 – 70 DM
☑	**Heutiger Straßenpreis**	ab etwa 50 Euro in Zustand „B" (Serienmodell)

Auf einen Blick – zehn Gründe für die Isolette

1. **klein und kompakt**
2. **einfache, intuitive Bedienung**
3. **gutes Preis-Leistungs-Verhältnis**
4. **langlebig**
5. **hohe, systembedingte Bildqualität**
6. **viele Varianten am Markt verfügbar**
7. **robustes Gehäuse**
8. **auch ohne Energiequellen einsetzbar**
9. **wertstabil**
10. **breites Zubehörangebot**

Die doppeläugige – Rolleiflex 3,5 F

Das Fotografieren mit einer Vertreterin der seit dem Jahr 1928 im Hause Franke und Heidecke, Braunschweig, hergestellten zweiäugigen Mittelformat-Kameras des Typs „Rolleiflex" ist bis oder gerade heute etwas ganz Besonderes. Nicht zuletzt deshalb sprach man bereits in den 1960er-Jahren vom Rolleigrafen statt vom Fotografen. Doch was macht dieses Besondere genau aus?

Der Beginn einer Leidenschaft – Zauber einer Krimiszene

Es ist noch früh am Morgen als ein älterer Herr an einer auf einem Stativ befestigten Kamera diverse Einstellungen vornimmt und einen einsam stehenden, vom Nebel umhüllten Baum ins Visier nimmt. Er macht dies sehr bedächtig und gewissenhaft in einem fast rituellen Zusammenspiel von externem Handbelichtungsmesser und Kamera. Dann ein letzter prüfender Blick von oben in den Lichtschacht der Kamera, ein Dreh an einer seitlich angebrachten Kurbel und... Klick! Kaum hörbar bildet das Betätigen des Auslösers das furiose Ende der ganzen Prozedur. Von dieser Szene aus einem Krimi der Reihe „Inspector Barnaby" ging für mich so etwas wie ein Zauber aus, der auch und gerade mit dieser recht ungewöhnlichen Kamera zusammenhängen musste und dem ich auf die Spur kommen wollte. Nach kurzer Internet-Recherche erstand ich also eine Rolleiflex 3,5 F aus dem Produktionsjahr 1959.

Der erste Eindruck – wertig, edel und robust

Sobald man die Kamera aus der „guten alten Zeit" ausgepackt hat und in Händen hält, merkt man schnell, ein gutes Stück Kamerageschichte mit einem ganz eigenen Charme zu besitzen: das Gehäuse ist – wie auch sämtliche Bedienelemente – aus Leichtmetall und mit einem schön gemusterten Lederbezug versehen. Alle Elemente sind übersichtlich angeordnet und in einem sehr edlen Design gehalten. Ein weiches Ledertuch sowie ein Haarpinsel oder kleiner Blasebalg, der die letzten Staubkörnchen entfernt, können Wunder bewirken und die Kamera wieder wie neu erstrahlen lassen. Gut ist es auch, wenn dazu noch die originale Bereitschaftstasche aus braunem Leder erstanden wird, in der die Kamera perfekt vor Witterungs-

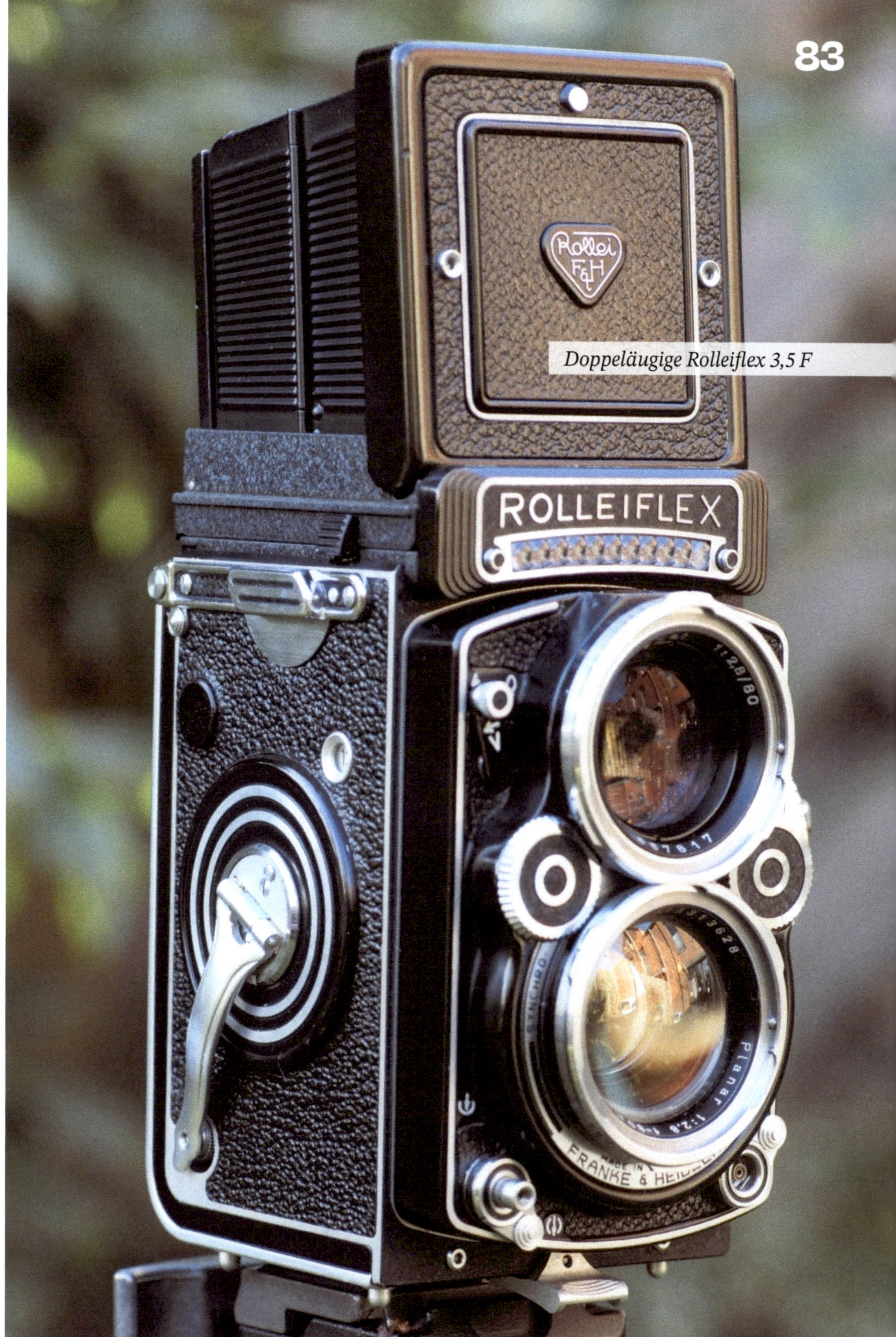

Doppeläugige Rolleiflex 3,5 F

einflüssen geschützt ist. Die vordere Seite lässt sich bequem abnehmen, womit die Rolleiflex in sofortige Schussbereitschaft versetzt wird.

Die Technik – alles, was eine gute Kamera braucht

Jede Rolleiflex besteht als „TLR" (Twin Lens Reflex)-Kamera genau genommen aus zwei räumlich getrennten Kameras – eine Sucherkamera (oberes Objektiv) und eine Aufnahmekamera (unteres Objektiv). Im praktischen Einsatz hat dies den Vorteil, dass ständig, d.h. vor, während und nach der Aufnahme sichtbar und

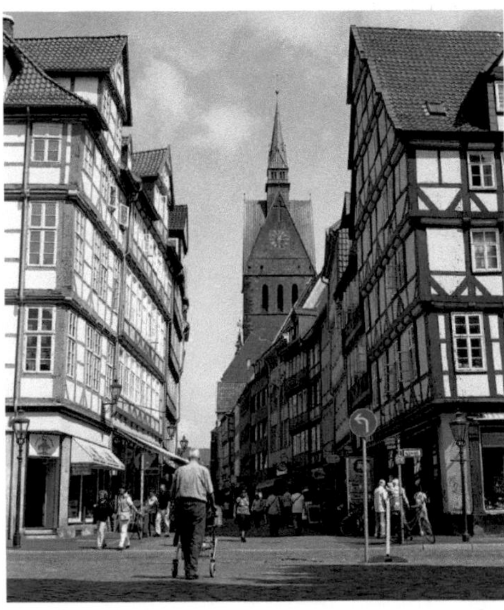

Hannover, Altstadt, Rolleiflex 3,5 F

kontrollierbar ist, was sich letztlich auf dem Foto befindet.

Trotz ihrer für heutige Verhältnisse eher spartanischen Ausstattung bietet die Rolleiflex ihrem Anwender alles, was dieser zu einem guten Foto braucht – vorausgesetzt wird nur die Bereitschaft, sich auf das Abenteuer „komplett manuelle Bedienung anno 1959" einzulassen.

So verfügte das Modell 3,5 F bereits über einen damals selten vorfindbaren eingebauten Belichtungsmesser, der nach dem Prinzip der Dauerlichtmessung arbeitet. Er ist mit Blende und Zeit gekuppelt, die jeweils mithilfe von zwei kleinen Rädchen eingestellt werden.

Seine Energie bezieht der Belichtungsmesser aus einer Reihe von Selenzellen, die sich am Kopf der Frontplatte befinden. Diese Energiequelle ist – einmal versiegt – leider nicht erneuerbar. Die Funktionsweise des Belichtungsmessers hängt aufgrund des hohen Alters der Geräte also davon ab, wie die Kamera in den vergangenen Jahrzehnten gelagert wurde. War sie etwa über längere Zeit hoher Lichtintensität ausgesetzt, könnten die Selenzellen heute nahezu erschöpft sein. Es empfiehlt sich also durchaus noch einen externen Handbelichtungsmesser mit dabei zu haben, mit dem das Ergebnis der Rolleiflex zumindest überprüft werden kann.

Eine interessante Prozedur ist auch die Einstellung der Schärfe, was über den seitlich angebrachten Entfernungseinstellknopf vorgenommen wird. Es wird so lange an diesem gedreht, bis das Sucherbild auf der Mattscheibe scharf ist. Währenddessen wird die gesamte Frontplatte der Kamera mitbewegt (vor dem Verstauen der Kamera in der Bereitschaftsasche sollte darauf geachtet werden, dass die Entfernung auf unendlich eingestellt ist, da sich die Vorderplatte dann ganz dicht am Gehäuse befindet). Besonders auf den hellen und mit Gitternetzlinien versehenen Einstellscheiben der „neueren" Rolleis ab Mitte der 1950er-Jahre gerät dieser Vorgang zum Vergnügen, da der Fotograf sein Motiv in aller Ruhe komponieren und sehr schön die Schärfe-/Unschärferegionen kontrollieren kann. Für die Details lässt sich hier eine kleine Lupe unterstützend aufklappen, die im Lichtschacht untergebracht ist.

Mein Lieblingsutensil ist jedoch eindeutig die zugleich praktische wie auch form-

schöne Kurbel an der rechten Außenseite des Gehäuses. Sie ist fast so etwas wie die heimliche Schaltzentrale der Kamera. Ein Pendelschwung, der sich aus einer Vorwärtsbewegung zum Weitertransport des Films und einer halben Rückwärtsdrehung zum Spannen des Verschlusses vor der nächsten Belichtung zusammensetzt, macht ihre Funktion aus. Ein sanfter Druck auf den Auslöser, der dezent und in gut erreichbarer Zeigefinger-Position angebracht ist, und das Motiv ist durch ein Klicken im Flüsterton „im Kasten". Nun kommt wiederum die Kurbel zu ihrem Auftritt…

Unterwegs mit der Rolleiflex – die „an"-sprechende Kamera

Mit der Rolleiflex wird jede Fototour zu einem ganz eigenen intensiven und entschleunigten Erlebnis. Und statt dem Gefühl, etwas aus der Zeit gefallen zu sein, stellt sich der praktische Umgang mit ihr durchaus als zeitlos dar. Zunächst schult die Kamera durch ihre Technik (alles möchte sorgfältig und mit viel Ruhe und Sorgfalt eingestellt werden) den sehr bewussten Umgang mit Motiven. Dies wird auch dadurch betont, dass man sich wegen der auf zwölf begrenzten Bildanzahl pro 120er-Rollfilm schon sehr genau überlegt, was sich auf den Film zu bannen lohnt und was eher nicht. Dies führt nach meiner Auffassung i.d.R. zu einer qualitativ guten Ausbeute und schnell zu der Erkenntnis: 12 Bilder pro Film sind genug.

Etwas gewöhnungsbedürftig war anfangs die Tatsache, ein seitenverkehrtes Mattscheibenbild vor Augen zu haben, was zunächst zu etwas bizarr anmutenden „Kamera-Schwenk-Aktionen" führte. Dafür entfällt die Frage nach Hoch- oder Querformat, da das Ergebnis immer ein quadratisches 6x6-Bild ergibt. Dieses lässt später noch alle Möglichkeiten zur Umarbeitung auf andere Formate oder Anfertigung von Ausschnitten offen. Eines ist jedoch immer gewiss: eine bestechende Bildqualität sowie intensive leuchtende Farben bei Farbfotografie. Bei nicht immer unproblematischem Gegenlicht leisten der aufklappbare Faltlichtschacht der Kamera sowie eine Sonnenblende gute Dienste.

In einem Buch aus den 50er wurde die Vorliebe von Journalisten für die zweiäugigen Reflexen u.a. damit begründet, dass mit ihnen ein sehr unauffälliges Fotografieren möglich sei, was sie prädestinieren würde für den Reportageeinsatz. Diese Eigenschaft hat sich nach meiner Erfahrung heute geradezu umgekehrt (was aber auch seine Vorteile hat) und die Rolleiflex zu einer „an"-sprechenden Kamera gemacht. Denn ganz gleich ob auf dem Viktualienmarkt in München oder dem Hamburger Fischmarkt: ich blieb meist nicht lange allein mit meiner Rolleiflex, denn die Kamera lädt Menschen zu Reaktionen ein, wie: „Oh, so eine hatte ich auch mal!", „Gibt es dafür noch Filme?" oder „Das waren noch Kameras". Leiten solche Fragen oft spannende Gespräche ein, führte die Frage danach, ob das gute Stück denn wohl immer noch funktionstüchtig sei nach all den Jahren, schon einige Male zu spontanen shootings. Durch diese kann man(n) oder frau sich dann selbst ein Bild von der Qualität der Rolleiflex machen.

Was bleibt?

Die doppeläugige Rolleiflex ist eine Ikone der Reportagefotografie, die sich auch für viele andere Gebiete der Fotografie eignet und einen klassischen Retrocharme versprüht. Wenn wir uns auf ihre Eigenarten einlassen und dem fotografischen Prozess mit dieser Kamera einen gebührenden Zeitrahmen einräumen, werden wir mit qualitativ sehr hochwertigen Bildern belohnt.

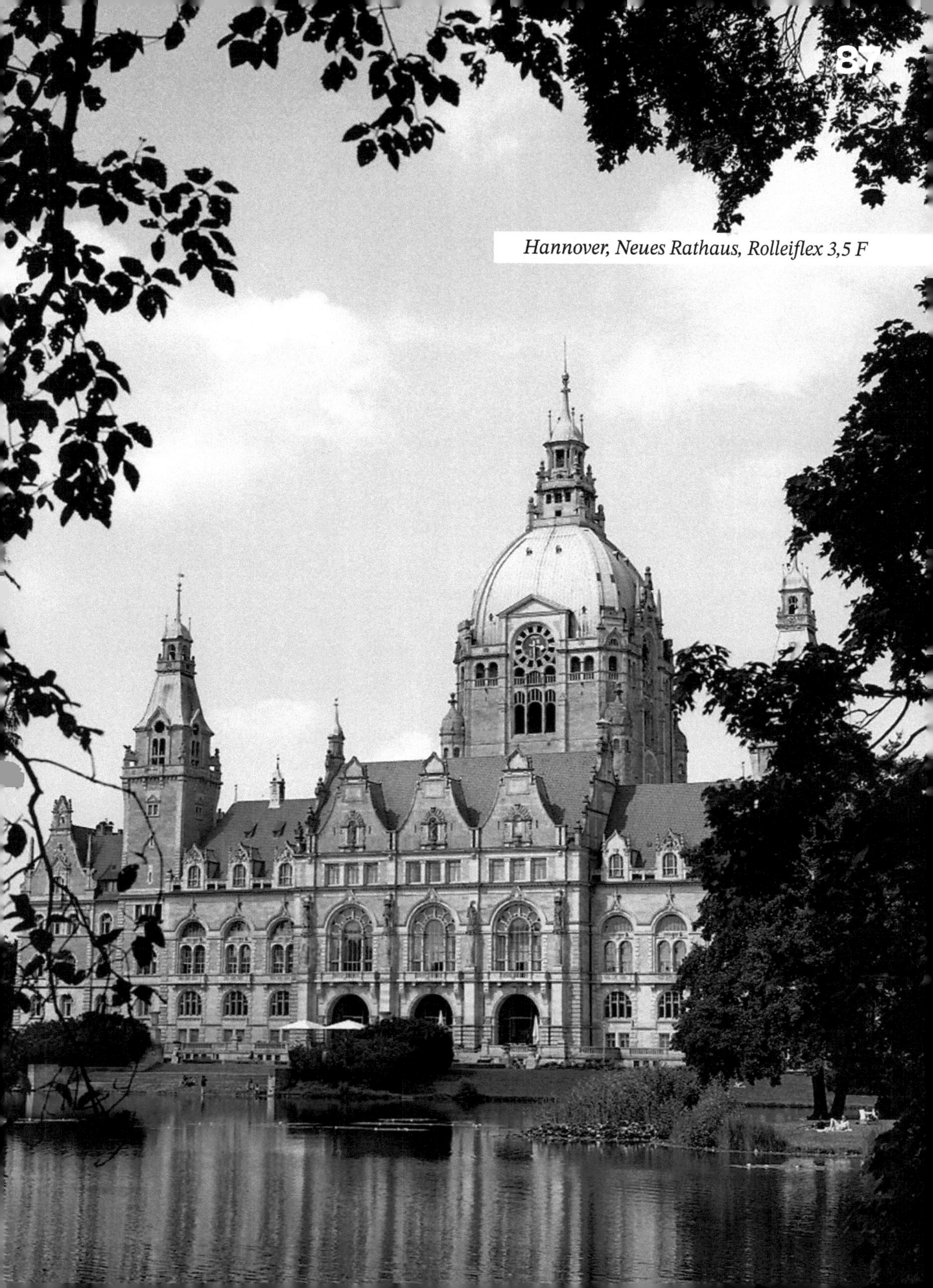

Hannover, Neues Rathaus, Rolleiflex 3,5 F

Kurzportrait Rolleiflex 3,5 F

Die Rolleiflex 3,5 F in Zahlen und Fakten

☑	**Typ**	Zweiäugige Mittelformat-Kamera (Twin-Lens-Reflex)
☑	**Produktion**	1929 (3,5 F ab 1958) - heute, insgesamt ca. 2.800.000 Stück
☑	**Varianten**	diverse reguläre Modelle und Sondermodelle
☑	**Gehäuse**	Aluminium-Druckguss mit genarbtem Kunstleder
☑	**Abmessungen**	142 mm x 92 mm x 102 mm
☑	**Gewicht**	1.220 g
☑	**Sucher**	Lichtschachtsucher mit heller Mattscheibe zur Bildkomposition
☑	**Sucheranzeige**	Belichtungswerte und Fokus-Indikator
☑	**Belichtungsmessung**	Integrierte Selen-Belichtungsmessung nach einfallendem Licht
☑	**Verschluss**	mechanischer Zentralverschluss (Synchro-Compur-Verschluss)
☑	**Verschlusszeiten (Sek.)**	B, 1/2, 1/4, 1/8, 1/15, 1/30, 1/60, 1/125, 1/250, 1/500
☑	**Einführungspreis 1958**	1.198 DM
☑	**Heutiger Straßenpreis**	ab etwa 1.000 Euro in Zustand „B" (Serienmodell)

Auf einen Blick – zehn Gründe für die Rolleiflex

1. **sehr hochwertige und langlebige Kamera**
2. **einfache, intuitive Bedienung**
3. **gutes Preis-Leistungs-Verhältnis**
4. **Motiv ständig sichtbar, auch während der Aufnahme**
5. **Sehr hohe, systembedingte Bildqualität**
6. **viele Varianten am Markt verfügbar**
7. **robustes Gehäuse**
8. **auch ohne Energiequellen einsetzbar**
9. **wertstabil**
10. **breites Zubehörangebot**

Die „Hier und Jetzt"- Kamera – Polaroid 600

Für manch einen war das, was meine Schwägerin mir an einem sonnigen Herbsttag 2011 als Geschenk übergab, vor allem ein aus der Zeit gefallener, unhandlicher Kasten, der sündhaft teure Sofortbilder erzeugte – die Polaroid, hier in einer 600er Ausführung. Mit der Kamera wurden in einem Kosmetiksalon bis zu dessen Schließung Fotos von den Kunden nach der Behandlung gemacht und ihnen als Präsent mitgegeben. Man wollte im Bild festhalten, welch kosmetisches Kunstwerk am Menschen erschaffen wurde, denn diese Dienstleistung war flüchtig, sollte oft nur einem bestimmten Anlass dienen und wurde oftmals nur ein einziges Mal an der betreffenden Person durchgeführt. Person und Bild verschmolzen in diesem einen Augenblick miteinander,

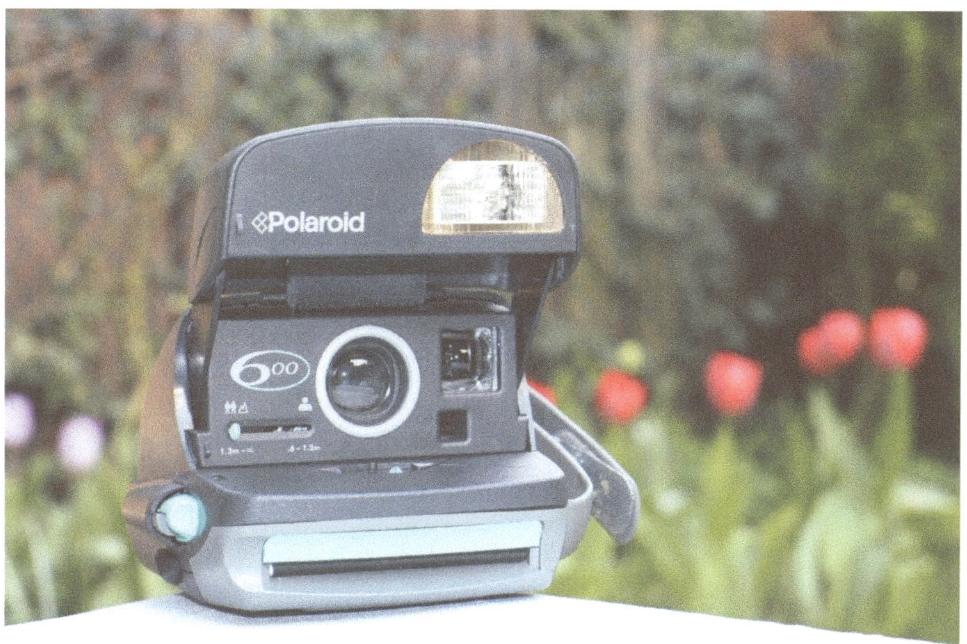

Die Polaroid 600

das „Polaroid" wurde zum unwiederbringlichen Abbild der Persönlichkeit, ja dessen, was man sein wollte.

Für mich bedeutete diese Kamera ein Stück wiedererlangte Kindheit und ein Wiederaufleben so vieler einzigartiger Erinnerungen, obwohl es nicht exakt das Modell aus den 1970er- Jahren, sondern eine Weiterentwicklung war. Denn was immer mir in meiner Kindheit wichtig war und wer immer besonderen Eindruck auf mich machte, alles und jeder wurde mit der Polaroid bildlich dokumentiert. Und das überall, sofort und als einmaliges Unikat. Nie benutzte ich meine Polaroid einfach nur so oder „en passant", eben weil ich sie gerade bei mir hatte. Nein, die Polaroid wurde stets von irgendwoher herbeigeschafft, gerade so, als würden wir einen Prominenten zu einem Event extra einfliegen lassen, während alle anderen „normalen" Gäste schon anwesend waren. Was macht nun diese Prominenz der Polaroid aus, was macht sie so besonders?

Von einer brillanten Idee zum Gattungsnamen

Am 21. Februar 1947 stellte der amerikanische Physiker Edwin Herbert Land einen „Land Camera" genannten Fotoapparat vor, der erstmals in der Lage war, unmittelbar nach der Aufnahme ein fertiges Positivbild zu liefern. Möglich machte dies, und er war die eigentliche Innovation, ein spezieller Film, der durch ein Schnellentwicklungsverfahren noch an Ort und Stelle einer Aufnahme das belichtete Negativ auf ein Positiv übertrug. Sämtliche Vorgänge des Fotografierens, die sich wie etwa die Negativ- und Positiventwicklung in mehreren Phasen vollzogen, wurden nun also in einer einzigen Phase vereint. Diese brillante Idee kam damals einer fotografischen Revolution gleich, benötigte dann jedoch noch ein Vierteljahrhundert bis aus ihr ein Massenmarkt entsteht, dessen Geburtsstunde am 25. April 1972 schlug, als Land sein Sofortbildsystem SX-70 vorstellte. Ein weiteres Jahrzehnt später erschien der Nachfolgefilm des Typs 600, der gegenüber dem SX-70 etwas lichtempfindlicher war. Polaroid, dessen Begriff sich aus den von Land entwickelten und patentierten „Polarisationsfolien" ableitete, war zu diesem Zeitpunkt zum Gattungsnamen der Sofortbildfotografie geworden und gleichsam konkurrenzlos in diesem Segment. Auch wenn die Filme mit etwa 20

DM für zehn (SX-70) beziehungsweise acht (Typ 600) Aufnahmen sehr teurer waren, war Polaroid für alle Aufnahmesituationen, bei denen es schnell gehen sollte oder musste, erste Wahl, ob Verkehrsunfall oder Kindergeburtstag: Polaroid verewigte das Geschehene zuerst und brannte es in das Gedächtnis der beteiligten Personen, wurde zum optischen Synonym unserer Erinnerungskultur. Anfang der 2000er-Jahre traf auch Polaroid die digitale Zeitenwende in der Fotografie. Sofortbilder ließen sich nun viel schneller und vor allem günstiger mit Digitalkameras oder Handys produzieren, quasi zeitgleich zum Geschehnis. Der Absatz von Polaroidkameras und -filmen brach ein, was eine Insolvenz des Unternehmens, mehrere Eigentümerwechsel und schließlich die Einstellung der Produktion von Polaroidfilmen am 17. Juni 2008 zur Folge hatte.

Noch im selben Jahr wendete sich das Blatt jedoch durch das Engagement dreier Polaroidenthusiasten, die das Wissen um die Polaroidfilmproduktion und das nötig Kapital zusammenbrachten und die letzte Polaroidfilmfabrik im niederländischen Enschede erwarben. Mit Leidenschaft, viel Herzblut und sicher auch einem Schuss „positiver Verrücktheit" gründeten sie „The Impossible Project", wobei der Name Programm und Ansporn des ehrgeizigen Vorhabens waren. Auf alten ausrangierten Maschinen sollten die Polaroidfilme wieder aufleben! Da viele Vorprodukte der Filme inzwischen nicht mehr erhältlich waren, ging man neue Kooperationen zur Rohstoffbeschaffung etwa mit der britischen Marke Ilford, ein, die zu gänzlich neuen Zusammensetzungen der Filme führten ohne jedoch das Sofortbilderlebnis von einst zu schmälern. Dieser unermüdliche Entwicklergeist des Unternehmertrios, der in den Folgejahren zu immer neuen Filmtypen und Kameras führte, bekam Rückenwind durch die einsetzende Renaissance der Analogfotografie und ließ die Produktionszahlen der Sofortfilme stetig ansteigen. Dieser Erfolg verwandelte das unmögliche Projekt nun zu einem möglichen. Dies auch bald rein formal, denn das Unternehmen wurde 2017 zunächst in „Polaroid Originals" und 2020 schließlich in „Polaroid B.V." umbenannt. So gelang die Rückkehr zu den fotografischen Wurzeln des Unternehmens, auch und trotz des Umstands, dass sich das Portfolio unter der Marke Polaroid inzwischen auf Artikel aus den Bereichen Mode oder Unterhaltung ausgedehnt hatte.

Einfach. Überraschend. Einzigartig.

Verglichen mit vielen anderen Kameras ist die Polaroid 600 schon ein mächtiger und dazu noch recht unhandlicher Kasten, da alleine schon die Filme, die aus einem rechteckigen Kunststoffbehälter mit darunter liegender Batterie (Polapulse) bestanden, recht voluminös sind. Es ist eine Kamera, die ich nicht ständig bei mir trug, sondern die ich ganz gezielt für besondere Momente oder Ereignisse herbeiholte. Rein technisch gesehen ist sie die Verkörperung der Einfachheit, da die Belichtungssteuerung voll automatisch in Abhängigkeit zum Umgebungslicht erfolgt und der Fotograf dieser der Kamera lediglich mit einem simplen Schieberegler von „hell" zu „dunkel" mitteilen kann. Die Schärfe beziehungsweise die Entfernung zum Motiv kann nicht manuell eingestellt werden, da die Polaroid 600 als Fixfokus-Modell eine Optik aufweist, die so optimiert ist, dass alles in einer Zone von 0,6 m bis unendlich scharf genug erscheint. Somit ist einfaches Fotografieren möglich, ohne sich viel Gedanken über Kameraeinstellungen zu machen.

Nach Aufklappen des Blitzes meldet sich die Kamera aufnahmebereit für einen Zeitraum von etwa einer Minute, wonach sie durch Ein- und Ausklappen des Blitzes erneut aktiviert werden muss. Dann heißt es nur noch Fixieren des Motivs durch einen tunnelartigen Sucher und Betätigen des Auslösers. Letzteres erfordert etwas Kraft und eine ruhige Hand, da er zügig und mit Druck in das Gehäuse hinein befördert werden muss. Unter Verschlusszeiten zwischen ¼ und 1/200 Sekunde ein Unterfangen, das zwar meistens gut geht, aber eben längst nicht immer.

Eine Überraschung ist es dann stets, was die Polaroid durch mehrfach recht lautes Surren durch ihren Filmschacht nach draußen befördert, eben weil die entscheidenden bildgebenden Parameter in der „black box" der Kamera und ohne wirklichen Einfluss des Fotografen festgelegt werden. Aber gerade das macht die Spannung aus. Auch sonst erhält man das sprichwörtliche rohe Ei der Fotografie, denn aufgrund der extremen Lichtempfindlichkeit ist das Bild im Moment des Erscheinens sofort vor Licht abzuschirmen, da jeder noch zu kleine Lichtstrahl das Bild ruinieren oder dessen Farben zumindest stark verfälschen könnte. So muss immer eine zweite Person neben mir stehen, wenn ich mit der Kamera fotografiere, um das Bild in einen Umschlag oder ein Buch zu befördern. Es ist ein Herzschlagmoment, der bei wichtigen Aufnahmen einer Geburt gleicht. Es gibt keine zweite Chance für das Polaroid, es ist ein Moment der Wahrheit, ein Kippmoment. Das Foto verschwindet für mindestens 15 Minuten, besser länger, in seinem temporärem Behältnis, wo sich das Bild in Ruhe entwickeln kann. Legt man dieses auf einen warmen Gegenstand, etwa eine Heizung, werden die Farben tatsächlich besonders intensiv. Ich erinnerte mich, dass das System SX-70 aus Kindertagen es zuließ, das

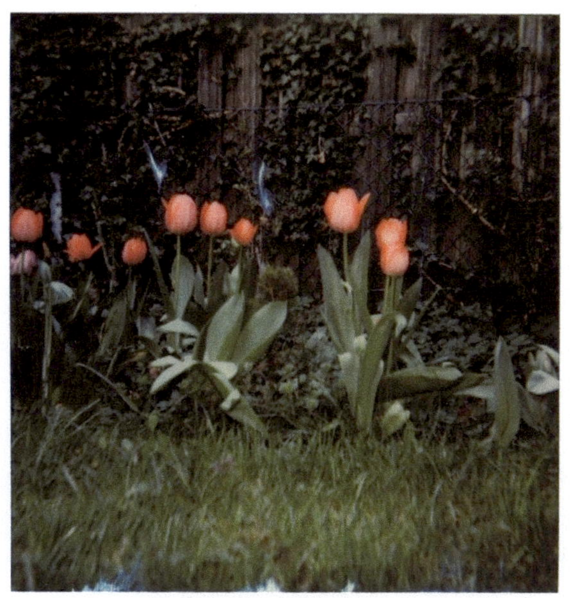

Natur im Polaroid-Quadrat

ausgeworfene Polaroid einfach in der Luft zu wedeln und ein paar Minuten zuschauend zu warten, wie das Motiv wie von Geisterhand auf der 7,8 x 7,9 cm großen Bildfläche erschien. Aber immerhin, was da im Buch oder Umschlag lag, war ein komplettes fertiges Bild mit allen erforderlichen Bestandteilen, ohne dass es von einem Negativ getrennt werden müsste. Und vor allem ist es einzigartig und in dieser Form ein nicht reproduzierbares Unikat!

Erleben und Erinnern fallen zusammen

Die Polaroid 600 wurde Zeuge und Chronist aller wichtigen Ereignisse meines Lebens und das meiner beiden Kinder. So wurde jeder Geburtstag mit jeweils acht Polaroidbildern, also eben genau einem kompletten Film, dokumentiert. Es sind Bilder, die einmal Eingang in Hochzeitszeitungen oder ganz besondere Fotoalben finden. Die ganz besondere Haptik, die nostalgisch anmutenden Farben und die Magie des festgehaltenen Augenblicks machen die Bilder einzigartig.

Das entscheidende, die DNA jeden Polaroidbilds ist aus meiner Sicht jedoch, dass das Erleben und Erinnern jener durch diese Fotos festgehaltenen Momente zeitlich zusammenfallen. Es wirkt geradezu ekstatisch, dass wir mit einem Polaroidbild fast gleichzeitig den Gegenstand des Motivs und das Bild davon erhalten. Besondere Momente unseres Lebens und Ausschnitte unserer Wahrnehmung werden so gleichsam materialisiert zur Unvergänglichkeit.

Was bleibt?

Die Polaroid ist als einfach zu handhabende Point-and-Shoot-Kamera ein emotionaler Lebensbegleiter für die besonderen Momente, die wir als Teil unserer nie enden wollenden Erinnerung festhalten möchten. Dabei entfacht sie einen ganz eigenen Zauber, der jedem mit ihr aufgenommenen Foto einen unverwechselbaren Charakter verleiht.

Kurzportrait Polaroid 600

Die Polaroid 600 in Zahlen und Fakten

☑	**Typ**	Analoge Sofortbildkamera mit einlinsigem Objektiv
☑	**Produktion**	1980 – Ende 1990er, mehrere Dutzend Millionen Stück
☑	**Varianten**	diverse reguläre Modelle und Sondermodelle
☑	**Gehäuse**	klappbares Kunststoffgehäuse
☑	**Abmessungen**	178 mm x 178 mm x 152 mm
☑	**Gewicht**	ca. 635 g
☑	**Sucher**	Optischer Sucher
☑	**Sucheranzeige**	Bildbegrenzung
☑	**Belichtungsmessung**	automatische Belichtungssteuerung
☑	**Verschluss**	elektronischer Zentralverschluss
☑	**Verschlusszeiten (Sek.)**	von 1/4 bis 1/200
☑	**Einführungspreis 1980**	ca. 70 bis 100 DM
☑	**Heutiger Straßenpreis**	ab etwa 20 Euro in Zustand „B" (nur Kamera)

Auf einen Blick – zehn Gründe für die Polaroid 600

1. **sehr günstige Kamera**
2. **extrem einfache, intuitive Bedienung**
3. **gutes Preis-Leistungs-Verhältnis**
4. **keine Kosten für die Bildentwicklung**
5. **Bild sofort nach Aufnahme „in Händen"**
6. **hoher „Kultstatus"**
7. **einfacher Zugang zur Kameratechnik**
8. **viele Varianten erhältlich**
9. **großes Gebrauchtangebot**
10. **hoher „Spaßfaktor"**

Ikonen in guten Händen – Werkstätten für analoge Kameras

Es gibt sie in Millionen von Haushalten in jeglicher Bauart, aus zahlreichen technischen Epochen und vor allem in verschiedensten Erhaltungszuständen: analoge Kameras. Wurden viele von ihnen im Zuge der Digitalisierung „ausgemustert" oder schon seit Jahrzehnten nicht mehr genutzt, so erleben diese Geräte derzeit ihren zweiten Frühling, denn: Viele Fotografen, auch und gerade jüngerer Jahrgänge, holen diese Kameras aus ihrem Dornröschenschlaf, um wieder „haptisch klassisch" zu fotografieren. Bevor es damit aber losgehen kann, stellen

Einblick in die Kamera-Werkstatt

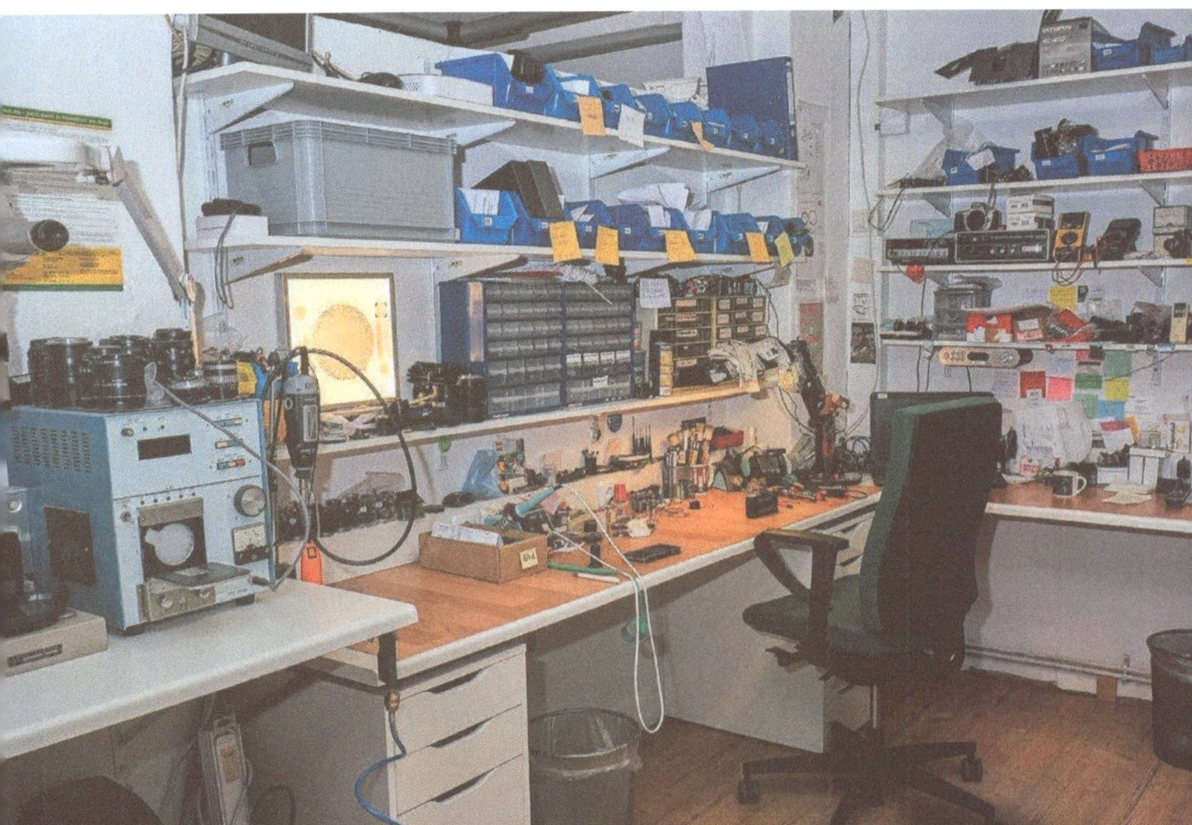

sich ihnen bange Fragen, wie: Ist die neu oder wiederentdeckte Kamera aus früheren Tagen noch voll funktionsfähig, und falls nicht: Wer kann sie wieder „fit machen" für einen tadellosen Einsatz? Gibt es noch Ersatzteile, wenn einmal etwas kaputt gehen sollte? Wie erkenne ich überhaupt einen wirklich guten und professionellen Reparaturbetrieb für mein lieb gewonnenes analoges Kamera-„schätzchen"?

Die Befragung

Auf der Suche nach Werkstätten in Deutschland, die sich heute der Reparatur analoger Kameras widmen, stößt man auf eine im Vergleich zu anderen Branchen überschaubare Anzahl von Betrieben. Diese bilden, wie es Marek Andreas Szarmach, Ratzeburg, ausdrückt, eine eigene „kleine Welt", in der „man sich kennt". Auf ihren Internetseiten preisen die Anbieter meist ein breites Leistungsspektrum an, dass für jedes Kameraproblem die passende Lösung bereitzuhalten scheint – sei das betreffende Kameramodell auch noch so betagt und ausgefallen. Aber stimmt das in der Praxis? Um dies in Erfahrung zu bringen, führte ich eine Befragung unter vierzig Betrieben durch,

die angaben, auf die Reparatur von analogen Kameras spezialisiert zu sein. Diese Firmen erhielten einen strukturierten Fragebogen und zusätzlich wurden persönliche Interviews mit den Inhabern geführt. An der Befragung beteiligte sich knapp jede zweite kontaktierte Werkstatt, was für die hier gewählte Art der Marktforschung eine gute Quote darstellt. Zudem sind die teilnehmenden Betriebe recht ausgewogen über das gesamte Bundesgebiet verteilt. Die Ergebnisse der Befragung liefern überraschende Einsichten in eine spannende Branche und geben Antworten auf wichtige Fragen rund um die Reparatur analoger Kameras und ihrer Zubehörkomponenten.

Berufung statt Beruf

Bis Ende der 1990er-Jahre existierte ein engmaschiges Netz aus Herstellern und Vertragswerkstätten, das einen sicheren und schnellen Reparaturservice analoger Geräte gewährleistete. Das handwerkliche Know-how und die nahezu ständige Verfügbarkeit von Originalersatzteilen der allermeisten Hersteller bildeten hierfür ein solides Fundament. Diese Diaspora erlebte um das Jahr 2002 herum eine deutliche Zäsur: Denn im Zuge der immer stärker aufkommenden Digitalisierung der Fotografie verschwanden einige große Kameramarken und Zuliefererbetriebe vom Markt, die sich nicht oder zu spät auf diesen Trend einstellen konnten oder wollten. Die heute zu beobachtende Renaissance der klassischen, filmbasierten Fotografie war ja damals noch nicht abzusehen.

In der Folge dieser Entwicklung sowie aus Altersgründen der Inhaber stellte sich auch die Werkstattbranche im Bereich analoger Fotogeräte neu auf – bei einer inzwischen deutlich geschrumpften Anzahl an verbliebenen Betrieben. So sind Menschen, die sich heute sehr engagiert und fachlich hoch erfahren dem Reparaturhandwerk klassischer Kameras verschrieben haben, zumeist in manufakturähnlichen, sehr spezialisierten Betrieben tätig. Zu finden sind darunter mittelständische Familienunternehmen, deren Inhaber ihr Handwerk von Generation zu Generation gepflegt und weitergegeben haben, wie dies zum Beispiel bei der 1946 gegründeten Firma Paepke in Düsseldorf der Fall ist. Oder es bildeten sich aus wirtschaftlichen Gründen Firmenzusammenschlüsse wie derjenige der Firmen Foto- und Filmgeräte GmbH (FFS) und Tritec in

Braunschweig im Jahr 2016, um ihre auf bestimmte Marken konzentrierten Kompetenzen zu bündeln. In der überwiegenden Zahl handelt es sich jedoch um Einzelunternehmer, die das Handwerk einst bei bekannten deutschen Herstellerfirmen erlernt haben und nun unter „OldKamerafuchs" oder „Kameraspezi" ihre professionellen Reparaturdienste anbieten. Eines trifft auf alle Fachbetriebe zu: Nur wer in die Handwerksrolle eingetragen ist und eine entsprechende Ausbildung besitzt, ist in Deutschland qualifiziert und autorisiert, fachgerechte Reparaturen an analoger Fototechnik durchzuführen.

Spätestens der persönliche Kontakt mit den Inhabern und Technikern dieser Firmen macht eines ganz deutlich: Die Reparatur analoger Kameras ist mehr als ein Beruf, um sich seinen Lebensunterhalt zu verdienen. Vielmehr geht es hier um eine Berufung mit Herz und Seele, die nicht selten bis ins hohe Alter mit großer Leidenschaft und Hingabe fortgeführt wird.

Das Abenteuer beginnt

Jede Reparatur, die heute an analogen Fotogeräten vorgenommen wird, ist eine ganz individuelle Herausforderung, oder,

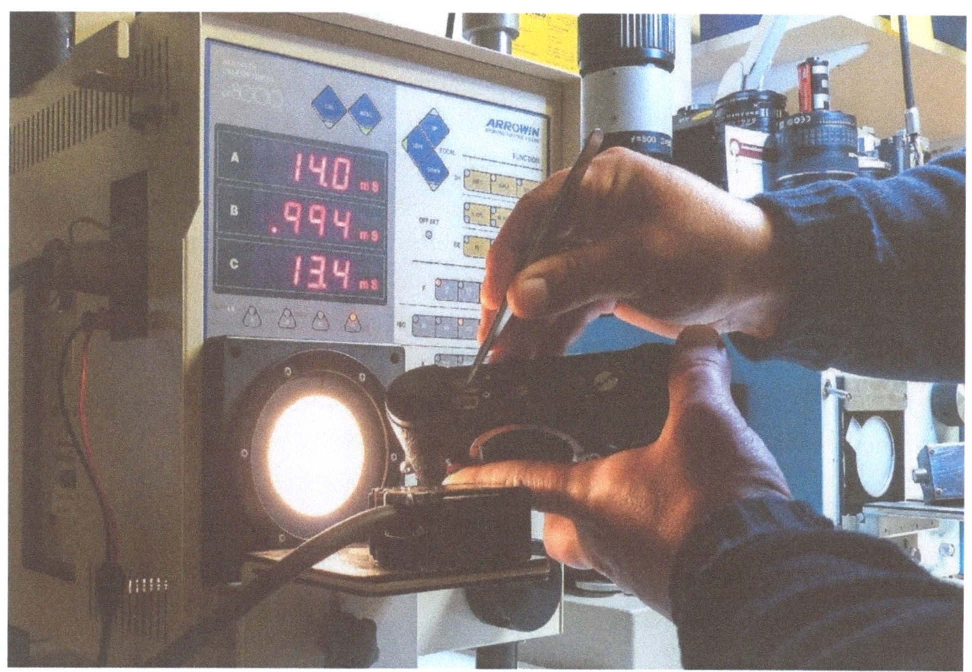

Überprüfung von Kamerafunktionen

wie es Ralf Hügle aus Dessau ausdrückt, ein „Abenteuer". Dieses beginnt bereits dann, wenn das betreffende „gute Stück" sicher verpackt, ohne unnötiges Zubehör und mit einer möglichst genauen Fehlerbeschreibung versehen (so jedenfalls wünschen es sich die Techniker) seine Reise zur Werkstatt antritt. Viele Werkstätten, etwa diejenige von Ralf Hügle, halten auf ihren Internetseiten spezielle Formulare bereit, die als Begleitschreiben zu den eingesendeten Fotogeräten dienen. Diese beinhalten für den Kunden ganz konkrete Hinweise darauf, in welcher Form die Einlieferung der Geräte in den Werkstattbetrieben erfolgen soll und zu welchen Bedingungen Reparaturen durchgeführt werden können.

Dort angekommen, erfolgt zunächst eine erste Sichtung und Überprüfung der eingetroffenen Geräte, bevor in einem persönlichen Gespräch mit dem Kunden Möglichkeiten einer Reparatur besprochen werden. Oftmals stellt sich dabei heraus, dass eine solche im eigentlichen Sinne gar nicht erforderlich ist, denn, so Henry Hoffmann, Stuttgart: „Hochwertige Analoggeräte sind deutlich wertiger konstruiert und auch verarbeitet, als ihre modernen, digitalen Gegenspieler. Dies sieht man besonders anhand der mechanischen Komponenten im Innenleben". So genügt es häufig, Schäden durch Verschleiß zu entfernen, die der Zahn der Zeit an den Geräten hinterlassen hat. Für die Summe aller zu diesem Zweck erforderlichen Tätigkeiten wird vielfach der Begriff „Generalüberholung" verwendet. Nur, was hat es eigentlich genau damit auf sich? Auf diese Frage nannten die befragten Werkstätten folgende Arbeiten (Auswahl), die eine „Generalüberholung" umfassen kann:

Andreas Szarmach, Kameraservice in Ratzeburg

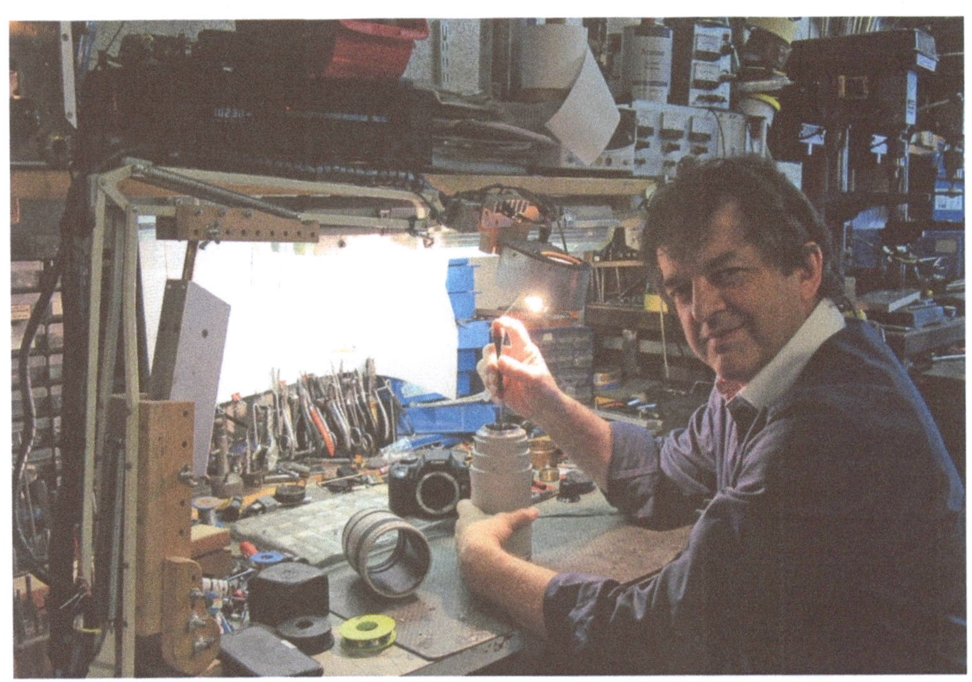

- Zerlegung, Einfettung und Schmierung der Mechanik mit frischen Fetten und Ölen
- Erneuerung typischer Verschleißteile wie zum Beispiel Dichtungen und Spiegelanschläge
- präzise Justierung des Kameraverschlusses
- Reinigung von Kamera und gegebenenfalls Objektiv
- Prüfung sämtlicher Kamerafunktionen

Ein solches „Rundum-Sorglos-Paket" für die kommenden Jahre schlägt modellabhängig mit bis zu dreihundert Euro je Kamera zu Buche, was in dieser Höhe viele Kunden überrascht. Verständlicher wird diese finanzielle Investition jedoch dann, wenn zwei Aspekte bedacht werden. Zum einen wird bereits für die Fehlerdiagnostik eine ganze Reihe hochspezialisierter und kostenintensiver Messinstrumente benötigt, um beispielsweise das korrekte Ablaufen der Kamera-Verschlusszeiten mithilfe eines „Shutter Testers" sicher und zuverlässig zu überprüfen. Und zum anderen macht eine umfassende Inspektion der Geräte einen erheblichen Zeitaufwand erforderlich, der stets ganz individuell auf das jeweilige Modell hin abgestimmt

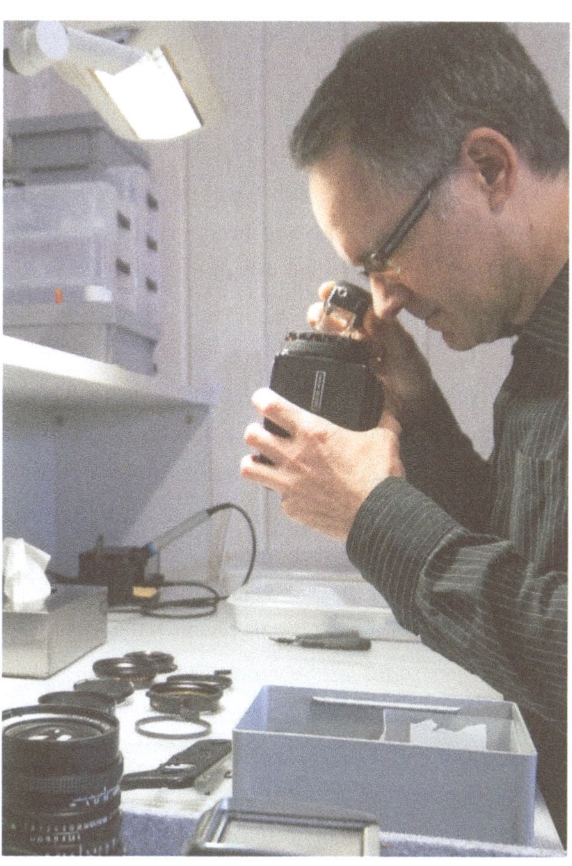

Kameratechniker Christian Tondera, Dachau, bei der Arbeit

werden muss. Gänzlich unbezahlbar ist jedoch das „Herzblut", welches von den Technikern bei all dem mit viel Liebe zum Detail investiert wird, worin sich nicht zuletzt auch „eine große Sympathie gegenüber Nutzern von analogen Fotogeräten" ausdrückt, wie es Henry Hoffmann formuliert.

Nach erfolgter Inspektion darf der Fotograf damit rechnen, dass seine Kamera für einige weitere Jahrzehnte klaglos ihren Dienst verrichtet. Steht der Anwender bei einer Neuanschaffung jedoch vor der Wahl, entweder eine gebrauchte und als defekt ausgewiesene klassische Kamera zu erwerben oder ein vermeintlich voll funktionsfähiges Gerät, welches dann dennoch eine umfangreiche Generalüberholung benötigt, so ist „unterm Strich" oft die erste Alternative die günstigere.

Das Insektennest im Kameragehäuse

Stehen umfangreiche Reparaturen an, die den Ersatz von Kamerateilen erforderlich machen, wird es spannend. Denn Originalersatzteile wie Kameraverschlüsse und deren Bauteile sowie Lichtdichtungen, Bajonettanschlüsse oder Blendenmechaniken sind meist schon seit vielen Jahren aufgrund des Wegfalls der einstigen Herstellerfirmen nicht mehr verfügbar. Viele Werkstätten, wie etwa die Firma Paepke haben sich daher über ihre Vertragspartner oder aus dem Bestand aufgelöster Betriebe frühzeitig mit Ersatzteilen ihrer Spezialmarken versorgt, so dass auf Sicht der kommenden Jahre die meisten der anfallenden Reparaturen erfolgreich mit Originalteilen durchgeführt werden können. Andere Betriebe wie die Firma Hoffmann verfügen über ein sogenanntes „Spendenlager", in dem Altgeräte bevorratet werden und deren Einzelteile dann der Weiterverwendung in den zur Reparatur eingelieferten „analogen Patienten" dienen.

Überdies kommt es nicht eben selten vor, dass Kunden die vermeintlich benötigten Ersatzteile sogar gleich selbst mitbringen und die dann meist in gebrauchtem Zustand weiterverbaut werden. Scheidet auch diese Option aus, so stellen sich die Techniker auch schon einmal „selbst an die Drehbank" (Arlüwa Czens, Köln), um beispielsweise einen Anschraubring für ein Compur-Objektiv aus den 1930er Jahren ganz individuell anzufertigen. Diese Form liebevoller Handarbeit, die nach Einschätzung fast aller befragten Betriebe künftig noch weiter an Bedeutung gewinnen wird, braucht neben handwerklichem Geschick und Kreativität vor allem eines: Viel Zeit. So ist es keine Seltenheit, dass Kunden erst nach zwölf oder mehr Wochen ihr Gerät wohlbehalten wieder in ihren Händen halten können. Für diese erforderliche Zeit wünschen sich die befragten Betriebe von ihren Kunden Geduld und Verständnis, besonders dann, wenn es um außergewöhnliche Reparaturaufträge geht.

Diese Fälle sind so verschieden wie die Kameras und ihre Anwender selbst und erzählen häufig eine ganz eigene Geschichte. So wie die Pentacon Six, die bei einem Strandspaziergang einen Schwall Meerwasser abbekam oder eine auf dem Dachboden vergessene Kamera, in deren Gehäuse sich ein ausgetrocknetes Insektennetz befand. Auch hier konnte jeweils geholfen und die betroffenen Kameras zu neuem Leben erweckt werden. Auf alle durchgeführten Reparaturen und die hierbei verwendeten Ersatzteile erhält der Kunde eine gesetzliche Garantie von zwölf Monaten. Einige wenige Werkstätten ergänzen diese durch weitere Services wie eine Geld-zurück-Garantie, verminderte Rechnungsbeträge oder Nachbesserungen, sollte einmal die Zufriedenheit mit der Reparaturleistung beeinträchtigt sein.

Das liebe Geld

Auch was die Kostenseite anbetrifft, wünschen sich die Werkstätten von ihren Kunden realistische Erwartungen, denn in einem Punkt herrscht Einigkeit unter allen Befragten: Eine wirtschaftliche Reparatur analoger Kameras ist heute kaum mehr möglich. Das heißt, dass der finanzielle Aufwand für eine fachgerechte Reparatur in den allermeisten Fällen den materiellen Wert der Geräte übersteigt, von sehr wertvollen oder seltenen Modellen einmal abgesehen. Spätestens an dieser Stelle gerät jedes dieser Projekte für Sammler und engagierte Fotografen zu einer ausgesprochenen Herzenssache.

Der Kunde erhält von allen befragten Werkstätten einen Kostenvoranschlag, dessen Gebühr je nach Betrieb die sogenannte „Überprüfungs- oder Handlingspauschale" miteinschließt. Bepreist werden dabei sämtliche Leistungen, die vor der eigentlichen Reparatur erbracht werden, sowie der Fehlersuche und der daran anschließenden Feststellung der Reparaturmöglichkeiten dienen. Entscheidet sich der Kunde zur Durchführung der Reparatur, wird diese Gebühr auf den zu zahlenden Reparaturpreis angerechnet. Anderenfalls werden – je nach Modell und Aufwand – bis zu circa fünfzig Euro separat fällig.

Was jeder Anwender selbst tun kann

Damit es erst gar nicht zu einer Reparatur kommt und eine möglichst lange Funktionsdauer von Kamera und Zubehör erhalten bleibt, können deren Besitzer selbst einiges tun. Hierzu geben die befragten Techniker wertvolle Tipps, die helfen, etwa Verharzungen, Schimmelbildung, Korrosion oder Glaspilz, die durch Umwelteinflüsse entstanden sind, erfolgreich vorzubeugen. Hierzu zählen:

- regelmäßige Wartung und Justierung von Kamera und Zubehör,
- klimatisch richtige Aufbewahrung der Geräte in einer möglichst trockenen, staubfreien und kühlen Umgebung (also zum Beispiel nicht im Keller),
- Entfernung aller Energiequellen, wie zum Beispiel Batterien (Auslaufgefahr),

- Reinigung, besonders von Objektivgläsern, nur mit hierzu geeigneten weichen Fensterledern oder Brillenputztüchern
- Mehrmalige Betätigung des Kamera-Auslösers von Zeit zu Zeit und – nicht zuletzt –...
- ...häufige Nutzung!

Was bleibt?

Ja, es wird auf Sicht der kommenden Jahre noch möglich sein, auch selten anzutreffende oder seit vielen Jahrzehnten nicht mehr produzierte analoge Fotogeräte repariert zu bekommen, sollte dies einmal nötig sein. Und ja, dies hat seinen Preis. Aber es lohnt sich aus vielerlei Hinsicht, diesen aufzuwenden, ob nun aus Faszination für das „bewährte Medium der analogen Fotografie" (Dieter Paepke) und seinen Möglichkeiten oder aus Begeisterung für die Kunst der Techniker. Am Ende sollte immer die Devise stehen, die Marek Andreas Szarmach knapp, aber umso treffender formulierte: „Reparieren statt Wegwerfen".

Kapitel 3
Markante Bauteile klassischer Fotokameras

Haben wir uns bis jetzt mit klassischen Kameras „im Ganzen" beschäftigt, wenden wir uns jetzt zwei Bauteilen zu, die den Kameras nicht nur ihren spezifischen Charakter verleihen, sondern dem Fotografen den Kern und die Magie des analogen Erlebnisses vermitteln – dem Auslöser und dem Sucher.

Dabei soll es auch, jedoch längst nicht nur, um technische oder bauliche Aspekte gehen. Im Mittelpunkt steht vielmehr, inwieweit diese beiden Bauteile die Art der Wahrnehmung eines Motivs und des Sehens des Fotografen prägen.

Mehr als ein „Klick" – Der Auslöser

Wenn wir fotografieren, suchen wir nach dem perfekten Zeitpunkt, um das, was wir für unsere Erinnerung bewahren möchten, in einem Bild festzuhalten. Dasjenige Kamerabauteil, das in diesem Moment, oft viel kürzer als ein Wimpernschlag, zu seinem großen Auftritt kommt, ist der Kameraauslöser! Oft heißt es sogar, der Auslöser „mache das Bild". Woraus erklärt sich diese hohe wahrgenommene Bedeutung einer meist nur unscheinbaren und in Bedienungsanleitungen wenig erwähnten Vorrichtung? Welche technischen Abläufe werden in Gang gesetzt, wenn wir den Auslöser betätigen und wie beeinflussen diese unsere Fotografie? Doch vor allem: Warum empfinden wir diesen Augenblick oft als „magisch"?

Ein beinahe sinnliches Erlebnis

Als der Inhaber des kleinen Fotogeschäftes mir die sechzig Jahre alte Kamera reichte, war es das erste Mal, dass ich eine

Leica M in der Hand hielt. Er wies mich an, die Kamera erst einmal mehrmals auszulösen und fügte hinzu, dass eine Verschlusszeit von 1/15 Sekunde eingestellt sei. Die Leica in der Hand haltend, ertastete ich mit meinem rechten Zeigefinger intuitiv den Auslöseknopf, der sich ganz rechts auf der Abdeckplatte der Kamera befand. War das direkte Auslösen mit einem kaum hörbaren „Klick-Geräusch" verbunden, so zog es doch ein anhaltendes Surren nach sich, das ich beim Fotografieren mit Kameras anderer Fabrikate bislang nicht vernommen hatte. Ich wiederholte den Vorgang noch einige Male und achtete nun aufmerksam auf dieses

Fernauslöser einer Spiegelreflex-Kamera

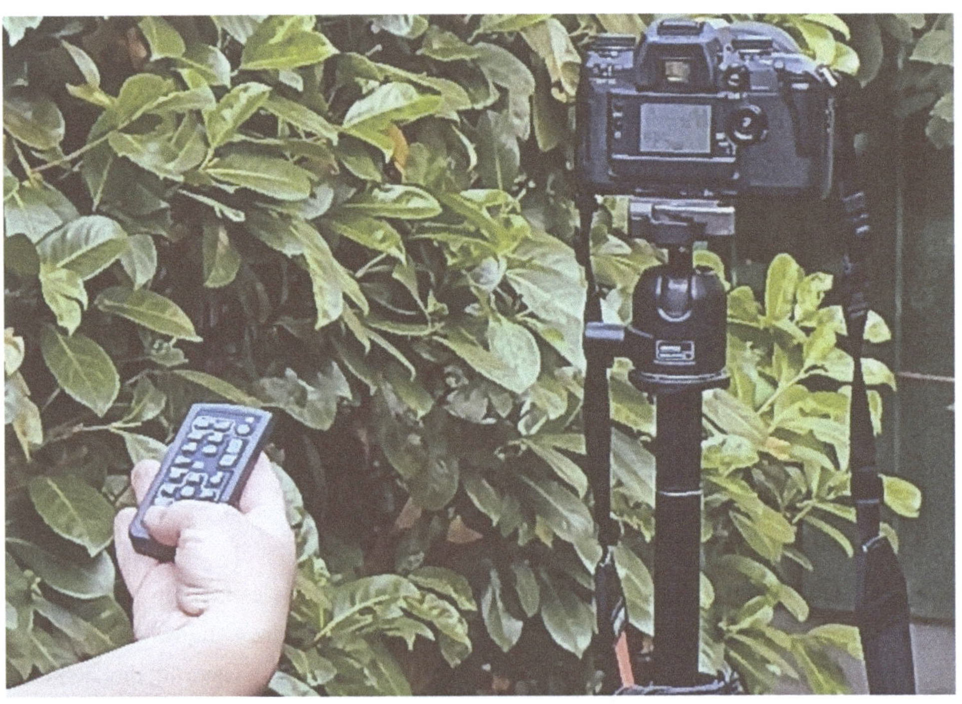

„Nachgeräusch". Der Händler bemerkte, dass „es" genau so klingen müsse, ohne jedoch das Geheimnis zu lüften, welche Abläufe im Inneren der Kamera dieses Geräusch verursachten. Jedenfalls faszinierte mich diese „Auslösemelodik", die neben der handschmeichelnden Haptik der Kamera eine Art sinnliches Erlebnis schaffte. Doch was genau ging rund um das Auslösen der Kamera vor sich?

Eine interessante Methode, sich die Bedeutung eines Begriffes zu erschließen, besteht darin, zu analysieren, in welchen Wortverbindungen er in Texten verwendet wird und wie häufig dies jeweils vorkommt. Eine solche Analyse mithilfe der Onlineversion des Dudens ergibt für den Begriff „Auslöser", dass dieser oftmals zusammen mit den Wörtern drücken, entscheidend, wichtig, wesentlich, klicken, möglich und bedienen verwendet wird. Dieses Ergebnis lässt schon erahnen, dass es sich beim Auslöser nicht bloß um ein Kamerabauteil unter vielen handelt, sondern um ein solches, das einen maßgeblichen Einfluss auf das Gelingen des gesamten Schaffensprozesses „Fotografieren"

ausübt. Der Auslöser gibt den Verschluss der Kamera frei und sorgt dafür, dass für eine gewisse Zeit Licht auf den Film trifft, dieser also belichtet wird. Wie genau dies im Einzelnen vonstattengeht und welche bildmäßigen Festlegungen dabei getroffen werden, unterscheidet sich je nach Auslösertyp deutlich.

Nach Art des Auslösens werden pneumatische, mechanische und elektronische Kameraauslöser unterschieden. Den kamerahistorischen Anfang bildeten pneumatische Ausführungen, die bereits in den ersten Plattenkameras der 1860er Jahre verbaut wurden. Hierbei wird der Kameraverschluss mittels einer Druckluftbirne geöffnet, die über einen Gummischlauch mit der Kamera verbunden ist und Luftdruck erzeugt. Solange dieser Druck aufrechterhalten bleibt, wird der Verschluss offengehalten und die Planfilmeinlage belichtet. Als Relikt aus dieser Zeit findet sich an den meisten Kameras noch die englische Bezeichnung „bulb" oder kurz „b", was so viel wie Druckluftbirne bedeutet und dem Fotografen die Funktion bietet, die Dauer der Verschlussöffnung ganz individuell bis auf sehr lange Zeiträume hin auszudehnen. Auch bei mechanischen Auslösern, die später meist in Form eines leicht zu erreichenden Knopfes am Kameragehäuse aufkamen, ist manuelles Einwirken erforderlich, um den Belichtungsvorgang zu starten. Die digitale Revolution in der Fotografie ab Ende der 1990er Jahre brachte dann völlig neue Spielarten elektronisch gesteuerter Auslösetechniken wie multiple Kabelauslöser, Funkauslöser, Infrarotauslöser, Bluetooth-Auslöser sowie WLAN-gesteuerte Verfahren und schließlich diverse Steuer-Apps für das Smartphone auf den Markt. Sie eröffneten der Fotografie, wie zum Beispiel der Blitzlichtfotografie im Studio, einerseits neue Möglichkeiten, strotzten aber andererseits geradezu vor Technikverliebtheit. Dies führte dazu, dass der Blick auf einfache und bewährte Methoden pragmatischer Auslöseverfahren zuweilen verstellt wurde. So etwa bei der Frage, wie Bildverwacklungen durch den Auslösevorgang vermieden werden können, denn:

Das versinnbildlichte „Drücken" des Auslösers setzt je nach Kameramodell und Verschlussart mechanische und elektronische Vorgänge in Bewegung, die ablaufen, noch ehe die eigentliche Belichtung des Films beginnt. Danach wird bei älteren Sucherkameras zunächst der Zentralverschluss gespannt oder der in Spiegelreflexkameras verbaute Schwingspiegel hochgeklappt, um dem einfallenden Licht den Weg zum Film freizumachen. Im Falle meiner Leica handelt es sich dabei um zwei hintereinander ablaufende Verschlussrollos, wobei das erste die Belichtung startet und das zweite diese wieder beendet. Ihren zeitlichen Abstand zueinander regelt das Hemmwerk, welches beim Zurückspringen in seine ursprüngliche Position das mysteriöse „Surren" in der Kamera verursacht. Auch elektronisch passiert an dieser Stelle Einiges, was das Prinzip des „Zweiphasenauslösers" verdeutlicht. In der ersten Phase bewirkt ein leichtes Andrücken des Auslöseknopfes, dass das Messwerk der Kamera eingeschaltet und die Belichtungswerte, die Fokussierung sowie die Bildstabilisierung gespeichert und gesichert werden. Erst das vollständige Durchdrücken des Auslösers in Phase zwei startet die eigentliche Belichtung und Verschlussöffnung.

Diese Vorgänge verursachen, vor allem wenn wir direkt am Gehäuse auslösen, mitunter Kameraerschütterungen und Vi-

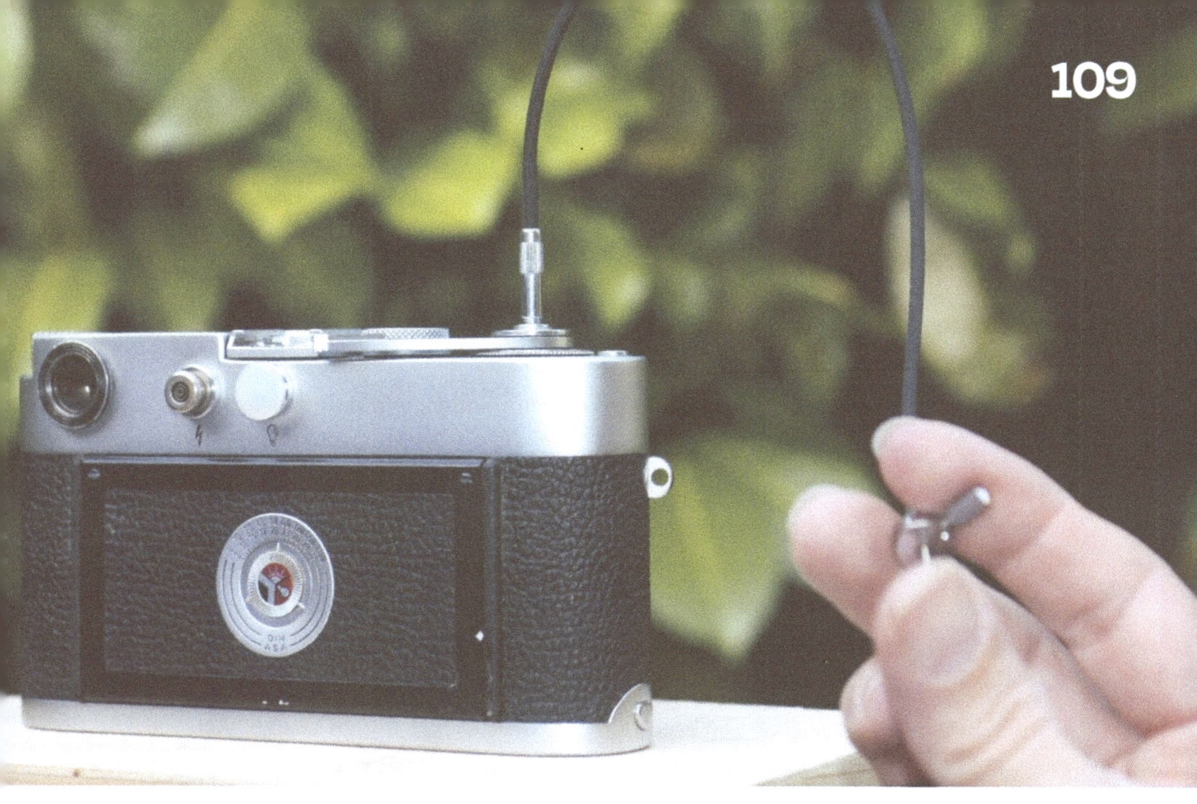

Drahtauslöser an einer Messsucher-Kamera

brationen, die Unschärfen in unseren Bildern zur Folge haben können. Dies umso wahrscheinlicher und deutlicher, je länger belichtet wird. Möchten wir also, wie etwa in der Landschaftsfotografie, eine ausgedehnte Schärfentiefe mittels kleiner Blendenwerte erzielen, erfordert dies teils sehr lange Belichtungszeiten. Zur Vorbeugung „verwackelter" Bilder empfiehlt es sich, neben der Verwendung eines Stativs daher, eben nicht am Gehäuse auszulösen, sondern „fern davon" mittels eines Fernauslösers. Unter den mechanischen Varianten dieses Auslösertyps ist der „Drahtauslöser" bis heute weit verbreitet. Er besteht in seiner klassischen Form aus einem biegsamen und ummantelten Draht, der an einem Ende einen Auslöseknopf und am anderen Ende ein Gewinde aufweist, das entweder in den Kameraauslöseknopf oder in eine separate Buchse am Kameragehäuse eingeschraubt wird. Betätigt man nun den Knopf des Drahtes, bewegt sich dieser auf die Kamera zu und drückt auf den Kamera-Auslöseknopf. Bereits Kameras der 1920er Jahre wiesen eine Buchse für einen Drahtauslöser auf, die einer bis heute technisch unveränderten und für alle Hersteller geltenden Anschlussnorm unterliegt – ein Novum im

Kamerabau! Zudem gilt die Verwendung eines Drahtauslösers von jeher als Synonym anspruchsvoller Fotografie und bewusster Bildgestaltung. Dies ist auch ein Grund dafür, warum die meisten Kameramarken trotz aller digitaler Weiterentwicklungen auch bei neueren Modellen nicht auf die Anschlussmöglichkeit für klassische Drahtauslöser verzichten.

Eine Alternative dazu sind „Selbstauslöser" unterschiedlicher Bauart, die schon zur Grundausstattung mancher Kameramodelle der 1950er Jahre gehörten. Hierbei wird der Verschluss um einige Sekunden verzögert ausgelöst, nachdem sich die durch Betätigung des Selbstauslösers verursachten Bewegungen in und an der Kamera beruhigt haben. Um den Selbstauslöser zu aktivieren, spannt der Fotograf eine Uhrwerksvorrichtung, die unter Einsatz von Federkraft und Zahnrädern die Vorlaufzeit bis zum tatsächlichen Beginn der Belichtung reguliert. Eine bestimmte Stellung des Hebels markiert den erfolgreichen Ablauf des Verschlusses. Da der tatsächliche Zeitpunkt der Auslösung jedoch nicht sonderlich exakt bestimmt werden kann, eignet sich ein Selbstauslöser eher für die Fotografie statischer Motive.

Wann sollen wir den Auslöser drücken, oder, anders ausgedrückt, woran erkennen wir, dass der „entscheidende Moment" hierfür gekommen ist? Ein Zitat des österreichischen Arztes, Erzählers und Dramatikers Arthur Schnitzler hilft, so denke ich, weiter. Gefragt, worauf es bei der Fotografie vor allem ankomme, antwortete er: „Bereit sein ist viel, warten zu können ist mehr, doch erst den rechten Augenblick nützen ist alles".

Was heißt es zunächst, „bereit zu sein"? Wir fotografieren das, was uns interessiert, fasziniert und begeistert. So tragen wir schon vor dem Auslösen Bilder in uns, die genau dieses zeigen – ganz gleich, ob es sich um lächelnde Menschen, blühende Landschaften oder imposante Gebäude handelt. Bereit sein heißt, fotografieren zu wollen und zu können, wobei sich das Können vor allem auf die passende Ausrüstung und die körperliche Verfassung des Fotografen bezieht. Es ist das Fundament und die Vorprägung für den entscheidenden Moment.

Was heißt es dann, „warten zu können"? Gemeint sind hier die äußeren Umstände

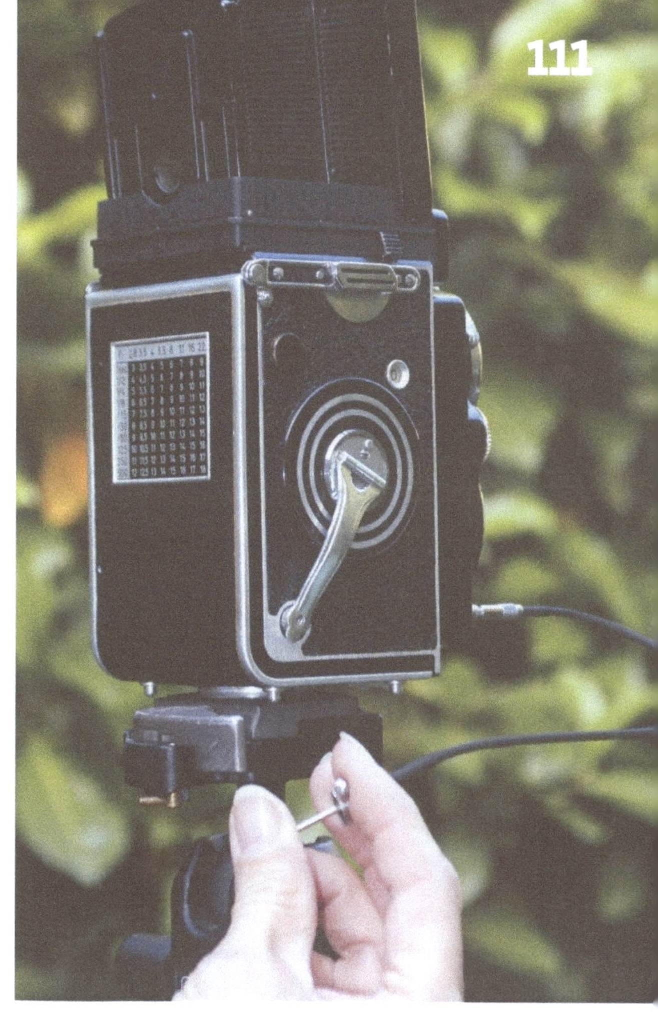

*Drahtauslöser an der
doppeläugigen Rolleiflex*

für unser Motiv beziehungsweise dessen Belichtung. Wir möchten etwa unseren „Lieblingsmenschen" im Garten portraitieren, aber die hochstehende Sonne erzeugt gerade ein störendes Gegenlicht. Doch es kündigt sich aus Richtung des Windes eine Wolke an, die sich vor die Sonne zu schieben und ein wunderbar weiches Licht zu zaubern verspricht. Es lohnt sich also, mit dem Auslösen noch etwas zu warten. Oder ein LKW versperrt für Stunden die ungehinderte Sicht auf eine Burgruine, die in rötlichwarmen Licht der untergehenden Sonne getaucht vor uns liegt. Es fällt schwer, die gewünschte Aufnahme jetzt nicht zu machen, sondern zu einem Zeitpunkt nochmals hierher zurückzukehren, in dem der Blick auf die Burg unverstellt ist (und das Licht erneut „stimmen" möge). Die Entscheidung, nicht auf den Auslöser zu drücken, kann oft die bessere sein, statt doch zu fotografieren, weil man eben gerade vor Ort ist.

Was heißt es schließlich, „den rechten Augenblick zu nützen"? Nun, wenn ich „mein" Motiv im vielleicht besten Licht und vor einem passsenden Hintergrund sehe, erfasst mich oft eine Aufregung, die sich nicht selten durch Herzklopfen bemerkbar macht. Mein rechter Zeigefinger ruht dann auf dem Auslöseknopf und ich denke, jetzt, ja jetzt, sei es Zeit, „abzudrücken". Noch ein finaler kurzer Blick durch den Sucher: Ist alles perfekt, sollte ich jetzt auslösen? Es ist ein sensibler Moment, in dem unzählige Gedanken zu einem Punkt höchster Konzentration und Emotion verschmelzen. Sofort nach dem ersten „Schuss" löse ich noch einige weitere Male aus. Diese folgenden Aufnahmen müssen nicht zwingend besser gelingen als die erste, jedoch geben sie mir, psychologisch gesehen, ein sicheres Gefühl, wohl tatsächlich den besten Augenblick genutzt zu haben – eine Bewegung auf ihrem höchsten Punkt, ein Lächeln auf seiner entspanntesten Art.

Was bleibt?

Der Auslöser „macht" zwar nicht das Bild, da es der Fotograf oftmals schon gedanklich fertiggestellt hat, bevor er auf den Auslöser drückt. Dennoch beendet dieses Bauteil den gesamten Schaffensweg, den der Fotograf zum Bild gegangen ist und setzt somit einen Punkt hinter all das, was eine Fotografie ausmacht. Änderungen jeglicher Art sind nun nicht mehr möglich. Der Auslösemoment ist nicht buchstäblich zu verstehen, sondern als eine Art letzter Ton eines Musikstückes, der nachhallt und das Stück abrundet. Mit jeder neuen („Live"-) Fotografie wird es neu und immer etwas anders gespielt als bisher.

(M) Ein fotografischer Blick auf die Welt – Der Sucher

Wenn wir fotografieren, sind wir auf der Suche nach etwas. Etwas, das wir für sehenswert erachten und für unsere Erinnerung festhalten möchten. Ein Kamerabauteil, das dieses Vorhaben in seinem Namen trägt, ja überhaupt erst möglich macht, ist: der Kamera-Sucher! Trotz dieser Bedeutung wird er in seiner „klassischen" Form als optischer Sucher oft unterschätzt und in der technischen Entwicklung neuerer (Digital-) Kameras sogar teils komplett durch elektronische Monitore ersetzt. Wie ist das zu erklären? Wie wird unser fotografisches Sehen durch den Typ des Suchers bestimmt und was bedeutet das für unsere Motivwahl und die Art, wie wir fotografieren?

Bühne und Versprechen

Sobald wir eine Kamera in die Hand nehmen, blicken wir durch deren Sucher. Mit ihm nehmen wir unsere Umwelt ins Visier und machen uns ein eigenes, abgeschlossenes Bild von ihr. So gesehen ist die technische Einrichtung „Kamera-Sucher" einem Fenster vergleichbar, von dem wir einen hellen, klaren und unverstellten Blick auf unser Sujet erwarten. Der Sucher sorgt dafür, dass wir unser Motiv sehen können. Gleichzeitig soll er auch eine Bühne sein dafür, wie wir unser Motiv sehen wollen. Zu diesem Zweck sollten alle Entscheidungen, die wir im Rahmen der Bildgestaltung treffen, wie etwa die Wahl des Bildausschnitts, der Helligkeit oder der Schärfe-/ Unschärfeverteilung auch im Sucherbild erkennbar sein. Wann würden wir einen Kamera-Sucher demnach als gut und nützlich ansehen? Doch letztlich dann, wenn dieser das Versprechen einlöste, ein Motiv genau so darzustellen, wie wir es durch den Suchereinblick sehen konnten und sehen wollten, also gerade so, wie es später auf unserem Medium, zum Beispiel dem Negativ, erscheinen wird. Wir möchten also schon durch den Blick in den Sucher eine möglichst genaue Vorstellung davon erhalten, wie

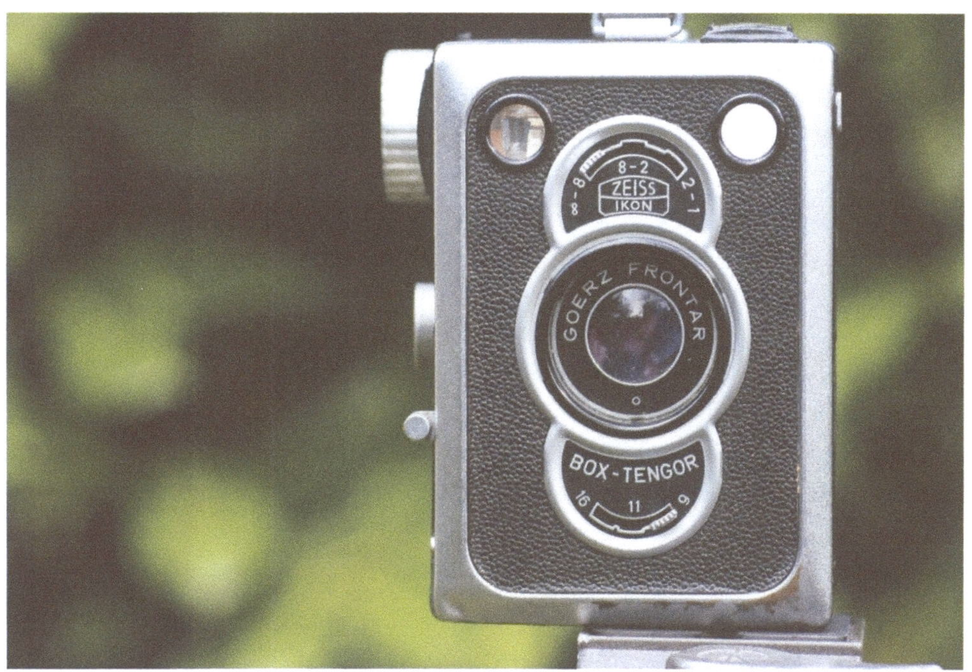

Brillantsucher einer Box-Kamera

das fertige Bild aussehen mag. Ob dies gelingt, ist nicht allein von den technischen Eigenschaften dieses Bauteils abhängig, sondern auch von der Erfahrung und Kreativität des Fotografen.

Sucherartiges 1: Die Technik und das Sehen

Ob in der Mitte, am Rand oder oben auf liegend– dem Sucher wurde in der Geschichte des Kamerabaus von jeher eine prominente Position eingeräumt. Er war und ist bis heute in seiner jeweiligen Ausführung charakter- und stilbildend für die gesamte Kamera. Alle übrigen Bauelemente haben sich um diesen herum zu gruppieren und funktionell unterzuordnen.

Unter allen am Markt vorfindbaren Suchertypen lassen sich konstruktionsbedingt zunächst optische Varianten mit und ohne eigene Optik unterscheiden. Blickt der Fotograf durch einen Sucher ohne eigene Optik, so erhält er eine sehr direkte und „unverfälschte" Sicht auf sein Motiv, was unserem täglichen Sehen entspricht. Wir sehen unser Motiv also schlicht so, wie es tatsächlich ist – in seinen Farben, seitenrichtig, aufrechtstehend und vom Vor-

der- bis zum Hintergrund scharf gezeichnet. Die Kamera „sieht" jedoch durch das Objektiv und transportiert so einen leicht vom Suchereinblick abweichenden Bildeindruck auf den Film. Dieses Phänomen („Parallaxe") ist dabei unterschiedlichen Perspektiven und somit Blickwinkeln geschuldet, aus denen heraus Kamerasucher und Kameraobjektiv das Motiv „sehen". Da beide Optiken somit quasi ein optisches „Eigenleben" führen, werden bildbeeinflussende Parameter, wie zum Beispiel die am Objektiv vorgenommene Blendenwahl und somit die Schärfentiefe, nicht im Sucher sichtbar. Gleiches gilt für die Merkmale des verwendeten Objektivs selbst, wie dessen Lichtstärke, die das Sucherbild heller oder dunkler erscheinen lassen. Die Bildwirkung wird daher allein durch den Suchereindruck vermittelt, weshalb Kameras, in denen diese Suchergattung verbaut ist, bezeichnenderweise Sucherkameras genannt werden.

Im Vergleich mit „einfachen" Vertretern dieses Typs wurden die Suchersysteme spezifischer Kameramodelle technisch so modifiziert, dass sich Objektiv- und Sucheransicht einander anglichen. Die „Mess"-Sucherkameras der M-Reihe aus dem Hause Leica verfügen etwa über einen, in das Sucherbild eingespiegelten Leuchtrahmen, dessen Größe an die jeweilige Brennweite des Objektivs angepasst ist und den tatsächlich erfassten Bildausschnitt zeigt. In dem darin integrierten Messfeld kann der Fotograf mittels Schnittbildverfahren auch die Entfernung zwischen Kamera und Motiv und damit den Punkt höchster Schärfe bestimmen.

In der Entwicklung der zweiäugigen Rolleiflex der Firma Franke und Heidecke, die ebenfalls eine von der Aufnahme-Optik getrennte Sucher-Optik aufweist, gingen die Konstrukteure einen etwas anderen Weg. Hier wird das vom Sucherobjektiv erzeugte Bild über einen fest eingebauten Spiegel auf eine Einstellscheibe umgelenkt, auf der es zwar aufrechtstehend, jedoch seitenverkehrt erscheint. Mit gleich zwei Suchern, jeweils einen für Hoch- und Queraufnahmen waren einige Ausführungen der Boxkamera, wie die Box Tengor, ausgestattet. Auch hier war ein seitenverkehrtes Bild zu sehen, allerdings deutlich kleiner als bei der Rolleiflex.

Mit dem Siegeszug der einäugigen Spiegelreflexkameras zu Beginn der 1970er-Jahre fand ein Suchertyp große Verbreitung, der durch seine bauliche Koppelung an das Kameraobjektiv eine Verschmelzung von Sucher- und Objektivbild erzeugte. Erstmalig wurde dem Fotografen durch die verwendete Technik versprochen, dass sein Motiveindruck aus dem Suchereinblick dem entspricht, was später auf das Negativ oder Dia gebannt wird. Diese Erwartung brachte die Formel „What You See Is What You Get" („WYSIWYG") kurz und prägnant zum Ausdruck. Hierbei werden die vom Objektiv erfassten Lichtstrahlen über einen flexiblen Spiegel auf eine über diesem liegende Einstellscheibe projiziert und von dort aus durch ein Pentaprisma in den Kamerasucher umgelenkt, so dass ein aufrechtstehendes und seitenrichtiges Abbild des Motivs sichtbar wird. Dazu wirken sich auch alle am Objektiv vorgenommenen Einstellungen im Sucherbild aus; Sehen und Messen finden also „Through The Lens" („TTL") statt.

Eine technische Zäsur erfuhr die Entwicklung von Suchersystemen durch den Einzug der Digitalfotografie vor knapp zwei Jahrzehnten. An die Stelle klassischer, mithin optischer Sucher traten von nun an „elektronische" Varianten in Form von LCD-Bildschirmen, die entweder fest im Kameragehäuse integriert oder ausklapp- bzw. schwenkbar konstruiert waren. Diese Monitore fungieren als „Live View-Medium", indem sie ein simultanes und digitales Abbild dessen, was die Kameralinse von der Realität „sieht", zeigen, sowie als „Wiedergabe-Medium" für das, was bereits fotografiert wurde. Darüber hinaus können im elektronischen Sucher, der in digitalen Spiegelreflexkameras bis hin zu Smartphones verbaut wird, vielfache Informationen rund um die gemachten Aufnahmen wie Histogramme, Messdaten und vieles mehr angezeigt werden.

Sucherartiges 2:
Das Sehen und das Fotografieren

Rein technisch gesehen lässt sich jede Art von Sujet durch jede Form von Kamerasucher ins Bild setzen und fotografieren. Wie der Fotograf diesen Prozess erlebt und in welcher Weise die bildmäßigen Ergebnisse erarbeitet werden, unterscheidet sich aus meiner Sicht jedoch deutlich und ist nicht zuletzt abhängig vom jeweiligen Suchertyp.

Sucher einer Spiegelreflex-Kamera

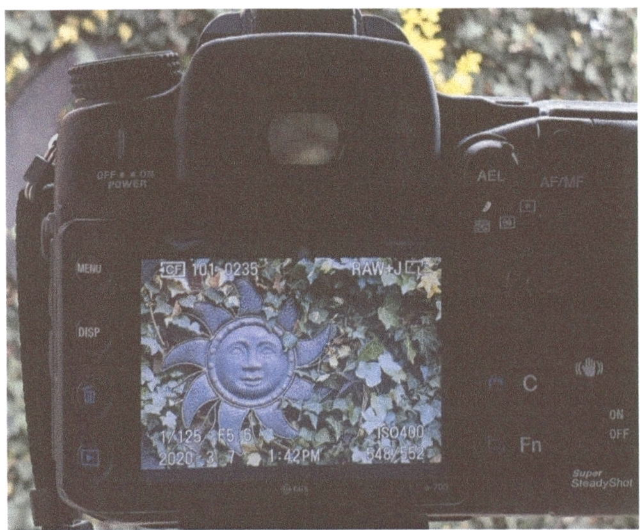

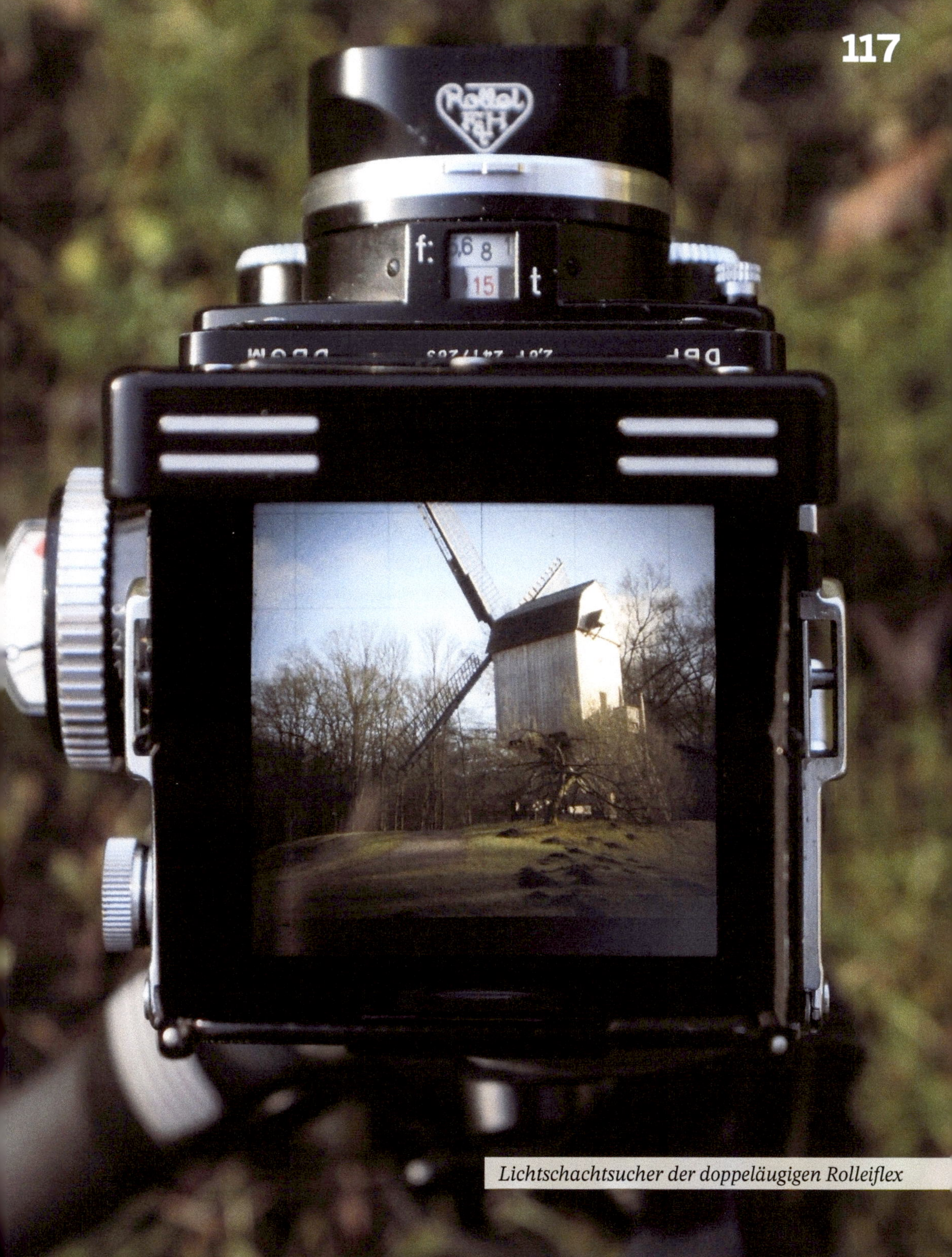

Lichtschachtsucher der doppeläugigen Rolleiflex

Optische Sucher schaffen, da sie direkt vor die Augen gehalten werden, eine beinahe schon intime Nähe zum Motiv, sei es in Augenhöhe des Durchsicht-Suchers oder in Brusthöhe, wie beim Lichtschacht-Sucher der zweiäugigen Rolleiflex. Im Moment des Suchereinblicks tauche ich förmlich in meine Motivwelt ein und blende alle (visuellen) Einflüsse „drum herum" aus. Ebenso „außen vor" bleiben vielerlei Informationen über das Motiv, die mir ein elektronischer Sucher angezeigt hätte. So entsteht eine Aufgeräumtheit im optischen Sucher, die aus meiner Sicht ein intensives und entschleunigtes Fotografieren fördert und geradezu zur Kreativität zwingt. Denn alle Entscheidungen, die ich im Hinblick auf die Bildwirkung treffe und nicht sofort anhand des Sucherbildes überprüft werden können, muss ich mit meinem „geistigen Auge" auf und in das spätere Foto „transferieren". Im Laufe der Zeit führt dies zu einer sehr bewussten Wahl von Blende, Bildausschnitt, Belichtungszeit und Co.

Dieser Vorgang ist somit der Gegenentwurf zu den „quick shots", die mit an ausgestreckten Armen in die Höhe gehaltenen Smartphone-Kameras gemacht werden. Denn hier wird nicht nur das, was vom Bildschirm eingefangen wird, in die Wahrnehmung des Fotografen befördert, sondern auch all das, was sich um ihn herum befindet. Insofern tritt aus meiner Sicht eine Beschleunigung der Fotografie ein. Zudem „entzaubert" die sofortige und vollständige Gewissheit über das fertige Bild, die durch den elektronischen Sucher vermittelt wird, aus meiner Sicht die Spannung, die mir die Eindrücke der klassischen Sucher bieten: Wird das spätere Foto dem entsprechen, was der Sucher mir vorgibt?

Bestimmte Suchervarianten scheinen mir mit ihren spezifischen Eigenschaften unterschiedlich geeignet für ausgewählte Sujets und fotografische Situationen zu sein. So macht es sehr viel Spaß, mit Zeit und Ruhe den Ausschnitt einer Landschaftsansicht im großen und hellen Lichtschachtsucher einer Rolleiflex zu gestalten. Dadurch, dass ich das Sucherbild mit beiden Augen und von oben betrachte, bekomme ich einen guten Überblick über das Motiv, wobei nichts Störendes, wie etwa Lichteinfall von außen einwirkt. Die Einstellscheibe des

Suchersystems liefert dazu eine fast dreidimensional wirkende Projektionsfläche, da durch die Entfernungseinstellung der Kamera Schärfe- und Unschärferegionen hier sehr schön sichtbar werden.

Um sich schnell ändernde Abläufe im Bild festzuhalten, wie zum Beispiel das Geschehen einer Wochenmarktszenerie oder Theateraufführung, eignet sich der Mess-Sucher der Leica M aus meiner Sicht deutlich besser. Denn dieser zeigt mir auch an, was außerhalb des eingespiegelten Leuchtrahmens vor sich geht. So kann ich antizipieren, wie sich mein Motiv im nächsten Augenblick verändern wird und entscheiden, wann genau der beste Auslösemoment gekommen ist. Unterstützt wird dies dadurch, dass das Motiv vor, während und nach der Aufnahme ständig im Sucher sichtbar bleibt. Habe ich vor der Aufnahme alle wichtigen Parameter, wie etwa den Blendenwert für die gewünschte bzw. benötigte Schärfentiefe festgelegt, so gestattet mir der Mess-Sucher, mich voll und ganz auf mein Motiv zu konzentrieren.

Da sowohl Lichtschacht-, als auch Mess-Sucher eigene Optiken besitzen, kommen sie aufgrund des auftretenden Parallaxe-Phänomens für Motive im Nahbereich kaum in Frage, da sich dieser Effekt hier besonders im Bild auswirkt. Hier ist die einäugige Spiegelreflexkamera erste Wahl, da mir deren Sucher selbst im Makrobereich verspricht, die tatsächliche (An-) Sicht auf die Dinge in das spätere Bild zu transportieren.

Was bleibt?

Der Kamerasucher dient uns als Projektionsfläche für die Art und Weise, wie wir unsere Welt in fotografischer Sicht sehen können und sehen wollen. So individuell die Herangehensweisen und Interpretationen hier sind, so unterschiedlich werden auch unsere Bewertungen in der Eignung bestimmter Suchertypen für unsere Art der Fotografie ausfallen. Einzig wichtig ist die Erkenntnis, dass der Sucher, und hier insbesondere die optische Ausführung, kein Relikt vergangener Tage der Technikgeschichte ist, sondern ganz im Gegenteil: Er kann ein Instrument sein für entschleunigtes und bewusst gestaltendes Sehen und Fotografieren in einer zunehmend komplexeren (Um-) Welt.

Kapitel 4
Fotografieren mit besonderen Filmtypen

Im ersten Kapitel dieses Buches wurde gezeigt, dass entschleunigtes klassisches Fotografieren immer auch ein gewisses Beschränken auf das Wesentliche bedeutet. Worauf sich diese Beschränkung bezieht und welche eigenen kreativen Möglichkeiten sie schafft, kann verschieden sein und wird in den folgenden Kapiteln gezeigt. Zunächst geht es in Kapitel vier um spezielle Filmtypen, die ganz eigene Darstellungen dessen bieten, was wir mit der Kamera sehen und fotografieren.

Das Spektrum reicht vom hochauflösenden Diafilm über jahrzehntelang abgelaufenes Negativmaterial aus der Tiefkühltruhe bis hin zu Filmen, die für uns Menschen „auf anderer Wellenlänge" Unsichtbares sichtbar machen. Im fünften Kapitel werden unterschiedliche Sichtweisen und Ansichten auf unsere Umwelt eingenommen, die das fotografische Sehen auf bestimmte, zum Beispiel durch Festbrennweiten festgelegte Perspektiven hin konzentriert. Hier wird besonders deutlich, welche kreativen Potenziale diese Form der Beschränkung dem Analogfotografen eröffnet.

Das Erzählmedium der analogen Fotografie – Diafilme

Fotografien erzählen Geschichten, nicht nur über das, was bildhaft auf ihnen zu sehen ist, sondern auch über den Fotografen selbst und das, was ihn im Moment der Aufnahme bewegt und berührt hat. Es sind Geschichten, die über das Erzählen lebendig bleiben und so auch andere Menschen an ihnen teilhaben lässt. Ein Medium der Fotografie, das hierfür seit bald einhundert Jahren prädistiniert ist, ist: der Diafilm!

Galten Diaabende, oder zu neudeutsch „slide shows" einst als „Lagerfeuer" der Deutschen und waren Diapositive einst gern gesehene Druckvorlagen in Kunst und Kultur, so schien mit dem Aufkommen der Digitalfotografie beinahe das „Aus" dieses Mediums gekommen. In jüngster Zeit erfreuen sich Umkehrfilme jedoch wieder einer steigenden Nachfrage, wofür unter anderem die Wiedereinführung des „Kodak Ektachrome" steht. Was macht bis heute den besonderen Reiz des Dias und der Diafotografie aus? Warum wird das Arbeiten mit Diafilm auch als „Diagrafieren" und so als eine vermeintlich besondere Form der Fotografie bezeichnet? Welche Diafilm-Typen sind aktuell am Markt erhältlich und worin unterscheiden sie sich?

Architektur auf Schwarzweiß-Diafilm

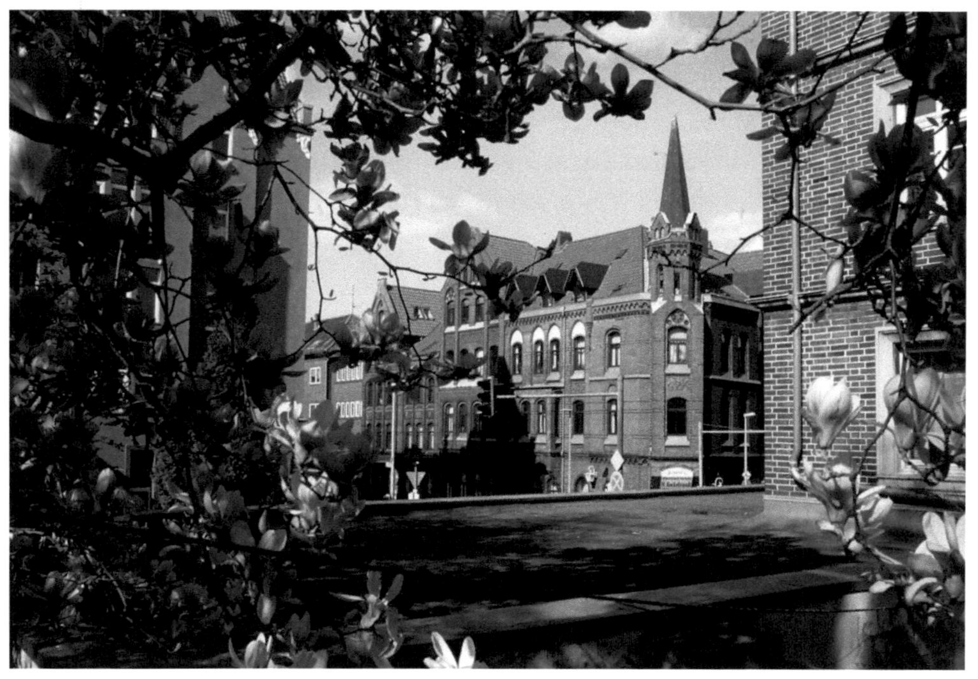

Diaabende – des Onkels' Reisen

Die Lagerfeuer meiner Kindheit fanden im Wohnzimmer meines Onkels Manfred väterlicherseits statt, wenn sich die gesamte Familie um des Onkels Diaprojektor versammelte, um seinen Urlaubserzählungen zu folgen – visuell und akustisch. Für mich waren es stets Reisen an Orte, die mir bis dato verschlossen blieben, so wie an jenem, schon viele Jahre zurückliegenden Abend. Mit einem hörbaren „Klack" befördert der Diaschieber des Diaprojektors das gerade betrachtete Dia zurück in das Magazin und gibt den Blick frei auf ein zwei mal zwei Meter großes, hell leuchtendes Quadrat an der Wohnzimmerwand, auf das zehn Augenpaare voller Erwartung des nun Kommenden gerichtet sind. Für einen kurzen Moment ist es still im Raum, nur das Rauschen des Projektorlüfters ist zu hören. Ein erneutes Klacken füllt die Leere an der Wand mit dem nächsten Motiv, welches uns mitnimmt an den oberbayrischen Spitzingsee. Es zeigt im Vordergrund schon frühlingshaft blühende März-Wiesen, die das Ufer des Sees säumen vor noch immer schneebedeckten Bergen im Hintergrund – was für ein enormer Kontrast! All' das, was nicht auf dem Dia zu sehen war, sondern „im weitesten Sinne" dessen Inhalt berührte, erfuhren wir auf der Tonspur des Onkels…

Doch welche Bilder auch erschienen, gab es doch manches, das allen gemeinsam war: Sie schufen durch ihre wandfüllende Größe eine Direktheit, die alle Betrachter förmlich in das Bildmotiv hineinzog und ihnen das Gefühl gab, selbst Teil des Dargestellten zu sein und es unmittelbar mit allen Sinnen selbst zu erleben. Jede abgebildete Szenerie war in brillanten und leuchtend klaren Farben gezeichnet und machte jeden gezeigten Ort für mich zu einem Sehnsuchtsort. Damals wusste ich noch nicht, dass der Diafilm gerade wegen dieser Eigenschaften zum beliebtesten Aufnahmematerial meiner späteren eigenen Fotografie werden sollte.

Der Diafilm – das Geheimnis der Entwicklung

Seinen Namen verdankt der Diafilm dem altgriechischen Wort „Dia", was so viel wie „durch" bedeutet und darauf hinweist, dass der Diafilm Bilder erzeugt, die mit durchscheinendem Licht („Durchlichtbilder") sichtbar werden. Damit unterscheiden sie sich von den Bildergebnissen des Negativfilms, die mit aufscheinendem Licht

(„Auflichtbilder") betrachtet werden. Dies klingt, mit Blick auf die Wirkung von Dias und Papierbildern, zunächst unspektakulär. Auch wenn man einen solchen Film in unbelichteter Form in die Hand nimmt, lässt noch nichts das kreative Potenzial erahnen, welches dieser dem Fotografen bietet, denn er ist außer der Bezeichnung „chrome" auf der Packung kaum von einem handelsüblichen Negativfilm zu unterscheiden. Auch der Zusatz „professionell" ist keine qualitative oder künstlerische Verheißung. Vielmehr ist gemeint, dass sich die Fertigungstoleranzen des Films in seiner Farb- und Allgemeinempfindlichkeit in besonders engen Grenzen bewegen und der Fotograf darauf vertrauen kann, über verschiedene Produktionschargen hinweg Filme konstanter Qualität zu erhalten. Dia- und Negativfilme sind als Mehrschichtenfilme grundsätzlich identisch aufgebaut, das heißt auch beim Umkehrfilm wird eine lichtempfindliche Schicht (Emulsion) auf einen Kunststoffträger aufgebracht, wobei sich diese im Detail je nach Filmempfindlichkeit, Marke und Konfektionierung unterscheidet.

Das Geheimnis des Diafilms liegt, für den Fotografen unsichtbar, im Prozess seiner Entwicklung verborgen, und in dem, was dieser am Ende zutage fördert. Worin nun besteht hier das Besondere? Während die Verarbeitung eines belichteten Negativfilms grob die Phasen Entwickeln, Stoppen, Fixieren und Stabilisieren umfasst und zu Negativbildern führt, die Farben und Helligkeiten komplementär und damit gegensätzlich zum fotografierten Motiv abbilden, gestaltet sich dieser Ablauf beim Diafilm komplexer. Hier wird nach erfolgter Erstentwicklung zunächst eine vollständige Durchbelichtung des daraus verbliebenen Silbersalzes vorgenommen, bevor sich eine Zweit- oder „Umkehr-Entwicklung" anschließt. Je nachdem, ob es sich um einen Schwarzweiß- oder Farbdiafilm handelt, dient dieser Prozessschritt dazu, Schwärzen beziehungsweise Farben mittels Farbkupplern an den lichtempfindlichen Salzkristallen des Filmmaterials herauszubilden. Insofern bedeutet „Umkehrung" in diesem Zusammenhang, dass das zunächst entstandene Negativ in ein Positivbild („Negativ eines Negativs") überführt wird, welches das fotografierte Motiv so zeigt, wie es im Moment der Aufnahme gesehen wurde: helle Partien erscheinen hell und dunkele entsprechend dunkel. Gleiches gilt für Farben, wonach ein Blau-

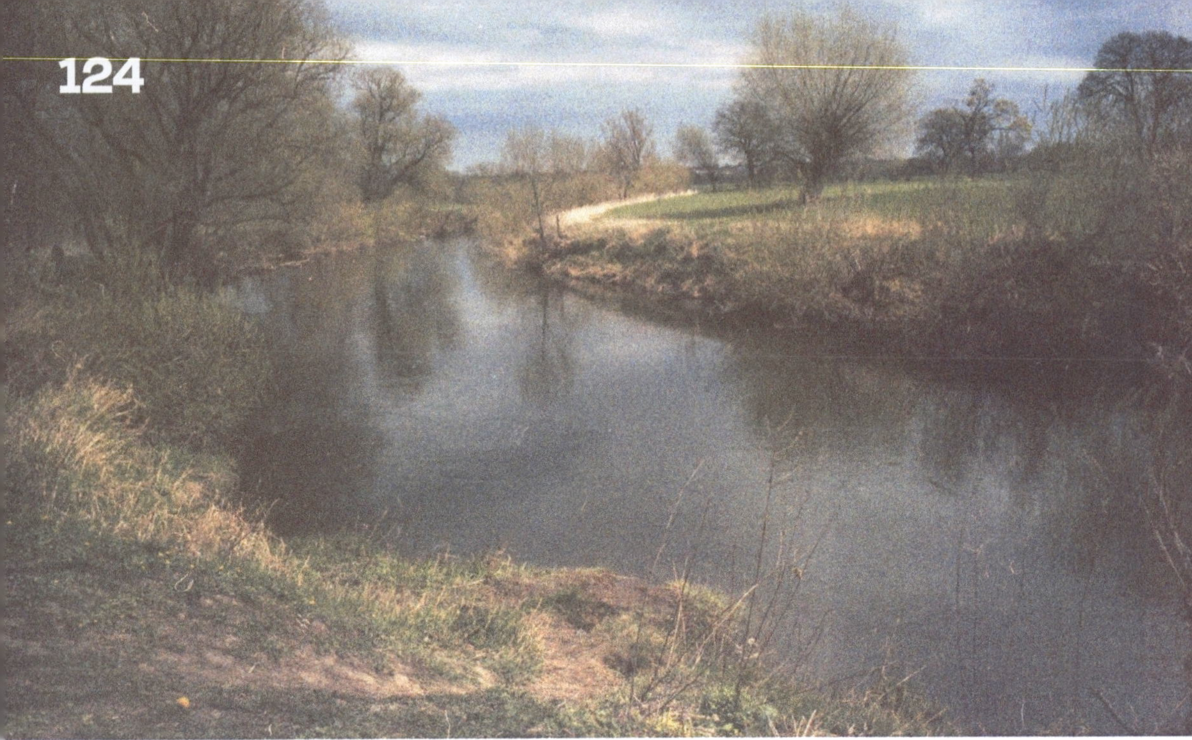

Architektur auf Schwarzweiß-Diafilm

ton eben als blau erscheint und nicht, wie im Negativ, als gelb. Das Bleich und das abschließende Fixierbad runden den Verarbeitungsprozess eines Umkehrfilms ab.

Da Negative als „Zwischenprodukte" fehlen, könnte man auch sagen, dass das fertige Dia als unveränderliches Unikat bereits in der Kamera und just in dem Moment entsteht, in welchem der Fotograf auf den Auslöser drückt. Dem vermeintlichen Nachteil, die Positivbilder später nicht mehr in ihren bildgebenden Eigenschaften verändern zu können, stehen Bildergebnisse gegenüber, die denen von Farbbildern in Kontrastumfang, Auflösungsvermögen, Schärfe und Brillanz, oder kurz in der gebotenen Bildqualität, weit überlegen sind – ein wesentlicher Grund für die Faszination des Dias bis heute.

Fotografieren auf Diafilm – Lernen und Entschleunigen

Eine Fototour mit Diamaterialbestückter Kamera ist aus meiner Sicht immer spannend und herausfordernd, und dies sowohl in technischer, künstlerischer und nicht zuletzt emotionaler Hinsicht. Zunächst zur Technik: Physikalisch bedingt verfügen Umkehrfilme über einen, verglichen mit anderen Filmgattungen recht geringen Belichtungsspielraum. Das bedeutet, dass deutliche Fehlbelichtungen nur schwer verziehen und mit einem Verlust oder gar einer nicht mehr korrigierbaren Verfälschung von Bildinformationen quittiert werden. Eine exakte, der gewünschten Motivwirkung angepasste Belichtung ist also unerlässlich für ein zunächst technisch gutes Positivbild. Um dies zu erreichen, ist ein „blindes Verlassen" auf die Elektronik der Kamera in der Regel nicht empfehlenswert. Denn auf welche Weise auch immer diese zur vermeintlich „richtigen" Belichtung gelangt, so bleibt sie doch stets auf die Objektmessung beschränkt. Dies führt unter Verwendung von Diafilmen in Lichtsituationen, die von sehr hellen oder sehr dunkelen Motivpartien dominiert werden, häufig zu Unter- oder Überbelichtungen.

Was also tun? Einen spannenden Lernprozess mit der Lichtmessung beginnen! Diese Art der Messung, bei der die Intensität gemessen wird, mit der ein Motiv

beleuchtet wird, ist der zur Belichtung von Umkehrfilmen bessere, da exaktere Weg gegenüber der Objektmessung. Die Lichtmessung kann mit externen Belichtungsmessern in vom Motiv abgewandter Richtung der Kamera durchgeführt werden. Sie ergibt eine Reihe von Zeit-/Blendenkombinationen als Ausdruck der gemessenen Lichtmenge,

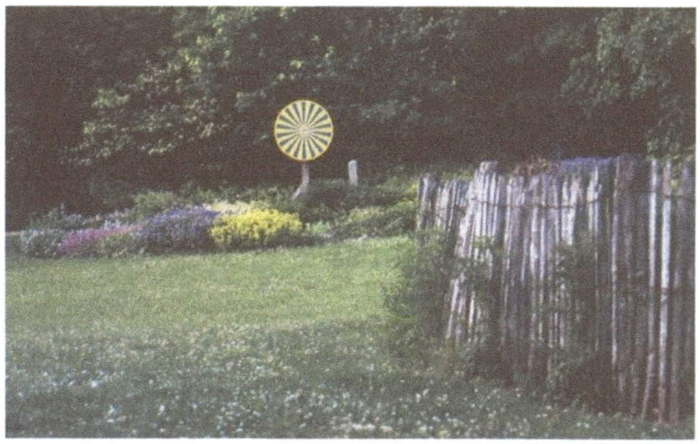

Natur auf Farb-Diafilm Fuji Velvia

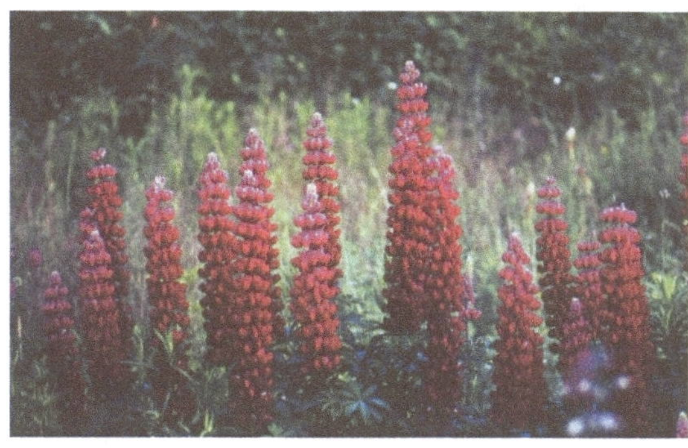

Natur auf Farb-Diafilm Kodak Ektachrome

unter denen der Fotograf wählen kann. Hierbei wird unterstellt, dass es sich um ein „Motiv mittlerer Helligkeit" mit einem Reflexionsgrad eines 18 %-igen Grautons handelt, worauf jeder Belichtungsmesser geeicht ist. Ist dies nicht der Fall, müssen die gefunden Werte nach „Plus" oder „Minus" entsprechend korrigiert werden. An dieser Stelle bieten sich Belichtungsreihen an, um durch sie den „optimalen" Belichtungswert zu „umkreisen".

Mit der Zeit entwickelt man so ein Gefühl für die richtige Belichtung und Be-

Dia-Vorauswahl per Leuchtplatte

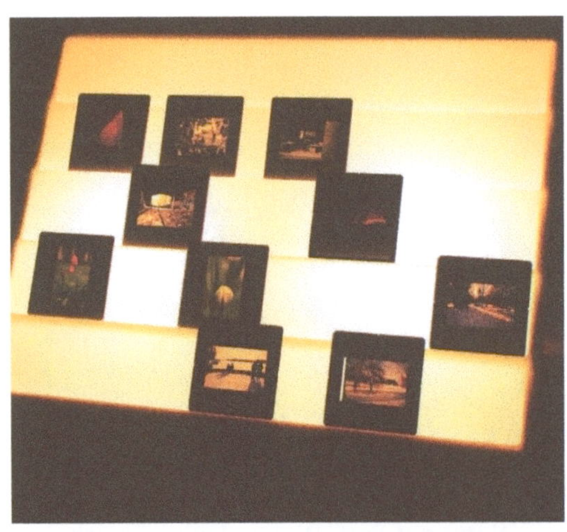

lichtungsreihen werden entbehrlich. Da Diafilme bedingt durch ihren „Umkehrentwicklungsprozess" besonders anfällig für Überbelichtungen sind und bereits ein bis zwei Blenden „zu viel" Licht teils intransparente Dias ergeben können, sollte grundsätzlich eher etwas knapper als zu reichlich belichtet und somit eine Korrektur „nach Minus" vorgenommen werden. Diese Überlegungen zur Belichtung sind keine grundsätzlich anderen als unter Verwendung von Negativfilm, jedoch verlangen Diafilme einfach ein „Mehr" an Sorgfalt und Genauigkeit, denn schließlich sind später keine Änderungen an bildwichtigen Parametern mehr möglich. Das Dia ist in seinen bildgebenden Parametern somit auch Spiegel des fototechnischen Könnens des Fotografen.

Den Leitgedanken der gestalterischen und emotionalen Seite der Diafilmfotografie nimmt schon der Titel dieses Beitrags auf, denn Dias möchten in ihrer „Königsdisziplin", dem Aufnahmemedium der Präsentation oder Diashow, etwas erzählen. Dies prägt bereits die Art und Weise, wie ich Motive auswähle. Was habe ich mit einem Motiv erlebt? Was be-

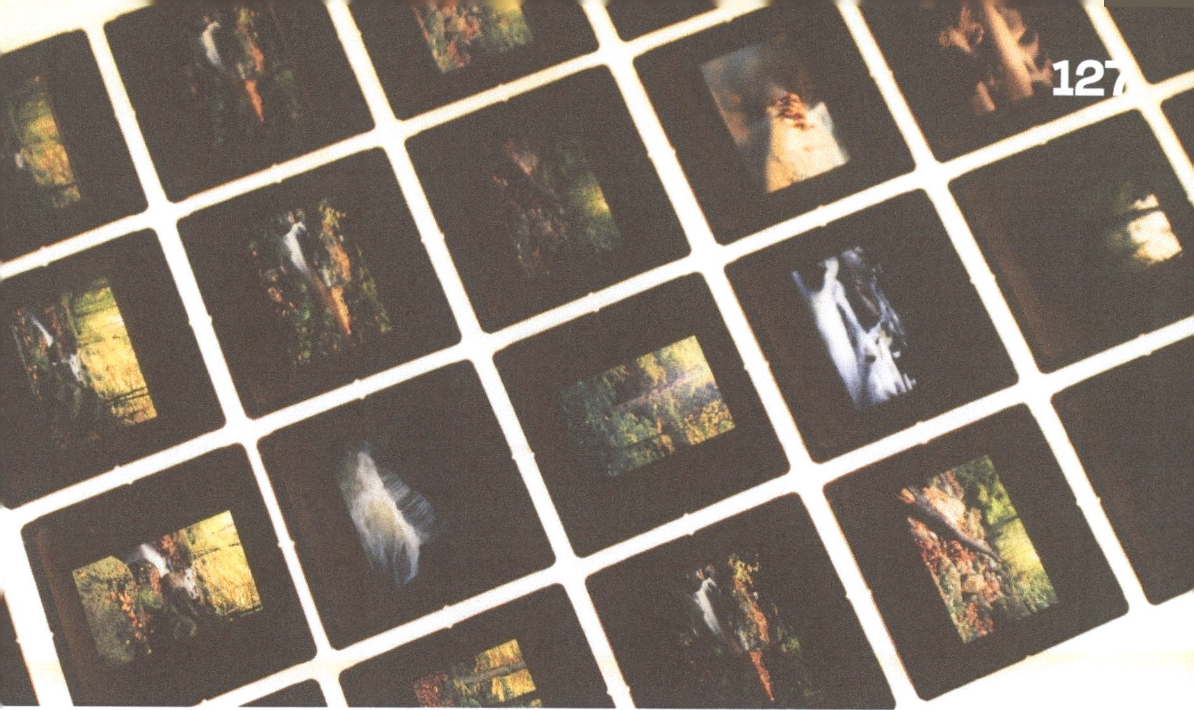

Dias sind Unikate

rührt mich daran? Und vor allem: Was kann ich den späteren Betrachtern meiner Dias an Eindrücken, Haltungen und Gefühlen mit und zu dem Motiv vermitteln? Zwar stellen sich diese Fragen auch bei Verwendung „normalen" Negativfilms, jedoch bei der Diafotografie meines Erachtens umso intensiver und untrennbar verbunden mit den besonderen technischen Herausforderungen der Diafotografie, wie etwa der Belichtungsmessung.

Wenn ich also mit viel Engagement und Akribie versuche, zu technisch guten Dias zu kommen, so muss sich dies auch „lohnen" im Sinne attraktiver oder besser noch „vielsagender" Motive. Hier liegt vielleicht auch ein Grund dafür, dass Dias im privaten Bereich meist Urlaubsmotive zeigen, die quasi „per se" eine hohe Aufmerksamkeit beim Betrachter erzeugen, da sie oft für ihn Unbekanntes oder Fremdartiges zeigen. Aber auch Motive, die sich „vor der eigenen Haustür" finden, lassen sich spektakulär inszenieren und auf Dias bannen, die Botschaften transportieren. Zudem bietet sich hier die Möglichkeit, immer wieder in kurzen Zeitabständen zu ihnen zurückzukehren, um sie in einem anderen (Tages) Licht, unterschiedlichen Erscheinungsformen oder Details anzutreffen. Auf diese Weise entstehen Diaserien, die einzelne Momente zu einem Gesamterleben zusammenfügen, wie etwa einen Baumsolitär im Wandel der Jahreszeiten. Dieses intensive Bemühen um ein Motiv führt zu einer entschleunigten und sehr bewussten Fotografie, die quasi automatisch besondere Bilder entstehen lässt.

Der Markt für Diafilme heute – alte Bekannte neu entdeckt

Der Diafilm hat seinen Platz in der Fotografie seit seiner Erfindung durch das Musikerpaar Leopold Godowsky und Leopold Mannes im Jahr 1935 immer wieder gegen alle Neuerungen und Weiterentwicklungen fotografischer Aufnahme- und Speichermedien behaupten können; Sei es erstmalig bei Erfindung des Farbnegativfilms im Jahre 1941 und der Möglichkeit, Farbbilder zu produzieren oder zuletzt angesichts der digitalen Revolution unter Herstellung digitaler Bilddateien ab den späten 1990er-Jahren. Aber natürlich waren die Bedeutung, Verwendung und Marktrelevanz von Umkehrfilmen stets Wandlungen in Technik, Kunst und Kultur der jeweiligen Zeitläufte unterworfen.

Betrachtet man heute das Marktangebot an Diafilmen, so kann dies aus zwei Perspektiven erfolgen – aus derjenigen des „halb leeren" und derjenigen des „halb vollen" Glases. Aus ersterer Perspektive heraus besteht keine Frage: Ja, die Nachfrage nach analogen Diafilmen ist im Zuge der Digitalfotografie zurückgegangen und hat zu einer deutlichen Marktbereinigung geführt. So gibt es heute mit Kodak Alaris und Fujifilm nur noch zwei Hersteller „waschechter" analoger Umkehrfilme bei deutlich verschlankter Bandbreite an unterschiedlichen Typen und Filmempfindlichkeiten. Das verbliebene Angebot wird jedoch weiterhin gepflegt, was Kodak Alaris durch das 2019 erfolgte „Comeback" des Ektachrome E 100 eindrucksvoll unterstrich. Auch die Ikone der Natur- und Landschaftsfotografie, der Fujifilm Velvia 50, ist nach wie vor erhältlich und erfuhr vor einigen Jahren sogar einen Relaunch. Seine berühmte intensive Farb und Kontrastwiedergabe hat er sich dabei bewahrt.

Im Bereich der Schwarzweiß-Diafilme finden sich neben Traditionsmarken wie dem vormaligen Agfa Scala, der jetzt unter dem Markenlabel der Adox Fotowerke, Deutschland, weiterproduziert wird oder dem Fomapan R der tschechischen Firma Bohemia eine Reihe hochinteressanter Umkehrfilme, die von Handelshäusern wie der lomographischen Gesellschaft aus Österreich oder der deutschen Macodirect vertrieben werden. Der Schwerpunkt liegt hier zwar im niedrig- und mittelempfindlichen Bereich, jedoch bieten einige Fachlabore, wie zum Beispiel die Photo Studio 13 GmbH aus Stuttgart auch eine Push-Entwicklung an, was die Einsatzbereiche der angebotenen Umkehrfilme im monochromen Segment deutlich erhöht.

Abgerundet wird das Marktangebot durch Diafilme in den „alten" 110er und 127er Formaten, mit denen etwa die Pocketkamera oder die Baby-Rolleiflex bestückt werden können. Nimmt man hinzu, dass Negativfilme mit klarer Trägerschicht, wie beispielsweise der Ilford Delta 400 auch im Umkehrprozess zu „echten" Dias entwickelt werden können, sich also gleichsam als „unechte" Diafilme entpuppen, sind die Möglichkeiten, Diapositive zu erzeugen, noch immer vielfältig.

Ein interessantes Experiment ist es, einmal mit abgelaufenem Filmmaterial zu arbeiten, welches in großer Auswahl im Internet angeboten wird und sich einmal auf das Motto „Perfekt Unperfekt" einzulassen. Denn zwar stimmt an den hier entstandenen Dias „nichts mehr", was Schärfe, Farbtreue etc. anbelangt, die entstandenen bildgebenden Effekte können dennoch sehr spannend und verblüffend sein.

Was bleibt?

Die Diafotografie ist kein Relikt früherer Tage, im Gegenteil: sie ist lebendig und wird es bleiben. Denn sie bedient für Menschen, die sich mit der Fotografie künstlerisch ausdrücken möchten, zwei wichtige Leitmotive: Lernen und Entschleunigen. Der Markt für Diafilme hält weiterhin das passende Angebot bereit, dass es dazu braucht.

(Zum Glück) Unberechenbar – abgelaufene Filme

Ob in bunt zusammengestellten Flohmarktkisten, nicht mehr genutztem Fotoequipment, in angestaubten Lagerregalen oder gut sortierten (Tief-) Kühlschränken

– noch immer stößt man auf Bestände längst abgelaufenen (oder neudeutsch: „expired") analogen Filmmaterials. Und was angesichts der Digitalisierung der Fotografie sowie der zuletzt wieder ansteigenden Produktion frischen und teils neuartigen Filmmaterials besonders verblüfft: Abgelaufene Filme erfreuen sich zunehmender Beliebtheit und avancieren so zu einem immer knapper (und damit auch teurer) werdenden Gut. Wie ist dies zu erklären und was macht die Fotografie mit „alten" Filmen so besonders?

Renaissance in Schwarzweiß – Zwei Klassiker (wieder-) entdeckt

Auf der Suche nach einem sehr feinkörnigen und scharf zeichnenden Film für die Architekturfotografie erwarb ich vor einiger Zeit Rollfilme des Typs Agfapan APX 25. Mir war bewusst, dass dieser Filmtyp zum damaligen Zeitpunkt bereits seit Längerem nicht mehr produziert wurde und der Packungsaufdruck „Zu entwickeln bis 01 / 92" schien mir einen fast sicher geglaubten Fehlkauf anzukündigen. Allerdings, so mein Gedanke, sei ein solcher Film ja kein Lebensmittel, welches verderben könne. Daher belichtete ich die erste Filmrolle auf ihre

Nennempfindlichkeit, worauf eine Negativentwicklung streng nach Vorgabe des beiliegenden „Waschzettels" folgte. Das Ergebnis waren deutlich unterentwickelte Negative, die zudem einen sehr flauen Kontrast aufwiesen. Insgesamt jedoch – und das war mit Blick auf das beträchtliche Alter des Films das eigentlich Überraschende – waren die Negative im wahrsten Sinne des Wortes recht ansehnlich. Als Erkenntnis daraus belichtete ich die nächste Filmrolle gleichen („Verfall-) Datums um zwei Blenden reichlicher, um so den im Laufe der Jahre offensichtlich eingebüßten Grad an Empfindlichkeit des Materials auszugleichen. Erfreulicherweise ergab sich auf diese Weise eine wesentlich bessere Durchzeichnung der Negative – die Belichtung stimmte nunmehr also!

Kurz darauf fiel mir ein mit 27 DIN mittelempfindlicher Rollfilm der Marke ORWO (ORginal WOlfen) aus DDR-Produktion in die Hände, der als Zugabe einer gebraucht erstandenen Kamera beilag. Von diesem Film ging von Anfang an ein Zauber aus, der mich in den Bann zog. Denn er war in einer völlig anderen Zeit produziert worden, einer Zeit, in der Deutschland noch geteilt und google noch nicht erfunden war. Für welchen Zweck war er einst angeschafft und wie ist er während der vergangenen Jahrzehnte gelagert worden? Bereits das Einspulen des Films in die Kamera glich einem kleinen Abenteuer, da die deutlich hörbaren Schleif- und Quietschgeräusche vermuten ließen, dass Filmträger und Emulsionsschicht bereits eine Art Melange miteinander eingegangen waren. Ein zusätzliches Problem stellte das „Curling" des Materials dar, da es nur zu gerne in die über so viele Jahre nicht verlassene aufgerollte Form zurückverfallen wollte. Natürlich fanden keine wichtigen Motive ihren Weg auf „den ORWO", sondern solche aus meinem näheren Wohnumfeld, die sonst unbeachtet

Baum_auf Agfacolor CNS 80, Ablauf Mai 1979

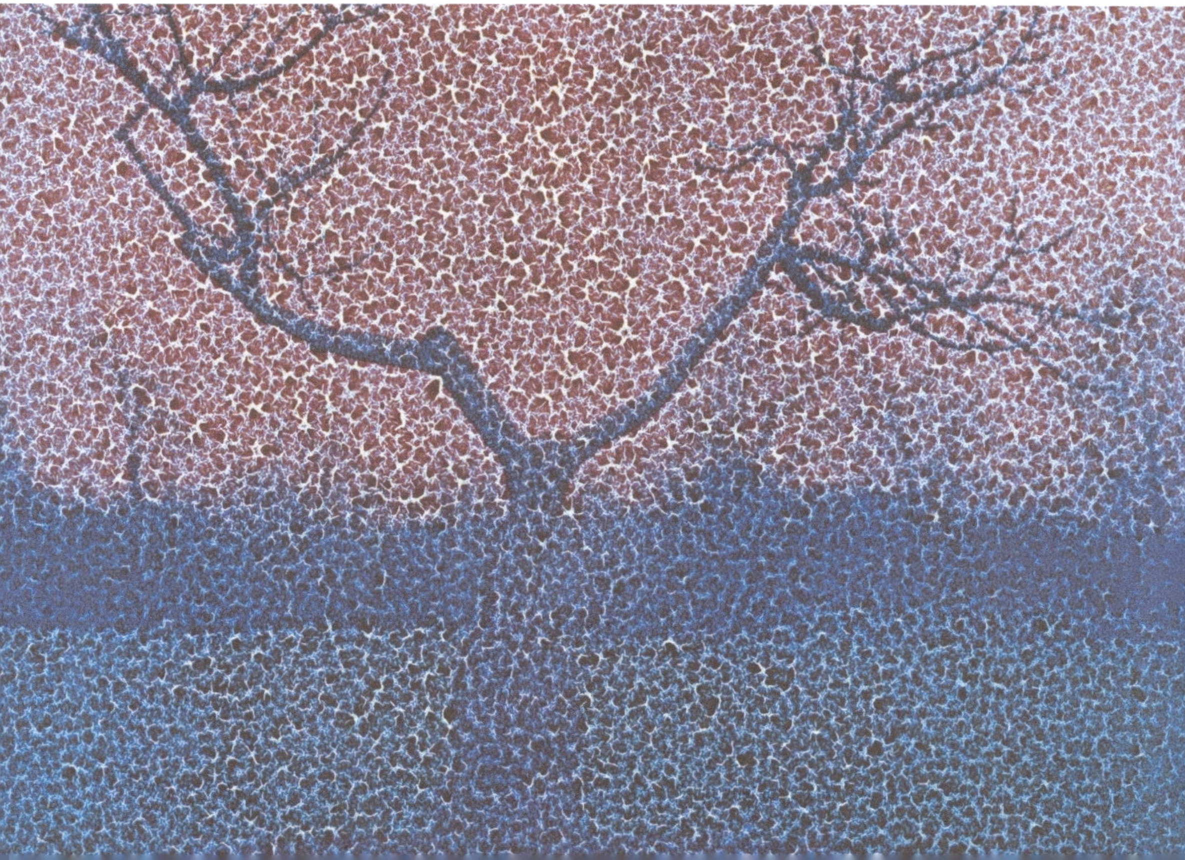

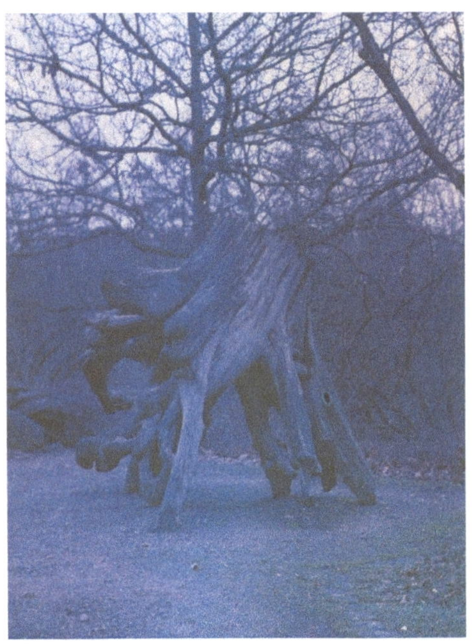

Baumstumpf auf Kodak Porta 160,
frisches Material

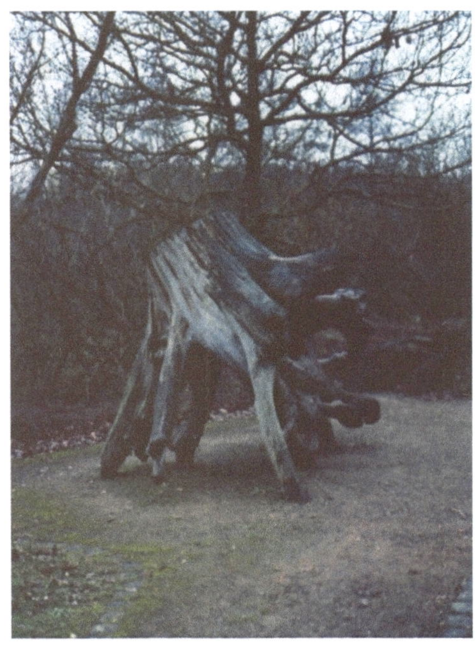

Baumstumpf auf Agfacolor CNS 80,
Abgelaufenes Material Mai 1979

geblieben wären. Ich entschied mich zu einer Pushentwicklung um zwei Stufen unter Verwendung des „guten alten" Rodinal-Entwicklers, der inzwischen ebenfalls ein fotografischer Epochenwanderer war. Mit Spannung betrachtete ich den Negativstreifen, der einen starken, fast mystisch anmutenden Grauschleier aufwies, dem nur eine starke Lichtquelle die fotografierten Motive zu entlocken vermochte. Diese zeichneten sich zusätzlich durch eine – (eigentlich) unbeabsichtigte – ausgeprägte Grobkörnigkeit aus.

Renaissance in Farbe – jetzt wird´s bunt

Farbfilme besitzen im Vergleich zu Schwarzweißfilmen einen deutlich komplexeren Aufbau, da sie aus mehreren Schichten von Silberhalogeniden beste-

Fotografieren mit abgelaufenem Filmmaterial – einige praktische Tipps

- ☑ Bewahre die Filme möglichst kühl und trocken auf
- ☑ Räume dem Material einige Stunden ein, sich nach dessen Entnahme aus z. B. dem (Tief-) Kühlschrank zu akklimatisieren und nutze es erst nach Ablauf dieser Zeit
- ☑ Benutze Filme niedriger Empfindlichkeit, da sich diese nicht so schnell verbrauchen wie solche höherer Filmempfindlichkeit
- ☑ Belichte bei der Aufnahme großzügiger als es der Nennempfindlichkeit entspräche und setze den Film keinem grellen Licht aus, um Irritationen des Materials vorzubeugen.
- ☑ Experimentiere beim Entwicklungsprozess von Schwarzweißmaterial und variiere alle hierzu notwendigen „Zutaten" (z. B. verwendete Chemie oder Dauer der Entwicklung), um unterschiedliche Ergebnisse zu erhalten.

hen, die von Farbstoffen durchsetzt sind. Verkürzt dargestellt verbrauchen sich diese mit der Zeit in jeweils unterschiedlicher und kaum vorhersehbarer Weise. Dies führt dazu, dass bei Farbfilmen neben den bisherigen, bei abgelaufenen Schwarzweißfilmen beobachtbaren „Defekten", noch ein weiterer hinzukommt: Farbverschiebungen. Diese fallen beliebig und oft surrealistisch wirkend aus und verwandeln farbige in „bunte" Bilder. Wichtig ist, bei Erwerb solchen Materials stets darauf zu achten, dass die Filme noch nach dem heute üblichen C 41-Prozess entwickelbar sind, da eine Reihe ehemals angewendeter Prozesse wie beispielsweise der C 22-Prozess von weltweit nahezu keinem Labor mehr durchgeführt wird. Aber auch in einem derartigen Fall kann eine selbstdurchgeführte Schwarzweißentwicklung noch etwas printbares aus dem Material „zaubern".

Zwischenfazit: Symptome des (Film-) Alterns

In der Folgezeit verwendete ich weitere Exemplare diverser Typen abgelaufener Schwarzweiß- und Farbfilme, wobei sich immer wieder ähnliche Effekte in den Negativen zeigten: Unterbelichtung, nebelartiger Grauschleier, flaue Kontraste, Unschärfen, Curling und grobes Korn. Wie sind diese Symptome zu erklären? Die lichtempfindliche Schicht der Filmemulsion unterliegt chemischen Verfallsprozessen, die je nach Art und Umfang der Umwelteinflüsse (z. B. Umgebungstemperatur, Feuchtigkeit), denen sie während ihrer (Über-) Lagerung ausgesetzt war, unterschiedlich stark ausfallen. Dies führt zu veränderten Eigenschaften des Materials, aus denen sich neue und völlig überraschende Bildwirkungen ergeben. Beispielsweise können Empfindlichkeit und Anzahl der für bestimmte Lichtfarben sensibilisierten kristallartigen Silberhalogenide der Filmschicht herabgesetzt sein, was zu unterbelichteten und mit einem Grauschleier versehenen Negativen führt. Zwar können diese Effekte sogar von Filmrolle zu Filmrolle gleichen Typs und Datums variieren, jedoch scheinen hier auch gewisse Gesetzmäßigkeiten zu bestehen. So zeigen sich die infolge des Filmverfalls verursachten Effekte umso weniger stark, je niedrigempfindlicher ein bestimmter Film „von Haus aus" ist und je kälter und trockener er über die Jahre gelagert wurde.

Der Bereich des Ungewissen

Analoge Filme sind auch nach Ablauf des auf der Packung aufgedruckten Datums noch verwendbar, obwohl das Gegenteil suggeriert wird, aber: Ab diesem Zeitpunkt betritt der Fotograf den Bereich des Ungewissen. In diesem zeitlichen Bereich kann folglich nicht mehr garantiert werden, dass der betreffende Film noch die ihm innewohnenden und im Datenblatt aufgeführten Eigenschaften in vollem Umfang besitzt oder nicht etwa inzwischen veränderte oder vollkommen andere?! Insofern wäre statt der fast ausnahmslos verwendeten Formulierung „Zu entwickeln bis" besser die Rede von „Mit besten Ergebnissen zu entwickeln bis".

Was bleibt?

Mit abgelaufenen Filmen zu fotografieren wird immer wieder neu, unberechenbar und überraschend, letztlich ein Glücksspiel sein. Aber genau hier liegt der besondere Reiz. Denn derjenige, der daran denkt, das Unerwartete zu erwarten, wird stets mit den erhaltenen Ergebnissen zufrieden sein – auch jenseits des Strebens nach Perfektion und Beherrschbarkeit. Probieren Sie es doch einmal aus, ich wünsche Ihnen viel Freude und neue „alte", gleichsam perfekt unperfekte Sichtweisen.

Auf anderer Wellenlänge – Infrarotfilme

Die bildmäßige Fotografie möchte vor allem eines: Zeigen, was ist. Hierzu bedient sie sich des Werkstoffs Licht, genauer gesagt des für den Menschen sichtbaren Teil des Lichts. Die Infrarot-Fotografie kann aber noch mehr: Zeigen, was (eigentlich) nicht ist und im für unser Auge Verborgenen liegt. Es braucht allerdings einiger spezieller „Schlüssel", um sich diese Welt fotografisch zu erschließen.

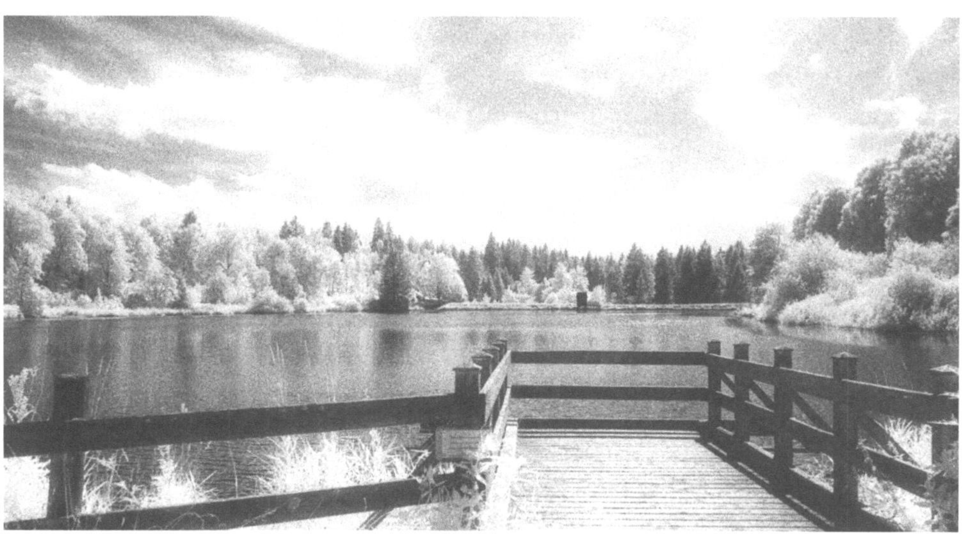

Teich auf Infrarotfilm

Welche es sind und wie der Infrarotfotograf sie anwenden sollte, um zu einzigartigen, ja „phantastischen" Bildern zu gelangen, verrate ich Ihnen auf den folgenden Seiten.

Altbekanntes – neu gesehen!

Unzählige Male bin ich schon an ihm vorbeigegangen, habe es aus allen möglichen Perspektiven und zu sämtlichen Jahres- und Tageszeiten abgelichtet: das markante und 1903 erbaute Neue Rathaus meiner Heimatstadt Hannover. Aber so, wie auf dieser Schwarzweißfotografie, die sich inmitten der Schaufensterauslage eines ortsansässigen Fotografen befand, hatte ich es noch nie gesehen. Das Gebäude wirkte, als sei es in eine überstrahlte Schneelandschaft eingebettet, da das Blattwerk der Bäume und die, das Rathaus umsäumenden Grasflächen nahezu reinweiß („Wood-Effekt") und ohne jede Zeichnung erschienen. Das war ungewöhnlich, da die Aufnahme im Mai entstand und das zarte Grün der umstehenden Bäume eigentlich ein helles Grau in einem Schwarzweißfoto hätten erwarten lassen. Das Wasser des Rathausteichs und der fast wolkenlose Himmel zeigten sich demgegenüber tiefschwarz,

womit das gesamte Bild einen enormen Kontrastumfang aufwies. Zudem wirkte die Aufnahme sehr klar und ohne jeden Anflug von Dunst oder sonstiger Bildtrübung. So zog mich das vermeintlich vertraute Motiv mit einer seltsam mystischen, ja beinahe surrealen Wirkung auf eine ganz neue Weise in seinen Bann.

Welche technischen Hilfsmittel, welches fotografische Können waren wohl nötig, um eine solch kraftvolle Bildwirkung zu erzielen? Es musste sicher mehr dazu gehören, als fotografisches Geschick und das Glück des perfekten Augenblicks, dachte ich mir. Darauf angesprochen, sagte mir der Fotograf und Inhaber des Studios, es handele sich hier um eine Infrarotfotografie. Beim Stichwort „Infrarot" kam mir die Hitzestrahlung eines Sonnenstudios als spontane Assoziation in den Sinn, aber nicht die Fotografie. In diesem Moment war mir noch nicht bewusst, dass ich am Tor zu einer völlig neuen Welt stand, die ich mir mit der Fotografie in ihrer „besonderen Form" der Infrarot-Fotografie erschließen konnte.

Infrarot – Das „unsichtbare" Licht!

Licht erhellt unsere Welt und ermöglicht

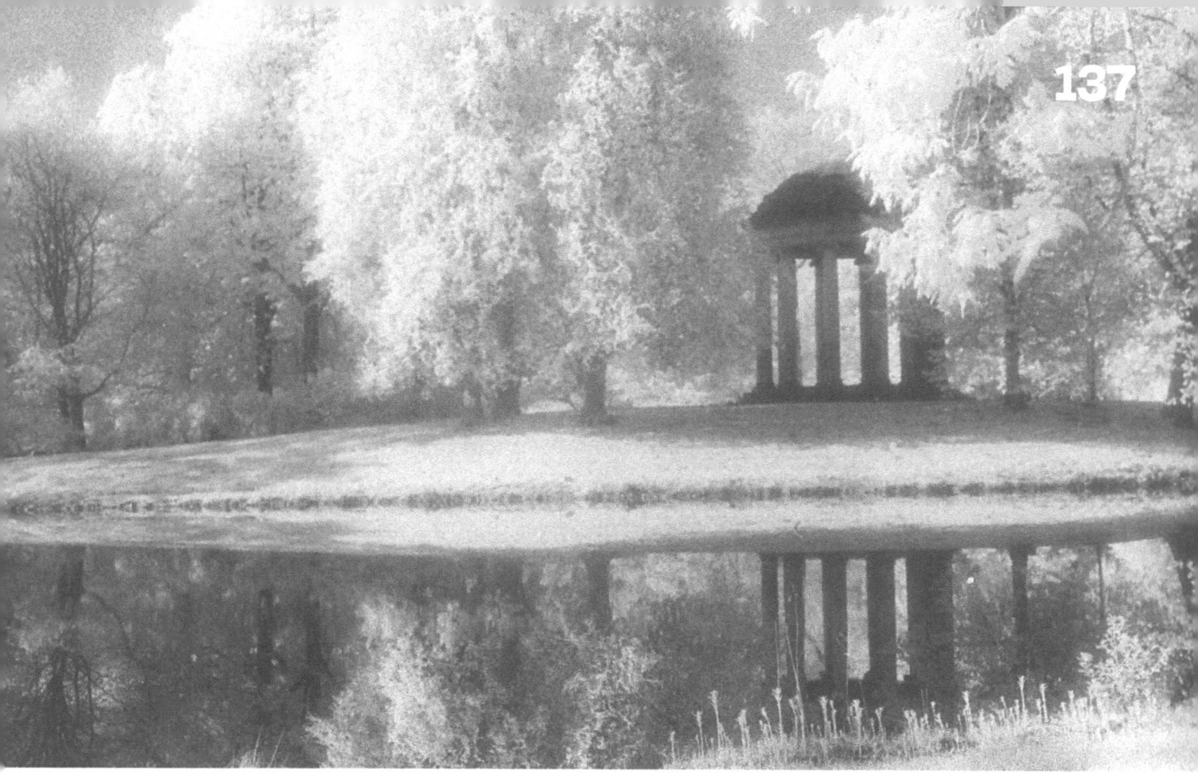

Architektur und Natur auf Infrarotfilm

es uns, das Abbild eines Motivs auf den Film zu bannen. Wenn es daher oft heißt, Fotografieren sei „Schreiben mit Licht", ist allerdings nur Licht „im engeren Sinne" gemeint, also dasjenige Licht, welches das menschliche Auge sehen kann. Um sich der „anderen", für uns unsichtbaren Seite des Lichts zu nähern, hilft es, zu verstehen, was Licht eigentlich ist. Licht ist elektromagnetische Strahlung, die wellenförmig erscheint und sich rasend schnell ausbreitet. Die Länge dieser Wellen wird in der Maßeinheit Nanometer (nm) angegeben und bewegt sich in einer hohen Bandbreite sehr kurzer bis sehr langer Wellen. Der

Mensch nimmt Licht nur innerhalb eines eng begrenzten Ausschnitts aus dem gesamten Wellenbereich von etwa 400 bis 700 nm wahr. Licht dieser Wellenlänge definiert die menschliche Farbwahrnehmung, die vom eher kurzwelligen Blau bis zum eher langwelligen Rot des sichtbaren Spektrums reicht (Spektralfarben). Oder, anders ausgedrückt: Die Reflexionen, die ein Motiv unter Einfluss sichtbaren Lichts zeigt, bestimmen die visuelle Wahrnehmung unserer Umwelt. Unter Infrarotlicht reflektieren Motive jedoch völlig anders als unter sichtbarem Licht und kreieren eine neue, für uns nicht zugängliche „An-Sicht".

Dennoch ist es möglich, uns diese Sicht, die vom sogenannten „nahen" Infrarotlicht im Wellenbereich jenseits von etwa 700 nm bis etwa 900 nm geschaffen wird, fotografisch zu erschließen, also eine Fotografie auf sprichwörtlich „anderer Wellenlänge" zu betreiben. Hierzu braucht es allerdings dreier „Schlüssel". Es sind diese das passende technische Equipment, ein gewisses Maß an „Know-how" und, besonders spannend, die Bereitschaft, sich auf das Abenteuer „Unvorhersehbarkeit" einzulassen. Jeder dieser Schlüssel ist für sich genommen schon unverzichtbar, doch erst zusammen und perfekt aufeinander abgestimmt eröffnen sie den Zugang zu atemberaubenden Infrarotbildern.

Der Schlüssel „Equipment" – Kamera, Filter und Film!

Alle analogen Kamerasysteme sind grundsätzlich für die Infrarotfotografie geeignet,

Stabkirche panchromatisch

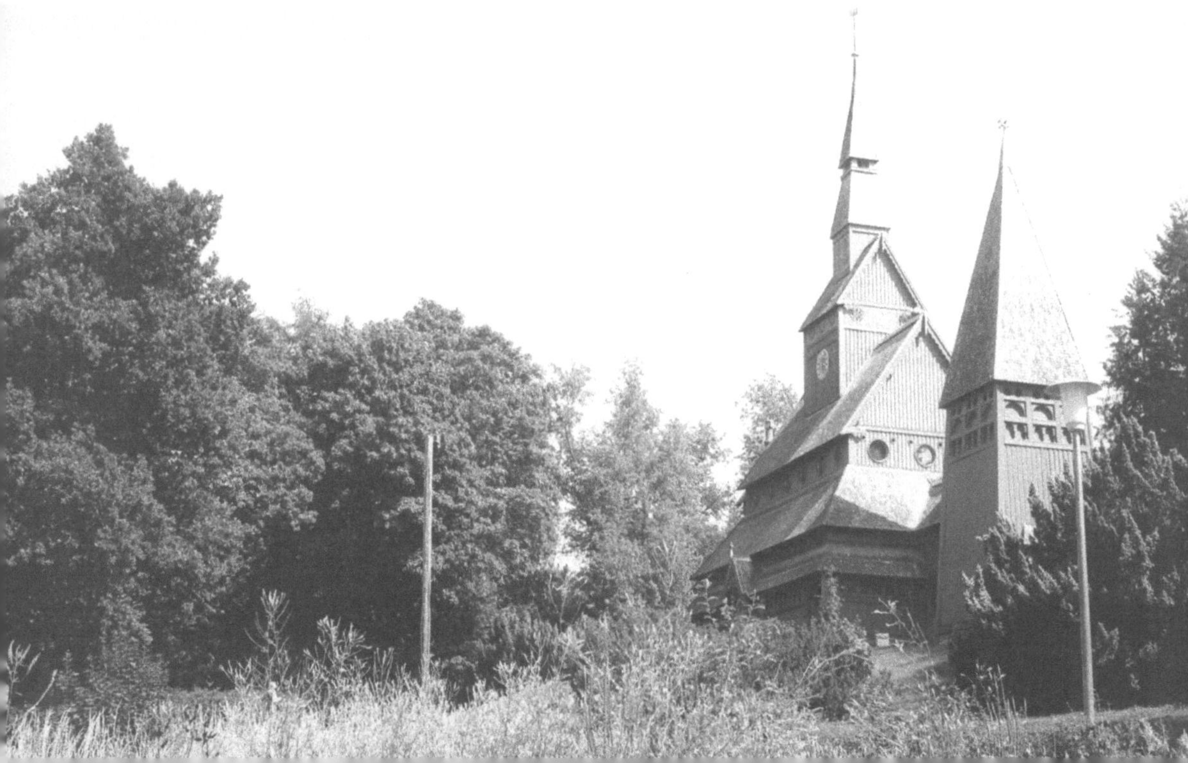

unterscheiden sich jedoch hinsichtlich ihres Komforts, die sie dem Infrarotfotografen in der Praxis bieten. Doch dazu später mehr. Gemeinsam ist allen Kameras, dass ihr jeweiliges optisches System zunächst auf die Infrarotfotografie vorzubereiten ist, indem es „blind" für sichtbares und „sehend" für infrarotes Licht gemacht wird. Dies geschieht mit Hilfe von Filtern, die vor das Objektiv als „dem Auge" der Kamera gesetzt werden. Wir verwenden Filter meist, weil wir uns eine, von der realistischen und uns vertrauten Wiedergabe eines Motivs, abweichende Darstellung wünschen. Zum Beispiel dient ein Gelbfilter in der Schwarzweißfotografie dazu, eine veränderte Tonwertwiedergabe und darüber eine besondere, außergewöhnliche Bildwirkung zu erzielen.

Filter für die Infrarotfotografie haben sogar eine doppelte Funktion, da sie sichtbares Licht sperren und gleichzeitig Infrarotlicht zur Filmebene durchlassen sollen. Wie effektiv sie dies tun und wie stark der in den entstandenen Bildern bewirkte „IR-Look" ausfällt, hängt davon ab, auf welcher Wellenlänge (in Nanometern, nm) das sichtbare Licht vom jeweiligen Filter „abgeschnitten" wird. Dieser jeweilige

Wert, mit denen die Filter gekennzeichnet sind, ist nicht als „harte Grenze" zu verstehen, da die Übergänge vom sichtbaren zum infraroten Lichtwellenbereich fließend sind und meist beide Lichtarten mit ihrem jeweiligen Anteil auf das optische System der Kamera wirken. Infrarotfilter sind in Glas- oder Gelatineausführung erhältlich, wobei darauf zu achten ist, dass sie in ihrer Güte mindestens derjenigen des Objektivs entsprechen, um keine Einbußen in der Bildqualität hinzunehmen.

Passend zum verwendeten Filter ist ein für infrarotes Licht sensibilisierter Film zu wählen. Bis vor einigen Jahren wurde das entsprechende Angebot am Markt in Filme „mit erweiterter Rotempfindlichkeit" und „echte Infrarotfilme" unterschieden. In die zweite Kategorie fiel zuletzt noch der inzwischen nicht mehr produzierte Kodak HIE, da er sichtbares Licht bis weit in den nahen Infrarotbereich hinein sperren beziehungsweise ausfiltern konnte. Auf den Kodak-Spezialisten folgten spannende Newcomer im Infrarotfilmsegment wie die Rollei-Vertreter „Infrared" und „Superpan 200" oder der in Belgien unter dem Label „Japan Camera Hunter" produzierte „Streetpan 400". Damit steht auch weiterhin ein umfängliches und differenziertes Marktangebot an Schwarzweißfilmen für die bildmäßige Infrarotfotografie zur Verfügung. Von großer Bedeutung für das Gelingen typischer Infrarotbilder ist es nun, die Komponenten Filter und Film so aufeinander abzustimmen, dass derjenige Wellenbereich des Lichts, für den das Filter sensibilisiert ist, unterhalb des entsprechenden Wellenbereichs des Films liegt.

Beispiel 1 (passende Abstimmung beider Komponenten): Das verwendete Filter sperrt sichtbares Licht bis zu einer Wellenlänge von 715 nm, der verwendete Film kann infrarotes Licht dagegen sogar bis zu einer Wellenlänge von 770 nm aufzeichnen. Ergebnis: In der Bildwirkung zeigen sich die gewünschten, durch Einfluss des dominierenden IR-Lichts hervorgerufenen Effekte.

Beispiel 2 (unpassende Abstimmung beider Komponenten): Das gewählte Filter sperrt Licht bis zu einer Wellenlänge von 830 nm, womit er als eine Art „undichter Schwarzfilter" kaum noch sichtbares Licht zur Filmebene passieren lässt. Der Film ist jedoch nur für solches Licht sensibilisiert, das sich auf einer Wellenlänge von 770 nm bewegt. Ergebnis: Die erhaltenen Negative fallen rein schwarz ohne jede Zeichnung aus und sind für eine Ausbelichtung unbrauchbar.

Als weiterer, fast unverzichtbarer Bestandteil einer Infrarotfotoausrüstung empfiehlt sich die Verwendung eines Stativs, da es bei der Infrarotfotografie häufig zu sehr langen Belichtungszeiten kommt.

Der Schlüssel „Know-how" – Belichten und Fokussieren!

Im infraroten Bereich des Lichts zu fotografieren, bedeutet nicht, die aus der panchromatischen („normalen") Fotografie bekannten und bewährten Vorgehensweisen neu zu erfinden, sondern nur, sie an sehr spezielle Gegebenheiten anzupassen. So bringt die Verwendung relativ „dichter" Filter mit sich, dass das Objektiv und damit die Kamera zwar sehend für die Infrarotwelt gemacht wird, der Fotograf selbst jedoch blind. Bildbestimmende Entscheidungen wie Motivgestaltung, Belichtung und Fokussierung müssen daher ohne aufgesetztes Filter getroffen werden. Klar im Vorteil sind hier Nutzer von Sucherkameras wie der Leica M oder der zweiäugigen Rolleiflex,

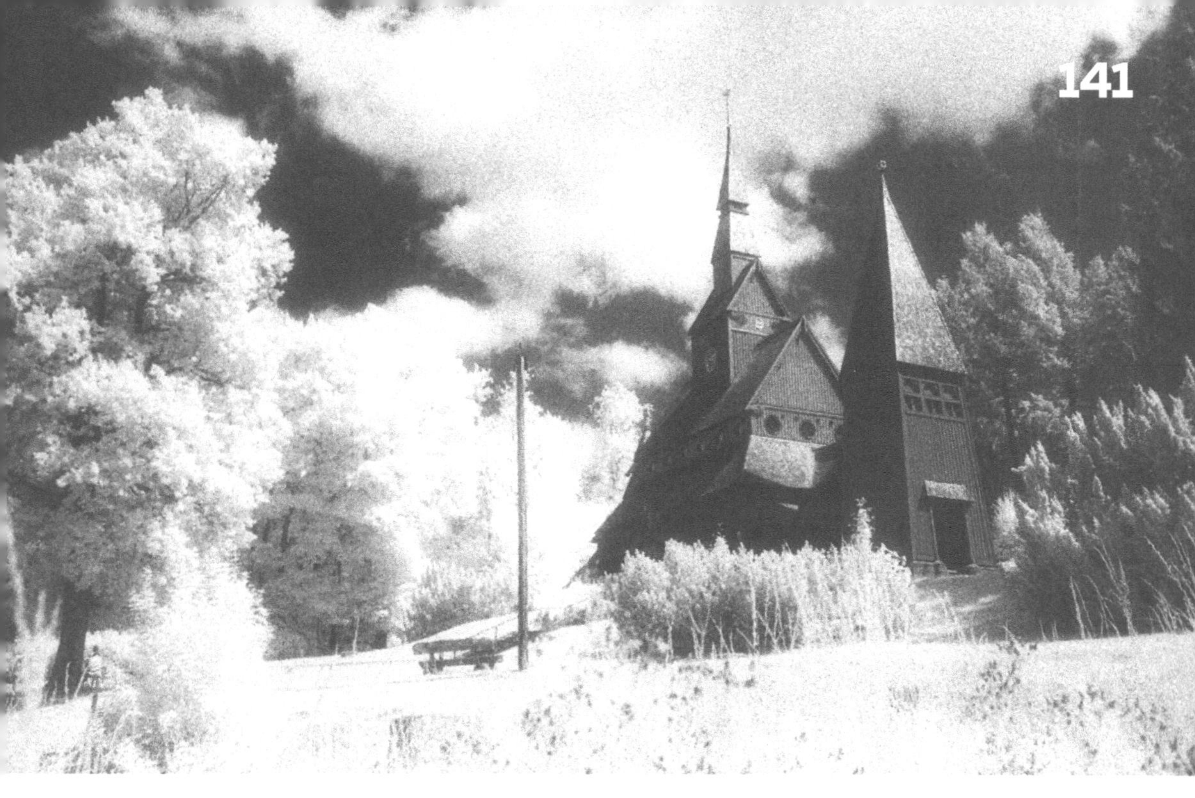

Stabkirche infrarot

da all dies durch den Sucher und damit unabhängig vom Blick durchs Objektiv vorgenommen werden kann.

Zunächst zur Belichtung. Die Verwendung eines Filters ist unweigerlich mit einem Verlust an Licht verbunden, der umso höher ausfällt, je weiter die durch das Filter bewirkte Sperrung des sichtbaren Lichts in den höherwelligen Bereich hinein reicht. Um dennoch zu ausreichend belichteten Infrarotbildern zu kommen, muss die Belichtung entsprechend verlängert werden. Die zu diesem Zweck von den Filterherstellern angegebenen

Verlängerungsfaktoren sind als Richtwerte zu verstehen, denn die Menge des vorhandenen infraroten Lichts lässt sich mit Belichtungsmessern, ob in der Kamera integriert oder in Form externer Geräte, nicht bestimmen. Beträgt dieser Faktor zum Beispiel drei und wird ein Film mit einer Nennempfindlichkeit von 400 ASA verwendet, so „entstünde", würde man die Belichtung durch das Filter messen, eine tatsächliche Empfindlichkeit von nur 50 ASA. Käme man ohne aufgestecktes Filter demnach auf eine Belichtung von Blende acht bei einer Belichtungszeit von 1/125 Sekunde, erhielte man unter Beachtung des Verlängerungsfaktors einen Startwert für eine Belichtungsreihe von 1/30 Sekunde bei gleicher Blende.

Hinzu kommt noch eine weitere Herausforderung: die Fokuskorrektur. Da infrarote Lichtstrahlen nach ihrem Eintreffen in das Linsensystem des Objektivs geringer gebrochen werden als diejenigen sichtbaren Lichts, liegt deren Brenn- oder Fokuspunkt nicht exakt auf der Filmebene, sondern etwas dahinter. Daher muss die Fokussierung, die unter „panchromatischen" Bedingungen, sprich ohne Infrarotfilter, eingestellt wurde, in Richtung „näher" korrigiert werden. Besonders praktisch gestaltet sich dies, wenn Objektive mit aufgebrachtem „IR-Entfernungsindex" eingesetzt werden. Zeigt eines meiner Zoomobjektive mit IR-Index etwa eine Entfernungseinstellung unter sichtbarem Licht von zehn Metern an und verschiebe ich diese auf die IR-Markierung, so liegt der Fokuspunkt für meine nächste Infrarotaufnahme etwa zwei Millimeter links davon bei einer Entfernung von circa acht Metern. Fehlt dem Objektiv ein solcher IR-Index, was meistens der Fall ist, so ist die höchste Schärfe unter Infrarotlicht nach meiner Erfahrung am besten mit Entfernungs- oder Fokusreihen ermittel-

bar. Jedes Objektiv, ob Festbrennweite oder Zoom, ist dabei separat zu betrachten und wird ganz eigene Werte für die Fokuskorrektur liefern. Alternativ zu eigenen Versuchen können diese bei einigen Objektivherstellern, zum Beispiel bei Leica, Wezlar, erfragt werden.

Der Schlüssel „Unvorhersehbarkeit" – Kreativität und Intuition!

Auch wenn wir meinen, den richtigen Türschüssel in der Hand zu halten und uns sicher sind, wie wir diesen zu benutzen haben, ist es manchmal nötig, an der betreffenden Tür zu rütteln, zu ziehen und zu zerren, bis sie sich endlich öffnet, also „mit Gefühl" zu arbeiten. Ähnlich ist es auch mit der Tür zur Infrarotfotografie, die sich nicht nur mit Technik und dem „Gewusst wie" öffnen lässt, sondern vor allem auch mit Kreativität und Intuition.

Denn nach meiner Erfahrung sind die zu erwartenden Bildergebnisse kaum vorhersehbar, was vor allem daran liegt, dass die in einer bestimmten Aufnahmesituation tatsächlich vorhandene Menge an Infrarotlicht und damit die Zusammensetzung aus vorhandenem sichtbaren und infraroten Licht ständig variiert. Folglich fallen auch die davon bestimmten Reflexionseigenschaften der Motive sehr unterschiedlich aus. Mit der Zeit bekommt man jedoch ein Gespür dafür, wann sich die Infrarotfotografie wirklich lohnt und weiß intuitiv, ob und wie prägnant sich die, durch infrarote Strahlung erzeugten bildmäßigen Effekte zeigen. Es beginnt im Jahresverlauf etwa Ende April, wenn die Blätter von Bäumen und Pflanzen ein zartes „Maigrün" annehmen, denn Chlorophyll reflektiert Infrarotlicht besonders gut und zeigt sich auf den Fotografien teils strahlend weiß. Ebenso verhält es sich mit starken natürlichen und künstlichen Lichtquellen, ob draußen oder in Innenräumen. Für die Outdoor-Infrarotfotografie bedeutet das, dass eine hohe Sonneneinstrahlung bei wolkenfreiem Himmel, gerade in den frühen Vormittags- und späten Nachmittagsstunden viel Infrarotlicht erzeugt. Dazu bewirkt der bei diesen Tageszeiten niedrige Sonnenstand, dass Blattwerk von gut modulierendem Seitenlicht erfasst wird und so flächendeckend Infrarotstrahlung reflektiert. In Verbindung mit einem durch Infrarotlicht stark abgedunkelten Himmel ergeben sich interessante und dramatisch wirkende Motivkontraste.

Um sich dies alles schon vor der eigentlichen Aufnahme vorstellen zu können und danach die fotografisch relevanten Schlüssel zur Infrarotwelt anzuwenden, braucht es eine gewisse Portion Kreativität. Denn schließlich sollte kaum etwas, was aus der „normalen" Fotografie bei sichtbarem Licht mit Erfolg angewendet wurde, unverändert übernommen werden, im Gegenteil: Es macht sehr viel Spaß, diese vielleicht etwas eingefahrenen Routinen für die neue „infrarote" Sicht fotografisch anzupassen und weiterzuentwickeln.

Was bleibt?

Infrarotfotografie ist anders, aber nicht „artig" und dies im besten Sinne des Wortes. Denn schon allein der Gedanke an infrarote Strahlung als etwas, von dessen Existenz man zwar weiß, sie aber nicht sieht, ist faszinierend. Infrarote Strahlung aufzuspüren, die von ihr geschaffene Motivwelt auf den Film zu bannen und auf diese Weise sichtbar zu machen, ist ein unendlich reizvolles Abenteuer. Ein Abenteuer, bei dem sich der Fotograf ausprobieren kann wie in keinem anderen Bereich der Fotografie sonst. Probieren Sie es aus, es lohnt sich.

Kapitel 5
Klassische Formate und Brennweiten

Wir setzen unsere Idee der Beschränkung aus Kapitel vier fort und konzentrieren uns nun auf unterschiedliche Sichtweisen und Ansichten auf unsere Umwelt, die das fotografische Sehen auf bestimmte, zum Beispiel durch Festbrennweiten festgelegte Perspektiven hin lenkt. Dabei soll verdeutlicht werden, dass diese Beschränkung alles andere als langweilig ist, sondern ganz im Gegenteil kreative Potenziale eröffnet. In diesem Sinne meint die Bezeichnung „klassisch", dass es gerade die hier gewählten Formate und Brennweiten sind, mit und unter denen unzählige berühmt gewordene Fotografien entstanden sind. Manche Fotografen haben tatsächlich nur mit einer einzigen Brennweite fotografiert und das nahezu ein ganzes Fotografenleben lang.

(R)Evolution im Quadrat – Comeback eines Bildformats

Lange Zeit war es nahezu verschwunden, zuletzt jedoch wieder häufiger anzutreffen: das quadratische Bildformat! Ob in zahlreichen Anzeigen klassischer Printmagazine, Bildbeiträgen sozialer Medien wie Instagram & Co. oder angesichts technischer Weiterentwicklungen im Bereich der (analogen) Instax-Fotografie – das Quadrat feiert eine Renaissance als künstlerische und bildgebende Ausdrucksform. Wie ist dies zu erklären und was macht die Fotografie im Quadrat so besonders?

Das Format als Bühne

Das Format ist der Rahmen, durch den wir die Welt betrachten. Es ist die Bühne, auf der sich alle Motive inszenieren, von denen wir uns ein Bild machen können und wollen. Die geometrische Gestalt – das Seitenverhältnis – dieser Bühne ist dabei selbst ein wichtiger Teil der Inszenierung. Sie bestimmt die Grundtendenz von Ausdruck und Wirkung dessen, was gezeigt und gesehen wird. Auf die Wahl des dafür jeweils geeigneten Formats nehmen – auch und bereits unabhängig von der eigentlichen Bildidee – physiologische, kulturelle und technische Aspekte maßgeblichen Einfluss. Was hat es im Einzelnen damit auf sich?

Formatartiges 1: Mensch und Kultur

Der Mensch ist durch die nebeneinander liegende Anordnung seiner Augen auf das Querformat „geeicht" und über Jahrtausende daran gewöhnt worden, die Welt in dieser Form zu sehen. Das Querformat entspricht somit unserem natürlichen Sichtfeld, es ist die uns innewohnende Bühne des Sehens. Bis vor kurzem begleitete uns dieses Format auch bei nahezu allen Arten medialer Nutzung, wie etwa dem Anschauen von Filmen im Kino oder dem Konsum von Internetangeboten am heimischen Computer. Inzwischen werden diese Inhalte jedoch zunehmend mobil über das Smartphone konsumiert und zwar im für den Menschen eher ungewohnten Hochformat. Als „Ausweg" aus dem Widerspruch von natürlichem

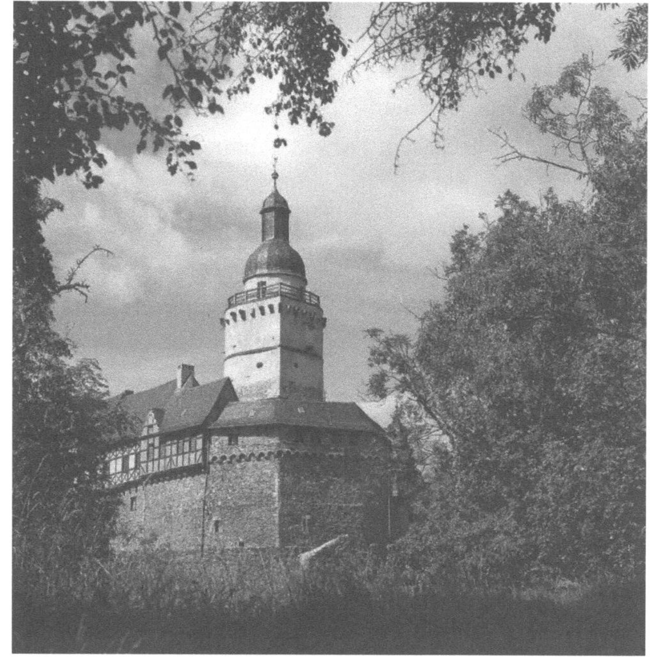

Burg Falkenstein ins Quadrat gesetzt

Sehen und medialer Vermittlung werden filmische und bildliche Angebote im Online-Bereich verstärkt im verzerrungsfreien Quadrat-Format dargestellt, wodurch Text- und Bildelemente klarer und leichter wahrnehmbar sind. Allerdings gehen auf diese Weise, und hier besteht eine Parallele zum Printbereich, die besondere Wirkung und die gestalterischen Potenziale des Quadrats verloren. Denn auch hier ist die Grundform des genutzten Mediums nicht quadratisch, sondern rechteckig. Die besondere und exklusive Wirkung eines quadratischen Bildes, welches das Ergebnis bewusst quadratischen Sehens, Gestaltens und Fotografierens ist, kann sich jedoch nur in einem Rahmen entfalten, der selbst in diesem Format gehalten ist. In der Fotografie ist dies zunächst der Kamerasucher, der den Fotografen gewissermaßen in dieses quadratische Format „zwingt" bzw. ihm dieses fest vorgibt.

Die im Querformat erworbene Seherfahrung des Menschen war auch mitbestimmend für kulturell geprägte Zuschreibungen zu Formaten. Danach wird das vertraute Querformat mit Attributen wie Ruhe, Beruhigung oder Weite belegt, während das Hochformat eher als instabil, dynamisch und spannungsgeladen empfunden wird. In beiden Fällen geht also von der Art des Formats eine gewisse Vorprägung auf die Wirkung des avisierten Motivs aus. Das Quadrat hingegen nahm und nimmt hier eine Sonderstellung ein, da es als neutral und ausgleichend gilt. Doch dazu später mehr.

Formatartiges 2: Fotografie und Technik

Neben das menschliche Sehen tritt das fotografische Sehen, welches ganz wesentlich von den technischen und baulichen Eigenschaften der verwendeten Kamera beeinflusst wird. Auch hier fanden Vorprägungen des Fotografen in der Formatfrage statt. So waren die ersten, für einen größeren Absatzmarkt entwickelten Typen und Modelle zunächst auf das quadratische Format ausgelegt. Der Grund hierfür war rein technischer Natur, da das Quadrat die größte viereckige Form darstellt, die auf das kreisförmige Bild passt, welches vom Kameraobjektiv projiziert wird. Auf diese Weise sollte es ermöglicht werden, die zur Verfügung stehende Bildfläche optimal zu nutzen, d.h. mit möglichst viel Inhalt zu füllen. Unter Verwendung einer bestimmten, identischen Brennweite zeigt ein quadratisch erzeugtes Bild daher mehr als dies bei jedem anderen viereckigen Format der Fall wäre. Die klassischen Mittelformatkameras der Marken Rolleiflex, Rolleicord und Hasselblad, die ein quadratisches 6 x 6-Bild liefern, stehen stellvertretend für diesen Kameratyp.

Der in den früheren 1970er-Jahren einsetzende Siegeszug der Kleinbild-Spiegelreflexkameras mit ihren Suchern im 2:3-Seitenverhältnis führte jedoch zu einer fast vollständigen Verdrängung quadratischer Bilder. Einzig in der Sofortbildfotografie („Instax-Fotografie") war es unter Verwendung des Polaroidsystems bzw. dank der Gründung von „The Impossible Project" 2010 noch möglich, konsequent (analog) quadratisch zu fotografieren. Auch die Digitalisierung der Kameratechnik ignorierte das Quadrat weitgehend geflissentlich, da in der Modellentwicklung auf den Einbau optischer Sucher in diesem Format ver-

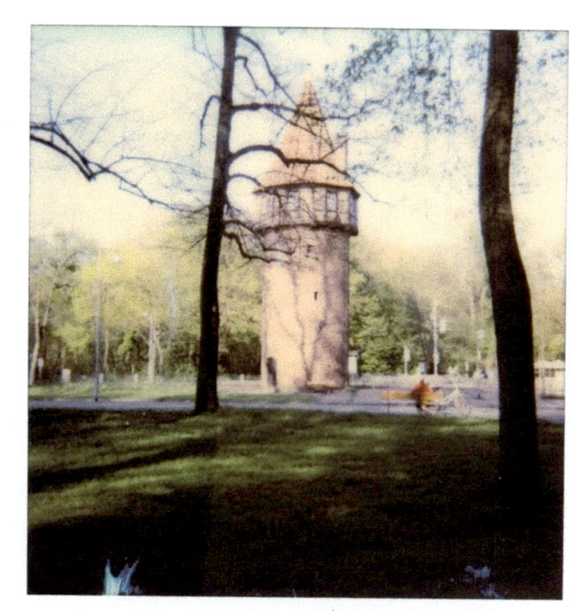

Das Polaroid-Quadrat

zichtet wurde. Dies änderte sich erst im Frühjahr des vergangenen Jahres, als die japanische Firma Fujifilm ihre ab Ende der 1990er Jahre vertriebene Sofortbild-Kamerareihe um das Modell „SQ 10" erweiterte, welches über einen quadratischen Sucher verfügt. Technisch mutet die SQ 10 als Hybridkamera an, da sie zwar mit analogem

Film bestückt wird, jedoch ebenso die Möglichkeit bietet, Funktionen der digitalen Bildbearbeitung (z. B. in Form von Filtern) zu nutzen. Das einst vom ehemaligen Hersteller Polaroid eingeführte und in dieser Form von Fujifilm technisch weiterentwickelte „Instax Square Format" würdigt somit einerseits die analoge Fotografie und andererseits das quadratische Bildformat, ohne allerdings auf die Vorzüge digitaler Fototechnik zu verzichten. Im Ergebnis erhält der Fotograf das unvergleichlich authentische und haptische Erlebnis einer „echten" analogen Fotografie im quadratischen Gewand.

Neben der genannten Kameratechnik hält der Markt heute ein nach wie vor breites Angebot an Filmen für quadratische Bilder vor, das sogar stetig durch neue Typen erweitert wird. In der klassischen Fotografie bieten besonders Kodak und Ilford, sowie seit kurzem auch wieder die Firma Foma (Fomapan) Schwarzweiß- und Farbmaterial in allen gängigen Empfindlichkeiten an, während in der analogen Sofortfotografie insbesondere „The Impossible Project" und Fujifilm zu nennen sind. Beide Zweige der analogen Fotografie führen das Quadrat fort und sind angesichts einer steigenden Nachfrage im (Markt-) Wachstum begriffen.

Die Praxis: Quadratisch sehen, quadratisch fotografieren

Entscheidend für die Formatwahl sollte das in den Fokus genommene bildgebende Thema sein und mithin die Frage: Welches Format bringt Wirkung und Aussage des gezeigten Sujets am besten zur Geltung? Auch auf dieser Ebene haben sich Traditionen herausgebildet, die gelegentlich sogar als unverrückbare Erkenntnisse gepriesen werden. So wird mit Landschaftsmotiven regelmäßig das Querformat und mit Portraits dasjenige des Hochformats assoziiert. Im angelsächsischen Bereich ist diese Verknüpfung sogar sprachlich verankert und findet sich vielfach in Bediensymbolen von Kameras und Bildschirmen. So wird „Landscape" mit Querformat und „Portrait" mit Hochformat übersetzt.

Ein entsprechendes sprachliches (Motiv-) Pendant zum Quadratformat existiert hingegen nicht, was zum Ausdruck bringt, dass sich hier keine vergleichbar enge Assoziation zu einem bestimmten Sujet herausgebildet hat.

Diese „Lücke" setzt sich fort, wenn man an Lösungen für die Entwicklung und spätere Präsentation der belichteten quadratischen Aufnahmen denkt. So sehen die meisten Entwicklungslabore das Quadrat stets als exotische „Sonderform" an, weshalb der Fotograf besonders darauf hinweisen sollte, dass sich in der Filmtüte entsprechende Filme befinden. Auch die Suche nach quadratischen Bilderrahmen gestaltet sich meist alles andere als einfach, da diese nicht bei allen Anbietern zum Standardrepertoire gehören.

Auch ich war durch viele Jahre in der „rechteckigen" Kleinbildfotografie der traditionellen Sichtweise verhaftet und ordnete Motiven aufgrund ihrer Figur unwillkürlich das Hoch- oder Querformat zu. Die unterschiedlichen Kantenlängen dieser Rechtecke empfand ich dabei stets als sehr hilfreich, da ich sie als eine Art gestalterische Grundorientierung ansah, um die Komposition der für mich attraktiven Sujets zum Beispiel im Sinne des goldenen Schnittes vorzunehmen. Diese Orientierung vermisste ich zunächst, als ich es durch den späteren Kauf einer Rolleiflex-Mittelformatkamera erstmalig mit einem quadratischen Sucher zu tun

bekam. Daher empfand ich es anfangs als recht ungewohnt und herausfordernd, Motive statt in den „gelernten" Formaten nun innerhalb eines Quadrats wirkungsvoll zu platzieren. Zudem hatte ich stets das Gefühl, „zu wenig" auf dem (späteren) Foto zu haben, mich durch das Quadratformat gegenüber anderen Formaten also zu beschränken. Mit der Zeit versuchte ich, diese Sichtweise gedanklich umzudrehen und den vermeintlichen Verlust als Gewinn zu begreifen. Der „Trick" bestand darin, das Quadrat als ein in der Höhe verlängertes Quer- bzw. ein in der Breite erweitertes Hochformat aufzufassen. Unter dieser Betrachtungsweise erwiesen sich nahezu alle Sujets als geeignet für das Quadrat, wobei es meines Erachtens Ausnahmen in den Fällen gibt, in denen es um die besondere Betonung der bildmäßigen Wirkung von Weite geht, wie etwa bei Sonnenuntergängen oder Stadtpanoramen.

Inzwischen empfinde ich das Quadrat oder – genauer gesagt – den ebensolchen Sucher in meiner Art zu fotografieren, als Erleichterung und Hilfestellung. Denn ich brauche mir in der konkreten Aufnahmesituation keine Gedanken mehr darüber zu machen, ob ich ein Motiv im Quer- oder Hochformat fotografieren möchte, womit ein entsprechendes Variieren der Kamerahaltung entfällt. Daher ermöglicht es mir das Quadrat, Aufnahmesituationen wesentlich schneller zu erfassen als bisher und Motive im richtigen Moment auf den Film zu bannen.

Eine Bildgestaltung nach dem Prinzip des goldenen Schnittes ist im Quadrat ebenfalls möglich, auch, wenn sich dies nicht ganz so schnell erschließt wie bei anderen Formaten. So lässt sich der Gestaltungsraum des Suchers gedanklich in horizon-

Natur im Quadrat

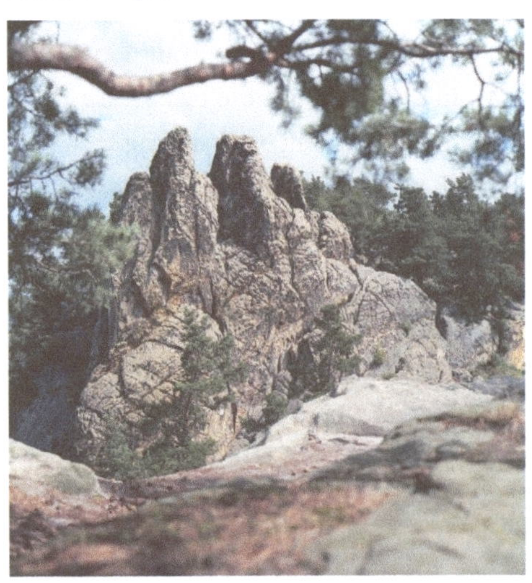

tal und vertikal verlaufende sowie sich kreuzende Linien einteilen (bei der von mir genutzten Rolleiflex übernimmt diese Aufgabe eine praktische Gitternetzscheibe), die Strecken und Flächen verschiedener Längen und Formen erzeugen. Eine wirkungsvolle Platzierung des Hauptmotivs gemäß dieser (und weiteren) bewährten Gestaltungsregel (n) wird so deutlich vereinfacht. Allerdings lässt das Quadrat auch das Gegenteil zu und erlaubt bewusst mittig ausgerichtete Kompositionen. Auf diese Weise gelingt es, den Betrachter eines quadratischen Fotos direkter und unmittelbarer in dieses und die gezeigte Szenerie hineinzuziehen. So gesehen ist dieses Format geradezu prädestiniert dafür, Nähe zuzulassen und einen direkten und unmittelbaren „inneren" Bezug von Fotograf und Betrachter zum Bildinhalt zu erzeugen.

Unabhängig von der Vorgehensweise in der „quadratweisen" Bildgestaltung werden Eigenwirkung und Strahlkraft einer Bildidee durch die bewusste Entscheidung für dieses Format meines Erachtens klar unterstrichen, da im Gegensatz zu anderen Formaten hier keine in der Aussage beeinflussende Wirkung auf das bildmäßige

Thema ausgeht. Besonders gilt dies für fotografische Sujets, die ihren Schwerpunkt auf die Wirkung bestimmter Formen (z. B. Linienführung von und an Gebäuden) oder Farben legen. So steht das Quadrat aufgrund seiner identischen Kantenlängen für Stabilität, Ausgeglichenheit und Ausgewogenheit, kurz: es verhält sich gegenüber der Bildaussage „neutral" und gibt ihr eine bildmäßige „Ordnung", ohne die Wirkung des Motivs selbst zu beeinflussen.

Natürlich lässt sich jedes quadratisch gestaltete und fotografierte Motiv im Nachhinein ohne größeren Aufwand durch Beschnitt noch in jedes andere Bildformat verwandeln und umgekehrt. Damit jedoch entsteht jeweils ein Bruch zwischen dem Motiv-Eindruck im Moment der Aufnahme (Wie habe ich das Motiv im Moment der Aufnahme gesehen?) und dem bildmäßigen Ergebnis (Wie erhalte ich das Motiv?). Es erfolgt also unweigerlich eine Uminterpretation der Bildaussage durch eine Änderung des Formats. Um die positiven Wirkungen und Eigenschaften einer quadratischen Fotografie jedoch voll zur Entfaltung zu bringen und den subjektiven Eindruck vom Motiv authentisch in diese einfließen zu lassen,

sollte von Anfang an und durchgehend eine bewusste Bildgestaltung in diesem Format erfolgen. Dies jedoch bedingt zunächst einen quadratischen Sucher, der als festes Fenster zum Motiv und dessen Umfeld fungieren kann.

Was bleibt?

Quadratische Bilder entsprechen nicht den menschlichen Sehgewohnheiten und fristeten in der Fotografie über lange Zeit ein Schattendasein. Dies jedoch zu Unrecht, da diesem Format ein überraschend großes gestalterisches Potenzial in der Fotografie innewohnt. Zudem besitzt es Eigenschaften, die die Wirkung von Motiven noch verstärken. Daher sollte die bewusste Entscheidung für das Quadrat nicht (allein) aus technischen Gründen getroffen werden, sondern mit dem Ziel, die eigene fotografische Kreativität zu nutzen. Der Markt für Fotografie bietet hierfür eine reiche Auswahl an Equipment. Das diese in den technischen Features und der Vielfalt an Varianten noch ausgebaut wird, zeigt, dass das Quadrat einfach „en vogue" ist. Besonders in Form des neuen „Instax Square Format" erlebt die quadratische und analogbasierte Fotografie derzeit eine (R) Evolution, die sich als eigenständige

Kunstform zu etablieren beginnt. Probieren Sie es doch einmal selbst. Auf Ihrem Weg zum quadratischen Foto wünsche ich Ihnen viel Spaß und neue quadratische (An-) Sicht(s)weisen und Eindrücke!

Eine für (fast) alles – Brennweite 50 mm

Es gibt Fotografen, wie den „Meister des Augenblicks" Henri Cartier-Bresson, die nahezu ihr gesamtes fotografisches Werk mit ihr schufen, während andere sie schlicht als langweilig bezeichnen. Keine Frage, an der 50 mm Brennweite scheiden sich die Geister. Wie ist dies zu erklären?

Die stets gepackte Fototasche

Es gibt Fototouren, auf die ich mich schon Wochen im Voraus freue. Um dabei für alle zu erwartenden Motive bestens (aus-) gerüstet zu sein, dreht sich im Vorfeld solcher Touren ein manchmal über Tage währendes Gedankenkarussell in mir. Welche Locations erwarten mich und welche Wegrouten führen mich dorthin? Mit welchen Lichtsituationen ist zu rechnen? Und, nicht zuletzt: Worin bestünde das geeignete Fotoequipment? In

diesen Situationen ist „es" natürlich auch dabei. Dann wiederum gibt es Momente, in denen ich nur zu meiner stets fertig gepackten Fototasche greife und „es" die Hauptrolle spielt. Und zwar dann, wenn das Fotografieren eben nicht im Mittelpunkt steht, sondern „en passant", also quasi im Nebenbei des Alltags stattfindet. So etwa während einer kurzen Regenpause an einem ansonsten verregneten Tag oder in einer halbstündigen Mittagspause auf Dienstreise in einer spannenden Stadt. Immer dann also, wenn mir zwar nicht viel Zeit bleibt, ich aber dennoch für (fast) jedes Motiv fotografisch gewappnet sein möchte. Die Rede ist vom 50 mm Objektiv! Mit dieser Brennweite habe ich meist das Gefühl, kaum etwas von meiner Ausrüstung zu vermissen oder ein attraktives Motiv zu verpassen.

Dass dem 50 mm Objektiv eine herausgehobene Stellung zukommen muss, lässt sich auch am Marktangebot für Fotografie ablesen. So hat jeder große Kamerahersteller seit Jahrzehnten diese Optik in seinem Produktportfolio, meist sogar in mehreren Qualitätsstufen und Ausführungen. Was hat es also mit dem „50er" auf sich und worin liegt die Faszination dieser Brennweite?

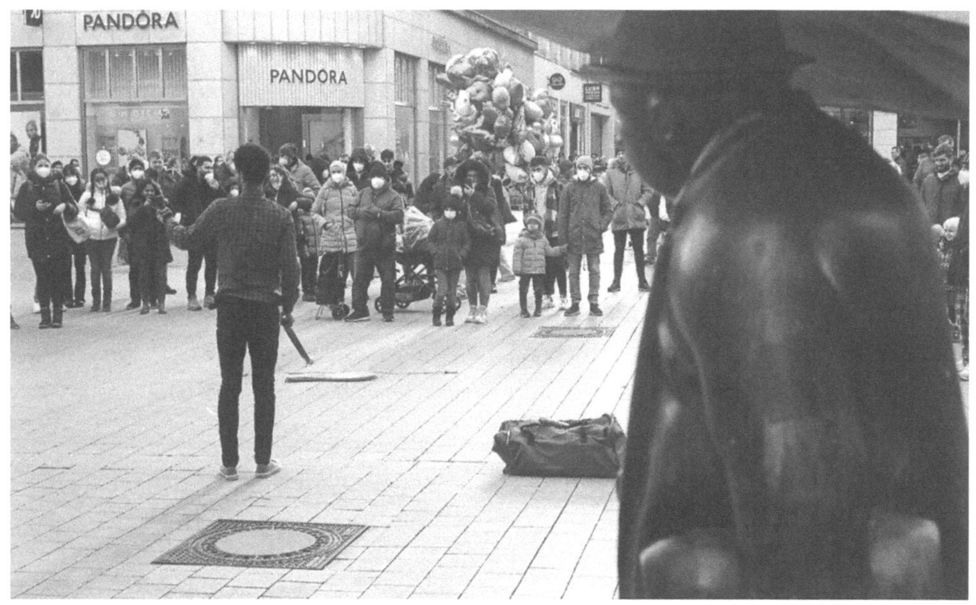

Straßenszene mit dem „50er"

Menschliches und fotografisches Sehen – Was heißt hier „normal"?

Mit den Augen nehmen wir unsere Umwelt optisch wahr und machen uns ein Bild von ihr. Alles das, was sich im Sehwinkel unserer Augen befindet, kommt dabei „mit auf das Bild". Wenn wir jedes Blinzeln der Augen als ein Auslösen verstehen, bei dem jeweils ein Bild entsteht, so macht ein Mensch bei durchschnittlicher Lebenserwartung mehrere einhundert Millionen Bilder im Laufe seines Lebens. Nehmen wir nun eine Kamera in die Hand, wechseln wir vom menschlichen zum fotografischen Sehen. Nicht mehr jene Motive, die wir mit unseren Augen ins Visier genommen haben, bestimmen den Inhalt des Bildes, sondern diejenigen, die vom Kameraobjektiv als deren fotografischem Pendant erfasst werden. Wir treffen also nicht mehr mit dem Sehwinkel unserer Augen eine visuelle Auswahl aus dem optischen Angebot unserer Umwelt, sondern mit dem Blickwinkel unseres jeweils genutzten Objektivs. Und der Faktor, der über diese Auswahl entscheidet, ist: die Brennweite.

In diesem Punkt wurde uns als Menschen, fotografisch gesprochen, eine feste Brennweite in die Wiege gelegt. Es ist uns somit nicht möglich, mit unseren Augen zu zoomen. Insofern bleibt unser Sehwinkel und das von ihm erfasste Sichtfeld, von einem festen Standpunkt aus betrachtet, stets gleich. Möchten wir hier variieren, müssen wir unseren Standort verändern, uns bewegen. Anders dagegen in der Fotografie, die es uns ermöglicht, Objektive unterschiedlicher Brennweite zu nutzen, wodurch wir uns neue Blickwinkel und Motivräume erschließen, ohne unseren Standort ändern zu müssen. Das Spektrum bewegt sich dabei vom Ultra-Weit-

Nächtliche Begegnung im „50er"

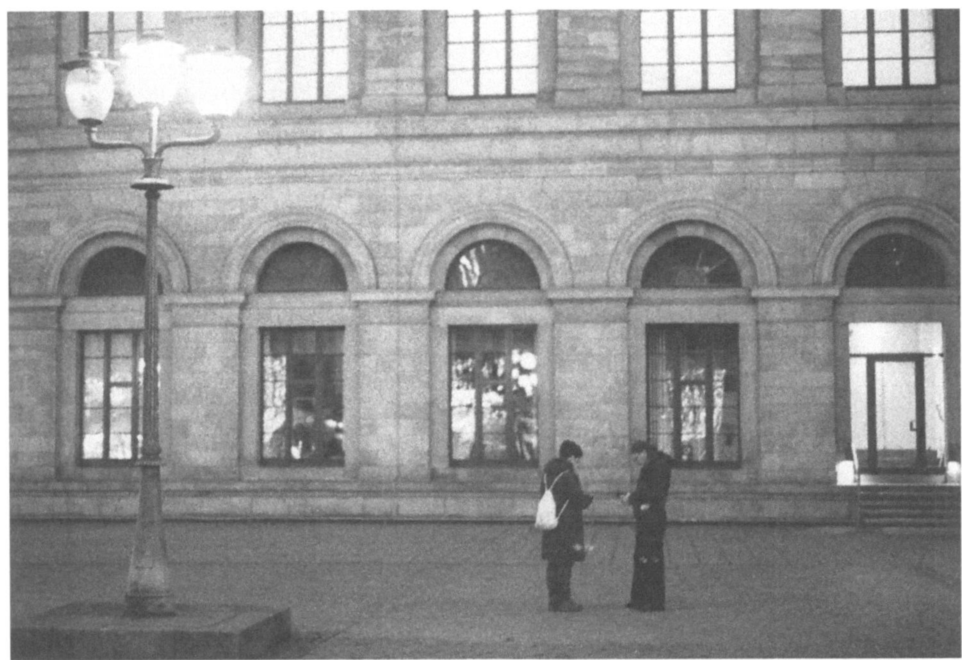

winkel- bis hin zum Teleobjektiv. Zwischen diesen Brennweitenextremen liegt, wenn man so möchte, das 50 mm Objektiv oder, wie es häufig auch bezeichnet wird: das „Normalobjektiv".

Was bedeutet es in diesem Zusammenhang, „normal" zu sein? Von der US-amerikanischen Schauspielerin, Komödiantin und Sängerin Whoopi Goldberg stammt das Zitat: "Normal is in the eye of the beholder." Treffender hätte man es kaum ausdrücken können, denn, nimmt man das Zitat wörtlich, so sind unsere Augen die Norm für das, was „normal" ist für die Art, wie wir sehen. Danach beträgt der Sehwinkel des menschlichen Auges zwischen 450 und 500, was einer Brennweite, gerechnet für das Kleinbildformat, von etwa 50 mm entspricht. Ein 50 mm Kleinbildobjektiv bildet somit einen Blickwinkel analog dem Sehwinkel des menschlichen Auges ab. In anderen Aufnahmeformaten als dem Kleinbild gilt Gleiches für ein Objektiv mit Brennweite 80 mm (Mittelformat, 60 x 60 mm) oder eines mit 150 bis 165 mm Brennweite (Großformat, 90 x 120 mm). Immer dann also, wenn die Brennweite dem diagonalen Maß des Aufnahmeformats entspricht,

handelt es sich um ein „Normalobjektiv" mit einer „Normalbrennweite". Da es sich in der Historie des Kamera- und Objektivbaus um jenes Objektiv handelt, welches seit jeher standardmäßig mit jeder neuen Kamera verkauft wurde, wird es auch als „Standardobjektiv" bezeichnet. Diese Brennweite prägt somit bis heute die ersten fotografischen Erfahrungen und Eindrücke unzähliger Profi- und Amateurfotografen.

Bilder, die mit einem Normalobjektiv aufgenommen werden, geben einen natürlichen, gleichsam gewohnten und vertrauten Eindruck vom jeweiligen Motiv wieder und bilden es gerade so ab, wie wir es selbst mit unseren Augen sehen. Brennweiten oder Bildwinkeleffekte, die durchaus gewollt sind und unter Verwendung von Weitwinkel-(Naheliegendes soll zum Beispiel übertrieben groß dargestellt werden) oder Teleobjektiven (Perspektiven sollen verdichtet werden und ähnliches) auftreten, bleiben aus. Die Normalbrennweite zeigt uns Bilder und Motive, die unserer „erwarteten Realität" entsprechen. Die Frage ist: Kann sich mit ihr überhaupt eine spannende Fotografie ergeben?

Fotografieren mit dem „50er" – Zeigen, was ist

Die Optik der Kamera lenkt unseren Blick und eröffnet unserem fotografischen Auge einen bestimmten Ausschnitt unserer Umwelt. Wie groß dieser ist und was sich in ihm befindet, wird durch die Brennweite festgelegt. Insofern nimmt sie für uns erst einmal eine Vorstrukturierung unserer visuellen Eindrücke vor, als wenn sie sagen würde: „Nimm` viel in Deinen Blickwinkel und auf das spätere Foto (Weitwinkel-Brennweite)" oder eben: „Konzentriere Dich auf Details (Tele-Brennweite)". Doch nicht nur das: sie interpretiert auch und verändert unseren optisch neutralen („normalen") Blick auf die Welt. So betonen kurze Brennweiten die Weite einer Landschaft oder übertreiben die Größe von Innenräumen, was sich etwa im Exposé für eine Verkaufsimmobilie gut macht. Dementgegen sind lange Brennweiten Künstler im Reduzieren und im Weglassen, da sie die einzig noch blühende Blume inmitten vieler verwelkter auf einer schier endlosen Wiese „sehen" oder uns sprichwörtlich einen Vogel vom Himmel holen und ihn beinah bildfüllend und übergroß erscheinen lassen. So betrachtet, erzeugen unterschiedliche Objektivbrennweiten immer auch subjektiv gefärbte optische Eindrücke von Motiven, statt diese lediglich „objektiv", das heißt abbildungstechnisch korrekt, abzubilden.

Allerdings, und so empfinde ich es, schränken von der „Normalsicht" des Menschen abweichende Brennweiten auch ein wenig an Kreativität ein. Denn sie sind konstruk-

Optische Verdichtung mit dem „50er"

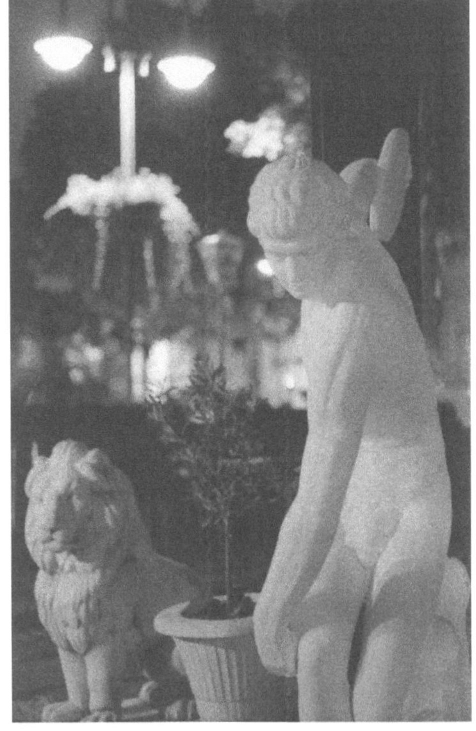

tionsbedingt ja jeweils für einen bestimmten „Möglichkeitsraum" an Motiven und Sujets prädestiniert und können diese somit besonders gut „sehen", abbilden und interpretieren. Die Normalbrennweite positioniert sich in der optischen Mitte zwischen dem großen Bildwinkel kurzer Brennweiten und dem schmalen Bildwinkel langer Brennweiten. Sie bewertet nicht, sie sortiert nicht vor, was bedeutet: sie lässt mir alle Möglichkeiten! So kann ich jede Fototour technisch neutral und unvoreingenommen, was mögliche Motive angeht, starten. Ein kleiner Trick mag dies verdeutlichen: Man nehme die Kamera so vor das Gesicht, dass das eine Auge durch den Sucher blickt und das andere an der Kamera vorbei. Aus beiden Augen betrachtet, erscheint das in den Fokus genommene Motiv nun jeweils gleich groß, menschliches und fotografisches Sehen entsprechen einander, wobei die 50er-Brennweite für einen Ausgleich beider Sichtweisen sorgt. Dieser optische Eindruck ist der Ausgangspunkt des fotografischen Entdeckens mit der Normalbrennweite.

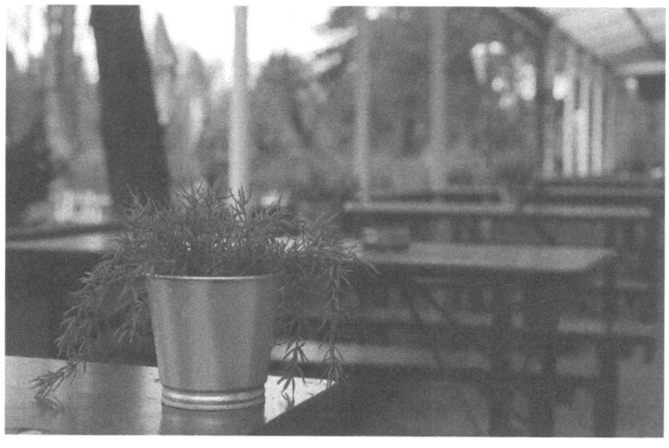

Details betont mit dem „50er"

Unterwegs mit dem „50er" stellt sich schnell so etwas wie ein „passt-immer-Gefühl" ein, worauf auch immer ich treffe, welche (Motiv-) Situation sich mir auch immer darbietet. Alles wirkt wie eine natürliche Bühne, auf die ich schaue bis, ja bis sie von den gewünschten Darstellern betreten wird und der Moment gekommen ist, den Auslöser der Kamera zu drücken. Dabei animiert mich die feste Brennweite dazu, meinen Standort buchstäblich „laufend" zu wechseln, um mir so aktiv neue Perspektiven zu erschließen, die jeweils unterschiedliche Bildwirkungen und -aussagen transportieren. Bereits geringe Variationen erzeugen große Effekte und lassen mich dazulernen. Insofern nimmt mir das Normalobjektiv nichts ab, sondern ich muss mir alles das, was das Foto ausmachen soll, selbst erarbeiten. Die dabei entstehenden gestalterischen Lerneffekte werden aus meiner Sicht durch die konstruktiven Eigenschaften analoger Normalobjektive unterstützt. So verfügen diese über Blenden- und Entfernungsringe, an denen das Zusammenspiel von gewählter Blende und Motivabstand nachvollzogen und die Ausdehnung der Schärfe abgelesen werden können.

Die Normalbrennweite zeigt, was ist, nicht mehr, aber auch nicht weniger. Am intuitivsten erscheint dies in der Streetfotografie, die ja gerade ein realistisches Abbild dessen liefern möchte, was beobachtet wurde. Demgegenüber würden extreme Brennweiten das Raum-Tiefe-Gefühl etwa durch Verzerrungen (Weitwinkel) oder Verdichtungen (Telebrennweite) so beeinflussen, dass das reale subjektive Empfinden einer Szene verändert wäre. In anderen Bereichen, wie der Portrait-, der Architektur- oder der Landschaftsfotografie, setzt die Normalbrennweite Menschen und Gegenstände zueinander in Beziehung, lässt sie besser verstehen und einordnen. Auch das Umfeld, in dem sie sich befinden, kann mit in das Blickfeld genommen werden, wodurch ein für mich ausgewogenes Arrangement in denjenigen Bildern entsteht, die unter Verwendung der 50 mm Brennweite entstanden sind. Standardobjektive verfügen in der Regel über eine hohe Lichtstärke von mindestens Blende 2,0. Diese Eigenschaft macht sie für weitere Sujets sehr gut und flexibel einsetzbar, ohne dass ein Stativ benötigt würde. So zum Beispiel für die Available-Light-Fotografie oder spontane Schnappschüsse von Kindern. Vor allem diese ausgesprochene Vielseitigkeit macht für mich die Faszination der Normalbrennweite aus.

Was bleibt?

Die Brennweite eines Objektivs hat, objektiv betrachtet, maßgeblichen Einfluss darauf, was wir sehen und in subjektiver Hinsicht auch auf die Art, wie wir etwas sehen. Daraus folgt letztlich auch eine Bewertung der Bedeutung dessen, was wir sehen, sowohl im Hinblick auf einzelne Elemente als auch bezüglich ihres Abbildungsverhältnisses zueinander.

Die Normalbrennweite wirkt vermittelnd und ausgleichend, da sie uns die Umwelt, optisch betrachtet, zunächst einmal neutral erscheinen lässt, eben gerade so, wie wir sie auch aus unserer naturgegebenen Sichtweise erwartet hätten. Davon ausgehend können wir buchstäblich bewegt kreativ werden und mit unserer Art der Fotografie ganz eigene visuelle Interpretationen kreieren. Das Normalobjektiv erweist sich dabei als ein wahrer Lehrmeister.

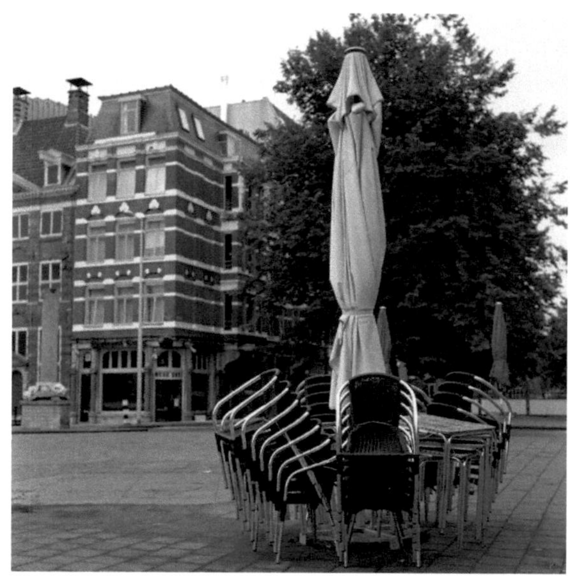

Vor dem Gästeansturm

Weltstadt im Quadrat – Amsterdam

Amsterdam – eine Stadt, deren Namen einem unweigerlich ein vielfältiges Potpourri an Bildern und Szenerien vor dem geistigen Auge entstehen lässt: romantische Bootsfahrten auf den Grachten, pulsierendes und multikulturelles Leben in den Bars und Clubs der angesagten Viertel sowie das künstlerische Vermächtnis großer Meister in den zahlreichen, weltbekannten Museen der niederländischen Hauptstadt. So erging es auch mir, als ich mich am frühen Samstagmorgen eines mäßig warmen und nicht sehr sonnen-

verwöhnten Tages im Juli auf den Weg zu einer Fototour durch Amsterdam machte.

In Begleitung einer „alten Dame"

Trotz der (Vorstellungs-) Bilder in meinem Kopf gab es für meinen ersten Besuch in dieser Stadt keinen Regieplan und keine festen Motive, die ich in jedem Fall fotografisch einzufangen suchte, denn es sollte ja kein gehetztes „Hotspot-Hopping" werden. Eher wollte ich das unaufgeregte Amsterdam jenseits der vermeintlichen Sehenswürdigkeiten abbilden und Orte zeigen, die zur Ruhe und Entspannung einladen. Und ich wollte dies auf eine entschleunigte Art des Fotografierens tun, die mich die Stadt selbst auf entspannte Weise erkunden ließe. Zu diesem Zweck wählte ich eine charmante „alte Dame" deutscher Kamerabaukunst, die mir geradezu als geschaffen für diese Art der Fotografie zu sein schien: die mittelformatige und doppeläugige Rolleiflex (in meinem Fall: eine 2,8 F aus dem Produktionsjahr 1960). Aus heutiger Sicht verfügt dieser Kameratyp, der bis in die frühen 1970er-Jahre hinein zur Standard-

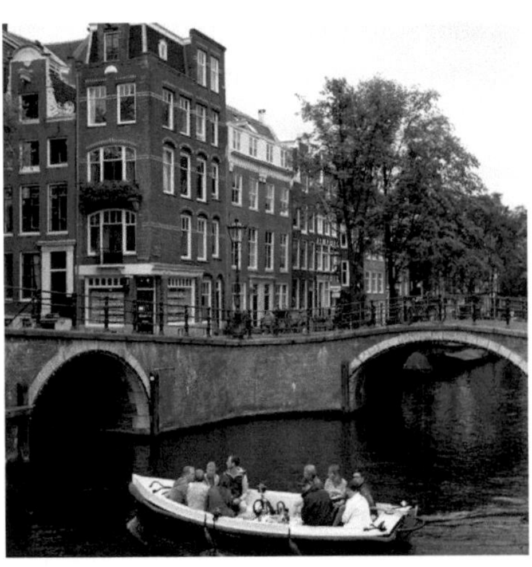

Straßenkreuzung auf Amsterdamer Art

ausrüstung professioneller Fotojournalisten gehörte, zwar über eine sehr spartanische technische Ausstattung. Jedoch ist diese Eigenschaft meines Erachtens gerade die Voraussetzung dafür, konzentriert und mit besonderer Sorgfalt für das Wesentliche fotografieren zu können. So braucht man sich vor einer Aufnahme nicht damit zu beschäftigen, welche Belichtungsautomatik oder welches Motivprogramm nun die wohl beste Wahl für eine bestimmte Aufnahmesituation wäre, da der Rolleiflex „solch technischer Luxus" völlig fremd ist. Alle Aufnahmeparameter wie der Belichtungsabgleich (bzw. Zeit- und Blendenwerte) oder die Motiventfernung möchten manuell bestimmt und eingestellt werden. Einzig die Frage nach Hoch- oder Querformat entfällt, da die Kamera stets ein quadratisches 6x6-Bild liefert. Meine Filmwahl fiel auf den Kodak Trix 400, der sich immer wieder als verlässlicher und gutmütiger Allrounder – gerade bei nicht optimalen Lichtverhältnissen – erweist. Für einen Schwarzweiss-Film entschied ich mich, da es mir darauf ankam, Kontraste, Linien, Formen und Strukturen in der Stadt abzubilden und ich denke, dass die Essenz von Objekten und Situationen deutlicher sichtbar wird, wenn keine Farben von ihnen ablenken.

Erste Motive am frühen Morgen

Gegen 6:00 h beginne ich meinen knapp zehnstündigen Fotospaziergang am Bahnhof Centraal, der nicht nur Verkehrsknotenpunkt Amsterdams, sondern wegen seiner auf hunderten Pfählen errichteten Bauweise auch eine Attraktion der Stadt ist. Es riecht nach Wasser und Salz als unverkennbares Zeugnis des maritimen Charakters Amsterdams inmitten einer an Menschen und Geräuschen vorerst noch armen Szenerie. Die niederländische Hauptstadt scheint noch weitgehend im Dämmerschlaf des anbrechenden Tages zu liegen. Welche Motive, Menschen und Eindrücke werden mich und ihren Weg auf den Film finden? Und werden sich diese von den Vorstellungsbildern unterscheiden, die mich unterwegs nach Amsterdam begleitet haben? Zunächst gehe ich ostwärts über die Oude West zum Waterlooplein und nehme architektonische Details der Amsterdamer

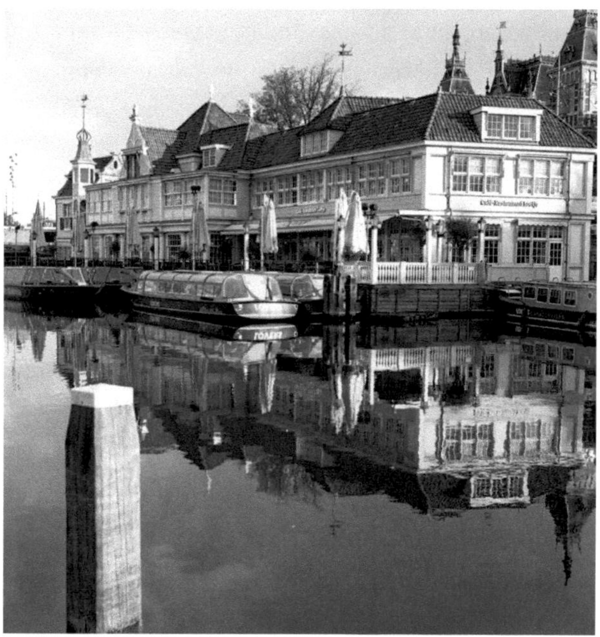

Am Bahnhof Centraal

Häuser wie Eingänge, Treppen, oder die, für das Leben der Amsterdamer besonders charakteristischen offenen und vorhangfreien Fensterfronten fotografisch ins Visier. Die eingebaute Optik der Rolleiflex mit einer Festbrennweite von 80 mm (KB-Äquivalent: 50 mm) lädt dazu ein, wirklich nahe an die Motive heranzugehen und sich intensiv mit ihnen auseinanderzusetzen. In diesen Morgenstunden herrscht noch kein geschäftiges Treiben auf den Straßen und Plätzen der Metropole und nur vereinzelt nehmen Gewerbetreibende und Straßenarbeiter bereits ihr Tagwerk auf. Beim Übergang in die Innenstadt an einer größeren Kreuzung zeigt ein Arbeiter lächelnd auf meine Kamera und begrüßt mich mit der Frage „Camera obscura?" Die Arbeit ruht für einige Minuten und es entwickelt sich ein heiteres Gespräch über meine fotografische Begleiterin, über das ich mich sehr freue. Dieser Begegnung sollten im weiteren Tagesverlauf noch weitere mit ganz unterschiedlichen Menschen folgen, von denen die allermeisten mit meiner Kamera zusammenhingen.

Die Grachten von Amsterdam: Lebensadern im Quadrat

Über die Blauwbrug (niederländisch für Blaubrücke), die über die Amstel führt, kommend, tauche ich ein in das spinnennetzartige Geflecht aus Prinsen-, Keizers- und Herengracht sowie dem Singel, welches sich halbkreisförmig durch die Innenstadt zieht und ihr historisches Bild prägt. Worin besteht nun der gemeinsame besondere Charakter dieser „Lebensadern", als die die Grachten oft bezeichnet werden und wie lässt er sich auf den Film bannen? Diese Fragen begleiten mich während ich durch die zunehmend belebteren Straßen und Gassen schlendere. Von den zahllosen Brücken aus, die die Grachten überspannen, erhält man einen guten Überblick über die jeweiligen Kanalabschnitte, die auf mich jeweils wie ein eigener Mikrokosmos wirken, in dem zeitgleich gearbeitet, gewohnt und gefeiert

Grachtenidylle

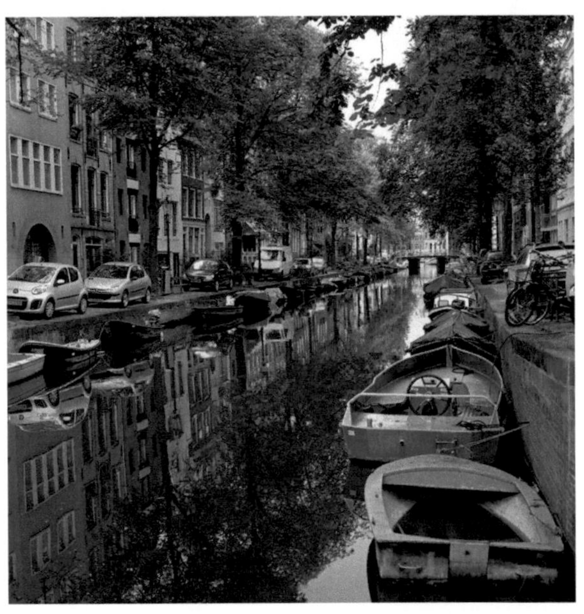

wird. Schnell zeigt sich so eine Fülle reizvoller Motive, die um die zwölf Belichtungen pro Rollfilm wetteifern. Zunächst zögere ich auf den Auslöser zu drücken, da auf der nächsten Brücke oder an der nächsten Ecke vielleicht eine noch attraktivere Ansicht in die sich nur auf den ersten Blick stark ähnelnden Grachten auf mich warten könnte. Einmal entschieden, ist es dann ein großes Vergnügen, das Motiv im sehr hellen und großen Sucher der Rolleiflex zu komponieren. Denn hierfür steht eine Einstellscheibe mit gitternetzartiger Struktur zur Verfügung, welche die sorgfältige Platzierung der bildwichtigen Teile unterstützt. Legt man beispielsweise den Fluchtpunkt einer Gracht in den goldenen Schnitt, so ergibt sich ein für mich sehr harmonisches Arrangement des Grachtenlebens aus historischen Gebäuden, Baumalleen, omnipräsenten Fahrrädern, ankernden Hausbooten und natürlich den Amsterdamern selbst sowie den Gästen dieser Stadt.

Die Kamera als „An-Haltepunkt"

Am frühen Nachmittag haben sich an den bekannten Anziehungspunkten der Amsterdamer Innenstadt bereits große Menschentrauben gebildet und auf den mit Cafés und Läden gesäumten Straßen herrscht dichtes Gedränge. Aufgrund des Umstands, dass man von oben in den Lichtschachtsucher der Rolleiflex schaut, wird zumeist auf Brusthöhe fotografiert und die Kamera somit nicht vor das Gesicht genommen. Es müsste sich daher per se eigentlich recht unbemerkt und unauffällig mit ihr fotografieren lassen – eigentlich! Denn tatsächlich erweist sich die Rolleiflex inmitten des immerwährenden Stroms unzähliger Menschen ein ums andere Mal als eine Art „An-Haltepunkt" fragender und interessierter Blicke, die dieser charmante Kameraklassiker auf sich zieht. Aus diesen ergeben sich zuweilen kurze Gespräche über Herkunft und Funktionsweise der Kamera, welche sich so als regelrechte „Brücke zur Kommunikation" erweist. Die Kamera ist auch für mich selbst im quirligen und bunten Straßenleben Amsterdams eine Art Ruhepol, der mir die Komplexität der vielen Eindrücke reduziert und als „mundgerechte" 6x6-Ausschnitte visuell erlebbar macht. Dass dabei nichts „untergeht", dafür sorgt „das zweite Auge" der Kamera. Denn während sich die Blende des Aufnahmeobjektivs für die Dauer der Belichtung schließt, bleibt das Motiv durch das Sucherobjektiv ständig, das heißt vor und während der Aufnahme sichtbar.

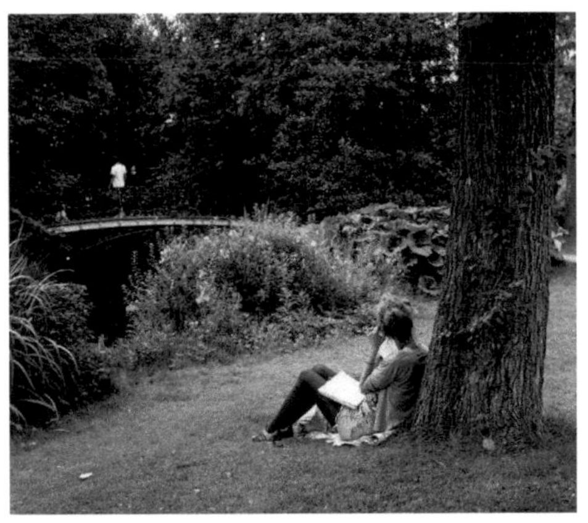

Entspannen im Vondelpark

Die ruhigen Plätze Amsterdams

Auch das hat Amsterdam im Stadtkern zu bieten: ruhige Plätze zum Ent- und Ausspannen. Erwischt man einen solchen Platz, so muss man kurz innehalten und durchatmen. Eine ganze Ansammlung solcher Plätze bietet der Vondelpark, die grüne Oase der Stadt, den ich eher zufällig entdecke. Der Park mit seinen Anhöhen, Blumenbeeten und kleinen Seen liefert landschaftliche Motive aller Art, die mit der Rolleiflex sehr gut ins Bild gesetzt werden können – und dies auf eine sehr entschleunigte Art, die mit der Ruhe des Parks korrespondiert. Manchmal ist nur das „Klick" des Auslösers zu hören und der Pendelschwung der Kurbel, die den Film weitertransportiert, die einzige Bewegung, die sich regt. Ich möchte hier Menschen in ihrer Art, der Hektik Amsterdams zu entfliehen, fotografieren. Dies natürlich nicht, ohne vorher um Foto-Erlaubnis zu bitten. Diese allerdings hat mir keine und keiner der Gefragten verwehrt. Schon alleine aus dem Grund nicht, um sich selbst davon zu überzeugen, dass es die betagte Kamera tatsächlich „noch tut" und die Bilder, die aus ihr stammen, auch „etwas werden".

Was bleibt?

Für einige Stunden bin ich abgetaucht in ein faszinierendes und vielfältiges und gleichsam oftmals hektisches und menschenerfülltes Amsterdam. Dabei sind Bilder entstanden, die die Wahrnehmung des Gewöhnlichen ein ums andere Mal zu einem Abenteuer haben werden lassen. Denn ich habe eine Kamera benutzt, die einen für mich wohltuenden Kontrapunkt zur Dynamik dieser europäischen Metropole setzen konnte: die doppeläugige Rolleiflex!

Auch Ihnen wünsche ich eine solche fotografische Erfahrung in Ihrer Lieblings(haupt-)stadt. Probieren Sie es aus, es lohnt sich.

Weltstadt mit dem 35 mm Objektiv – New York City

New York City – keine andere Metropole besitzt diesen Klang. Einen Klang, der uns unweigerlich eine bunte Vielfalt an Bildern ikonischer Wolkenkratzer oder pulsierenden multikulturellen Lebens ins Gedächtnis ruft und diese Stadt zu einem Sehnsuchtsort werden lässt. Wie nähert man sich einer solchen Weltstadt, die schon unzählige Male besungen, gefilmt und portraitiert wurde, nun fotografisch? Diese Frage begleitete mich, als ich im Frühsommer 2024 zu meinem ersten Besuch New Yorks aufbrach und mir einen langgehegten Traum erfüllte.

Als Analogfotograf auf (Flug-) Reisen – von Scannern und Co

Die Fülle an (Vorstellungs-) Bildern, die ich schon vor Reiseantritt von dieser Stadt in mir trug, ließen eine Flut an Eindrü-

Im Central Park

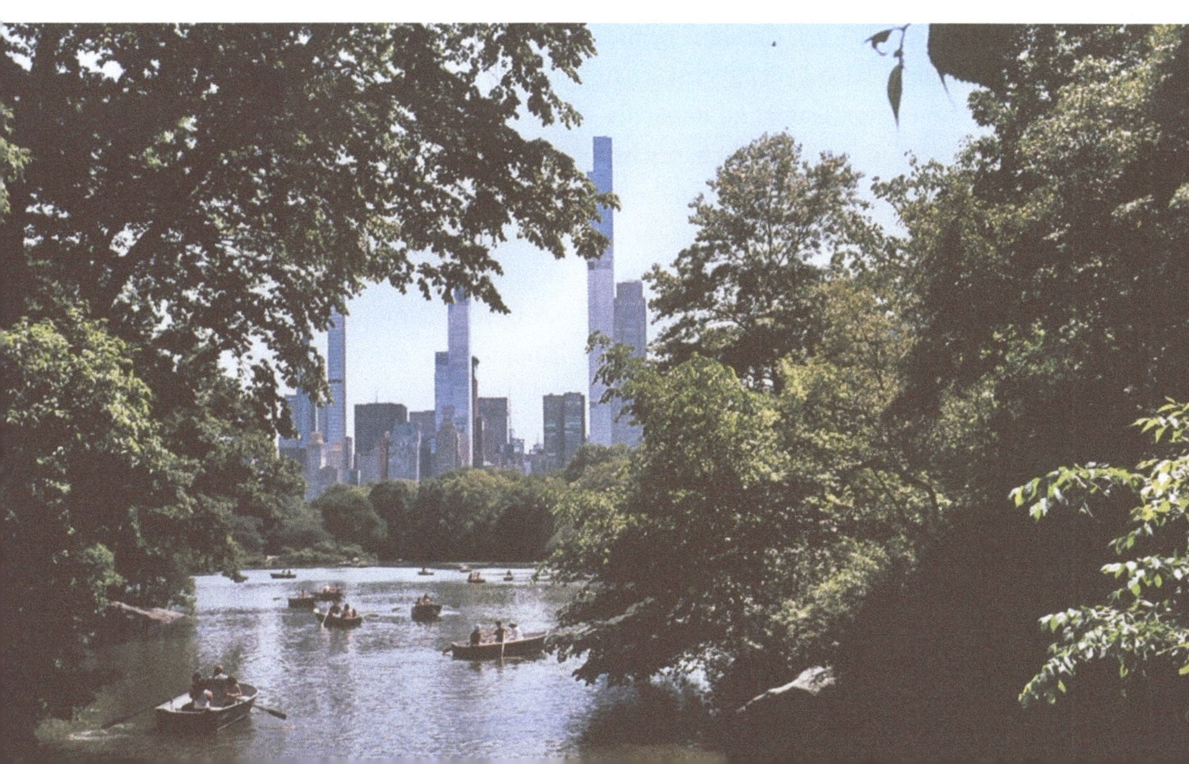

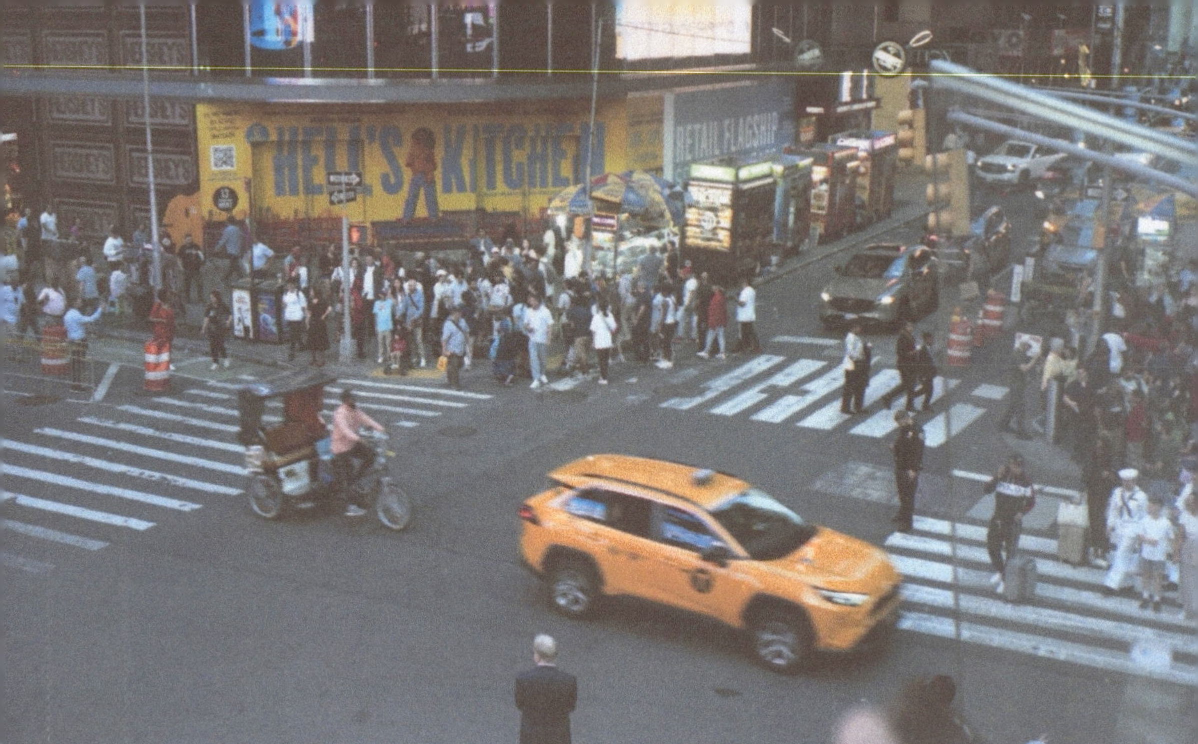

Am Times Square

cken und optischen Reizen erwarten. Daher war es mir bei der Auswahl meines Fotoequipments wichtig, möglichst „technikarm" und entschleunigt zu fotografieren. Also griff ich zur vollmechanischen und nur mit den nötigsten Einstellmöglichkeiten ausgestatteten Messsucherkamera Leica M 2 sowie den Festbrennweiten 35, 50 und 90 mm, mit denen ich mich für die allermeisten Motivsituationen gut gerüstet sah.

Dank der kompakten Bauweise von Kamera und Objektiven hielten sich Gesamtgewicht und Größe meiner Ausrüstung in Grenzen – auf Reisen ein wichtiger Faktor. Ebenso bedeutsam ist es für Flugreisende Analogfotografen, ihr mitgeführtes Filmmaterial unbeschadet durch die Handgepäckkontrollen der Flughäfen zu bringen, da immer mehr Flughäfen ihre Sicherheitsschleusen auf neuartige Computertomograph-(„CT") Scanner umrüsten. Zwar liefern diese Geräte dem Sicherheitspersonal auf Knopfdruck ein dreidimensionales Abbild des Koffer- oder Tascheninhalts, verbunden mit einem höheren Komfort für Reisende bei der Abfertigung. Filme und Fotopapier werden hingegen durch die dabei entstehende hohe Strahlung schon beim ersten Scan-Durchgang beschädigt, ja teils ruiniert. Diese Problematik lässt sich leicht umgehen, indem man freundlich um eine Filmkontrolle von Hand „am Scanner vorbei" bittet. Was das Personal bei der Abfertigung an US-amerikanischen Flughäfen betrifft, wurde dieses schon durch entsprechende Informationskampagnen der großen Analogmarken wie Ilford oder Kodak Alaris für dieses Thema sensibilisiert, so dass die manuelle Kontrolle des Filmmaterials dort inzwischen gelebte Praxis ist.

Das „35er" – eine (zunächst) zufällige Objektiv-Wahl

Bei Ankunft am John F. Kennedy International Airport ist meine Leica mit dem 35 mm Weitwinkel-Objektiv bestückt, was lediglich dem Zufall geschuldet war. Zu diesem Zeitpunkt ahnte ich noch nicht, dass dieses Objektiv, übrigens ein Leica Summaron 2,8, Baujahr 1960, meine „Immerdrauf-Optik" in New York werden würde. Wo immer ich also in den nächsten Tagen sein würde, was immer vor meine Kamera treten sollte, 35 mm waren

mein Schaufenster in diese Stadt und bestimmten meine Perspektive auf sie.

Warum auch nicht, galt das „35er" doch seit Jahrzehnten als vielseitiges und für die Streetfotografie, also die Fotografie im öffentlichen Raum, bestens geeignetes Objektiv. Daraus erklärt sich auch sein heutiges breites Marktangebot, wonach jeder namhafte Kamerahersteller die 35 mm als Festbrennweiten-Objektiv in unterschiedlichen Qualitätsstufen und Lichtstärken vorhält. Fast scheint es, als löse diese Optik das bislang gemeinhin als „Normalobjektiv" bezeichnete 50 mm Objektiv in Punkto Verbreitung langsam ab. Einer der Gründe für die Prominenz des „35ers"

Auf der Straße

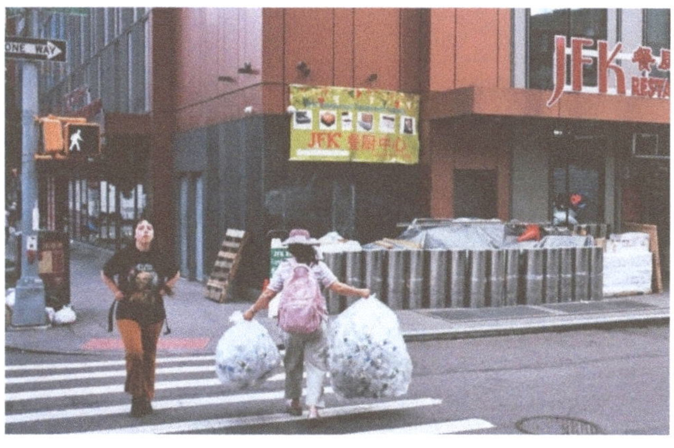

mag darin liegen, dass diese Brennweite dem menschlichen Sehen, ähnlich dem 50 mm Objektiv, am nächsten kommt und eine Perspektive bietet, die ungefähr der natürlichen Wahrnehmung des Menschen entspricht. Zwar verfügt das menschliche Auge über ein horizontales Sichtfeld von etwa 120 Grad, doch nur ein zentraler Bereich von etwa 55 Grad kann scharf abgebildet wahrgenommen werden. Damit ist er fast deckungsgleich mit demjenigen Sichtfeld, das sich mittels einer Brennweite von 35 mm erschließt, also exakt 63 Grad horizontal. Es ergeben sich Bilder, die relativ ausgewogen und harmonisch oder, anders ausgedrückt, einfach natürlich wirken. Im Vergleich zum 50 mm Objektiv ist jedoch bereits ein leichter Weitwinkeleffekt erkennbar, der Bildelemente, die sich im Vordergrund befinden, etwas

In East Harlem

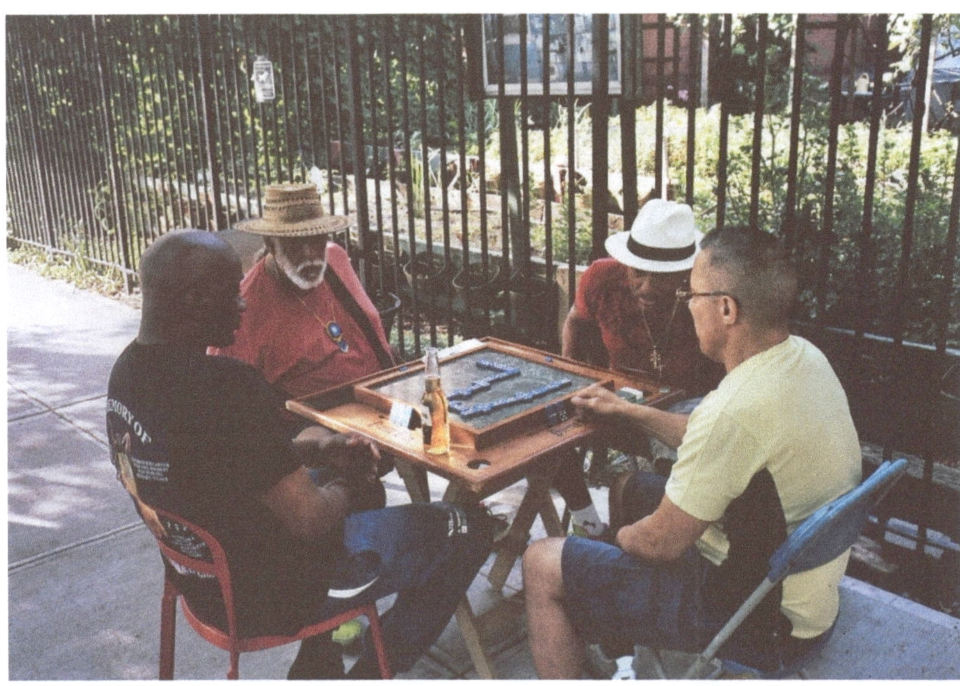

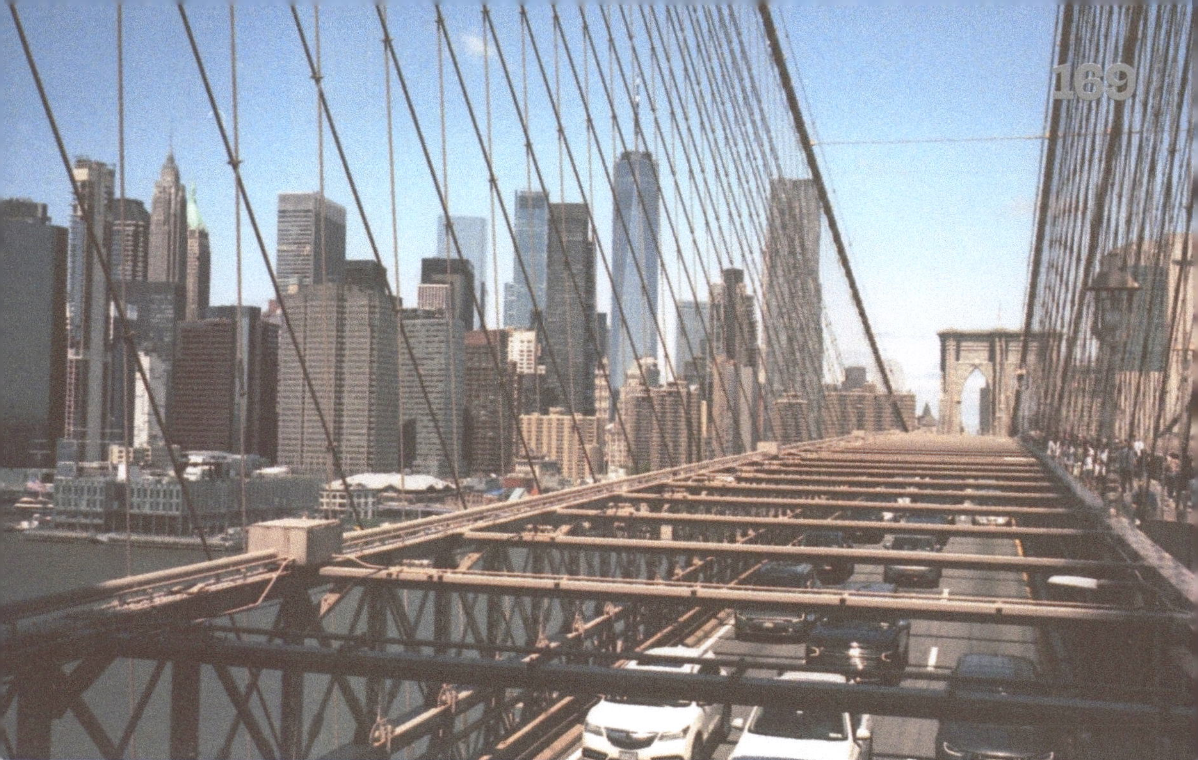

Blick auf das Financial District, Manhattan

stärker betont und pointiert in ihren Kontext stellt. Hinzu kommt, dass das 35 mm Objektiv bereits bei mittleren Blendenwerten eine hohe Schärfentiefe erreicht, was es für viele Motivsituationen prädestiniert und in die Rolle eines Allrounders rückt. Ist es also möglich, New York mit nur diesem einen Objektiv zu fotografieren?

Motive im „Vorübergehen" – Voreinstellungen eröffnen Spielräume

New York, so heißt es, sei eine Stadt, die niemals schliefe und sich fortwährend neu erfinde. Und tatsächlich: dies ist überall zu spüren, nicht nur an den vermeintlichen „Hotspots" der Metropole! Fotografisch betrachtet bedeutet das, dass an jeder Ecke, vor jedem Haus und in jedem Augenblick spannende Motive lauern, also gefühlt alles irgendwie „fotogen" erscheint. Flanieren wir also durch schier unendliche Straßen, vor allem in Manhattan, so wird unsere Kamera zu einer Art Staubsauger, der alles um sich herum in jedem Augenblick aufzusaugen versucht. Technische und gestalterische Elemente wie Bildausschnitt oder Schärfe müssen dabei nicht perfekt gesetzt sein, wenn doch nur der Moment des Auslösens „stimmen" und das Motiv gut genug „getroffen" sein möge.

Um nun spontan und intuitiv, gerne auch einmal „aus der Hüfte" oder ungewöhnlichen Perspektiven heraus fotografieren zu können, sind einige Vorbereitungen ratsam. So können wir wichtige bildgebende Parameter wie Blende oder Entfernung am Objektiv manuell voreinstellen, uns einmal für einige Minuten an eine Straßenkreuzung stellen oder visuelle Haltepunkte wie Werbeplakate et cetera fixieren und beobachten, was hier passiert, also selbst ein Ruhepol sein. Auf

Blick zum Empire State Building

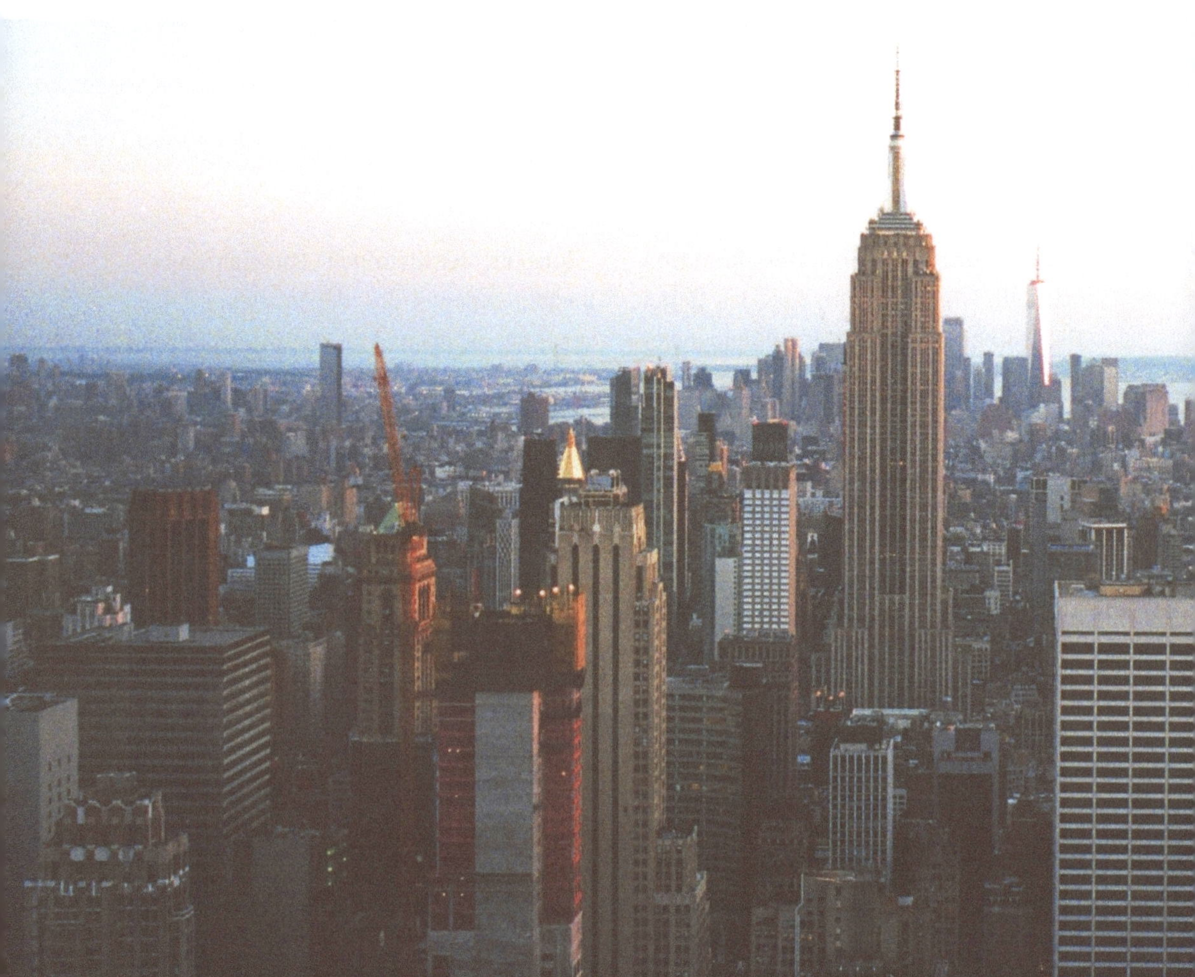

diese Weise gewinnen wir Spielräume, um uns auch in einem dynamischen und hektischen Umfeld auf noch so kleine und vermeintlich unscheinbare „Sehenswürdigkeiten" zu konzentrieren, die wir als prägend für einen Ort und seine Men-

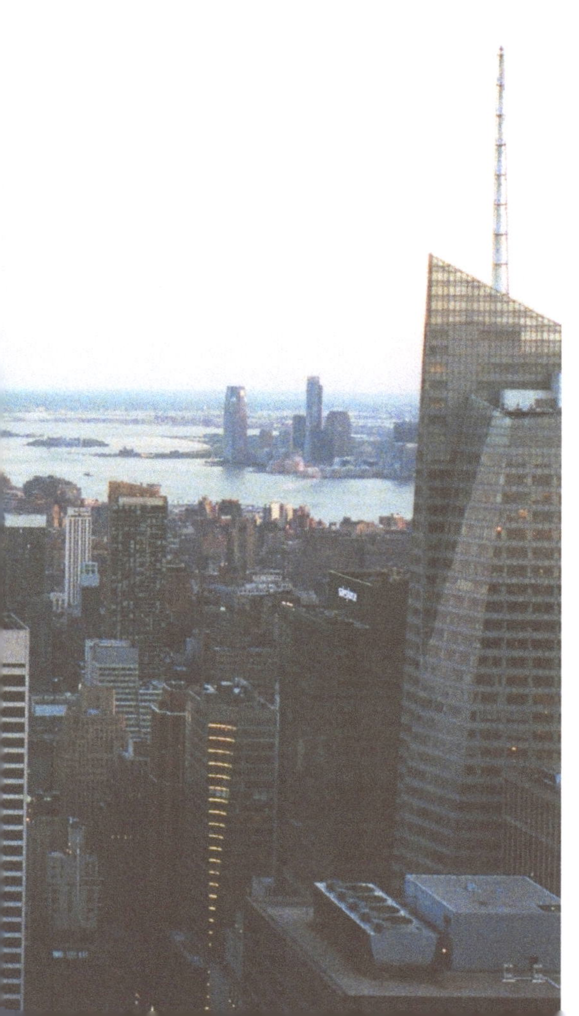

schen auf den Film bannen wollen. Das 35 mm Objektiv ist für solche Aufnahmesituationen ideal, da der weite Bildwinkel erst einmal viel erfasst, jedoch noch Raum lässt, den finalen Bildausschnitt nachträglich festzulegen.

Architektur – verzeichnungsfrei und authentisch

Majestätisch baut sich die Wolkenkratzerkulisse des Financial District zu meiner Linken auf, während ich mich auf der Brooklyn Bridge in Richtung Lower Manhattan bewege. Unzählige Menschen haben sich auf dem markanten Bauwerk versammelt und suchen nach der besten Position für ihre Selfies, begleitet von dichtem Autoverkehr, der sich tosend unter ihnen entlangschlängelt. Die Perspektive, die mir das 35 mm Objektiv in diesem Moment bietet, fängt all dies ein, jedoch im Grunde zu viel, um dem Auge eine Orientierung zu bieten. Doch an einem nur wenige Meter entfernten Standpunkt kann ich die Kamera so auf das Häusermeer ausrichten, dass sich Perspektive und Bildausschnitt auf das Wesentliche verdichten, das Motiv sich also an die Brennweite anpasst.

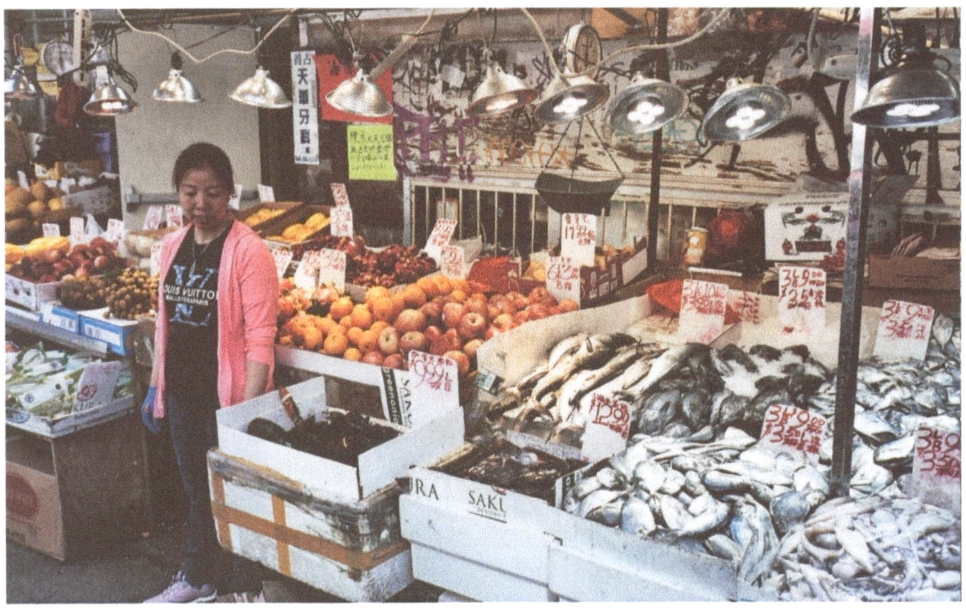

In Chinatown I

Aus der Brücke als Lebensader der Stadt im Vordergrund und den Bauwerken im Hintergrund ergibt sich ein inhaltlicher Zusammenhang, der durch die entstandene Tiefe im Bild unterstützt wird. Hierbei spielt das „35er" seine Stärken im Bereich Architektur aus, da es die Gebäude nahezu verzeichnungsfrei abbildet und ihre Größenverhältnisse zueinander für den Betrachter gut einschätzbar macht. Ganz nebenbei erreicht das Objektiv konstruktionsbedingt schon bei geringer Blendenöffnung eine hohe Schärfentiefe, was die Wirkung der Bildelemente in ihrem Zusammenspiel unterstreicht. Bei einem „stärkeren" Weitwinkelobjektiv gingen diese inhaltlichen Bezüge mitunter verloren, da die einzelnen Elemente im Bild zu weit auseinander lägen. Im Falle einer Normal- oder Telebrennweite wäre hingegen schlicht „zu wenig" auf dem Bild, um Architektur dieser Dimension miteinander in eine bildliche Verbindung zu bringen.

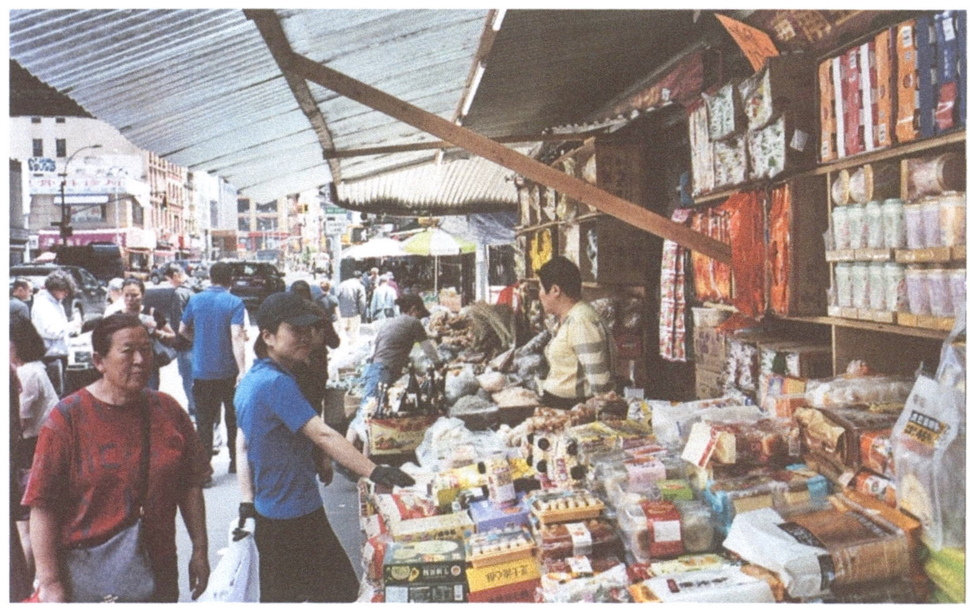

In Chinatown II

Reportagen in Chinatown – Balance aus Nähe und Distanz

Eine lebendige Mischung aus geschäftigem Treiben an zahllosen Marktständen, exotischen Gerüchen nach Gewürzen und dampfenden Nudeln sowie Klängen und Gesprächsfetzen erfüllt die engen Gassen rund um die Canal Street im Süden Manhattans. Keine Frage, ich befinde mich in Chinatown, einem Mikrokosmos ganz eigener Art. Hier lasse ich mich mit meiner Kamera im Takt des Stroms aus Menschen treiben, wobei mir die Brennweite von 35 mm sehr hilft, mitten im Geschehen authentische und fast intime Fotos zu machen. Denn sie liefert mir einen Bildausschnitt, mit dem ich im Gewusel der Straße den Überblick behalte und bestimmt den Abstand zum Motiv so, dass ich eine gute Balance aus Nähe und Distanz erziele, ohne aufdringlich oder störend zu wirken.

So reicht die Nähe aus, um ein bestimmtes Detail wie eine Person, einen Blick oder eine Begegnung in den Fokus zu nehmen und das Maß an Distanz sorgt dafür, es in den Kontext seines „Drumherum" zu stellen. Gerade Chinatown bietet uns alle Facetten eines solchen Settings, die von der Ruhe Majongg spielender Chinesen bis hin zur Dynamik aufgeregt gestikulierender Händler reicht, also Menschen in ihrem Umfeld bei für sie typischen Gewohnheiten zeigt. Das 35 mm Objektiv fungiert mit seiner Brennweite als eine Art optische Klammer, die diese Vielzahl unterschiedlicher Motive zu einem zusammenhängenden Ganzen, einer Reportage in Bildern, vereint.

Gegensätze – neutral ins Bild gesetzt

Mit einem 35 mm Objektiv können wir „neutral" fotografieren, da es uns einen natürlich wirkenden Blickwinkel zu unserer Umwelt bietet. So gesehen, werten und bewerten wir Motive mit dieser Brennweite nicht schon allein dadurch, dass wir optische Verzerrungen oder sonstige konstruktionsbedingte Effekte erzeugen, die die Bildwirkung beeinflussen. Es zeigt die Dinge damit weitgehend so, wie sie sind. Insofern eignet sich diese Brennweite auch hervorragend, um Gegensätze in einer Weise in Bildern zu

dokumentieren, die dem Betrachter alle Möglichkeiten zur eigenen subjektiven Interpretation lässt. Und von diesen gibt es in New York eine große Fülle, wie zum Beispiel die Parklandschaft des Central Park, der wir die Hochhausarchitektur ihrer umliegenden Gebäude gegenüberstellen.

Was bleibt?

Nicht zu viel und nicht zu wenig, also fast immer genau richtig. Dies zeigt uns ein 35 mm Objektiv von unserer Umwelt. Es macht sehr unterschiedliche Sujets wie Landschaft, Architektur oder Streetfotografie, optisch gesehen, „gleichnamig" und gibt ihnen einen gemeinsamen passenden Rahmen. Damit wird nahezu alles, was sich im öffentlichen Raum befindet, fotografisch gut umsetzbar. Eine Metropole wie New York, die so unterschiedliche Welten in sich vereinigt, eignet sich perfekt, um diese Vielseitigkeit zu nutzen. Wir brauchen nur ein wenig Mut, um uns tatsächlich auf diese eine (Reise-) Optik zu beschränken und die Bereitschaft, einmal auf das Ablichten des sprichwörtlichen Vogels in luftigen Höhen oder eines Marienkäfers in formatfüllender Weise zu verzichten.

Kapitel 6
Fotos aus der eigenen Dunkelkammer

Nun ist der Moment gekommen, in dem wir nach der Filmentwicklung Vergrößerungen unserer Negative und damit Bilder anfertigen wollen, die uns in Erinnerung bleiben. Ein Fotograf sagte mir einmal: "Wenn Du 12 Fotos im Jahr gemacht hast, die Du Dir zuhause an die Wand hängst, dann war es ein gutes Fotojahr". Von daher soll es im folgenden Schlusskapitel darum gehen, wie wir unsere Fotos selbst vergrößern und dabei genau wie im Prozess des Fotografierens möglichst entschleunigt vorgehen können und unsrem kreativen Schaffensweg die Zeit einräumen, die ihm gebührt.

Die bequeme Alternative – PE-Papier

Fotografen, die ihre Bilder auf klassischem Schwarzweiß- Fotopapier ausbelichten möchten, haben auch heute noch die Wahl zwischen zwei grundlegenden Alternativen: dem barytierten und dem kunststoffbeschichteten Polyethylen- (kurz „PE", englisch „RC für resin coated") Fotopapier. Galt Barytpapier von jeher als die vornehmere und feinere Variante, so haftet dem PE-Papier seit seiner Erfindung in den späten 1960er- Jahren der Ruf an, lediglich der bequemere, jedoch im Bild-

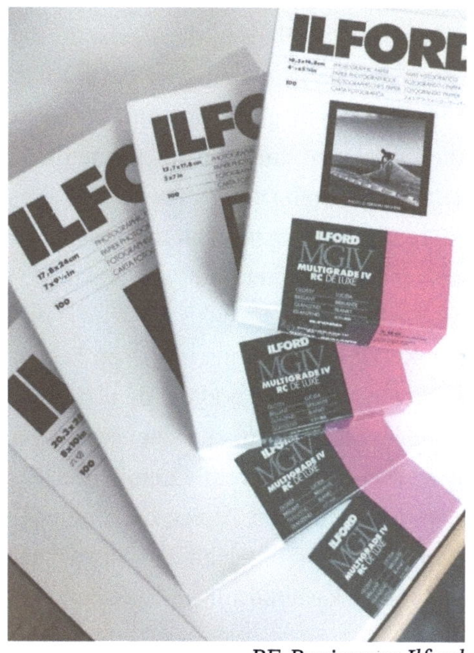

PE-Papier von Ilford

ergebnis qualitativ etwas minderwertige Weg zu sein. Doch trifft dieser Vergleich heute noch zu und welche besonderen Eigenschaften zeichnet diese Art von Bildträger aus? Welche Sorten von PE-Papier sind aktuell am Markt erhältlich und worin unterscheiden sie sich?

Ein Sommertag in der Dunkelkammer – das Papier im Tresor

Ein heißer Spätsommertag im September 2000 – eigentlich Badewetter. Aber statt im Freibad befand ich mich im Kellergeschoss der ortsansässigen Volkshochschule (VHS), genauer gesagt in der Dunkelkammer des Hauses, die eigens für die Fotokurse der Schule eingerichtet worden war. Zusammen mit etwa zehn weiteren fotobegeisterten Kursteilnehmerinnen und -teilnehmer sollte ich heute meine Premiere im Anfertigen echter Handabzüge meiner fotografierten Motive erleben.

Der Kursleiter wies uns in diesen besonderen Raum ein und erklärte den Umgang mit den Materialien, die zur Verfügung standen, unter anderem Chemie und Papier. Vor allem dem Papier, das in einem als Papiertresor bezeichneten, etwa DIN A3-großen kastenförmigen Spender auf-

bewahrt wurde, galt seine Aufmerksamkeit. Es wurde schnell deutlich, warum.

So stellt das Papier als Bildträger doch die finale Projektionsfläche für das kreative Schaffen des Fotografen dar. Alles das, was dieser mit seiner Fotografie zum Ausdruck bringen und die Wirkung, welche er mit ihr erzielen möchte, wird auf ihr sichtbar. Von der Qualität des gewählten Papiers, dessen Fähigkeit also, Kontraste darzustellen oder Grautöne wiederzugeben, dem Bild also letztlich Ausdruck zu verleihen, hängt maßgeblich ab, ob der Fotograf seine künstlerischen Ziele erreicht.

Dass es sich im damaligen Fotokurs um PE-Papier handelte, war mir nicht bewusst. In Erinnerung blieben mir nur die dunkelroten Papierpackungen der Firma Tetenal mit der Aufschrift „work" – eine Bezeichnung, die später für mich zum Programm meiner Fotografie werden sollte.

Polyethylen (PE) – vom Kunststoff zum Fotopapier

Eher zufällig entdeckte der deutsche Chemiker Hans von Pechmann im Jahre 1898 das Polyethylen, sicher ohne zu ahnen, welchen Meilenstein er in diesem Augenblick für die Industrie geboren hatte. Ähnlich der bahnbrechenden Bedeutung des Penicilins für die Medizin trat Polyethylen einen Siegeszug als Werkstoff in nahezu allen industriellen Fertigungsbereichen an und avancierte zum meistverwendeten Kunststoff der Welt. Aufgrund seiner hellen Farbe und wachsartigen Konsistenz eignete sich der Stoff zum Beispiel hervorragend zur Herstellung von Verpackungen aller Art. Auch in der Fertigung von Fotopapier erkannte man dies als wichtigen Nutzen, denn auch Papierträger ließen sich gewissermaßen mittels PE „verpacken". Dabei wird die Trägerschicht aus Rohpapier beidseitig mit Polyethylen beschichtet und der Papierfilz verschlossen, um ihn vor dem Eindringen von Chemikalien und sonstigen äußeren Einflüssen zu schützen. Hier liegt ein gravierender Unterschied zum Barytpapier, da es nach allen Seiten „offen" ist, ansonsten aber einen identischen physikalischen Aufbau aufweist und sich auch in seinen lichtempfindlichen Emulsionen nicht von kunststoffbeschichteten Papieren unterscheidet. Letzteres mag bereits ein erstes Indiz dafür sein, dass es keine (größeren) „objektiven" Qualitätsunterschiede im fertigen Abzug der Papierarten

zueinander geben kann und die manchmal auftauchende Bezeichnung des PE-Papiers als „Plastikpapier" dem Potenzial des Papierträgers nicht gerecht wird. Im Jahre 1974 nimmt Ilford, die bis heute weltweit führende Herstellermarke von Fotopapieren, mit der Sorte „Ilfospeed" die ersten PE-Papiere in sein Produktportfolio auf. Diese Sortenbezeichnung klang schon damals wie ein Versprechen, das die neuen Papiere bei ihrer Verarbeitung einhalten mussten. Es sollte also vor allem schnell gehen, denn die Handhabung der bis dahin herkömmlichen barytierten Papiere gestaltete sich zeitaufwendig und zudem verbrauchsintensiv.

PE-Fotopapier verarbeiten – ein Stück in drei Akten

Der kleine Raum unter dem Dach, der als Dunkelkammer dient, ist in rötliches Licht getaucht, die Chemiebäder sind angerichtet und der Vergrößerer mit dem ersten Negativ bestückt. Die Bühne und alle erforderlichen Requisiten sind vorbereitet für ein Stück, das von der Vergrößerung eines Negativs auf kunststoffbeschichtetem Papier erzählt. Es ist ein Stück, welches gewissermaßen aus „drei Akten" besteht, der Trocken-, der Nass- und der

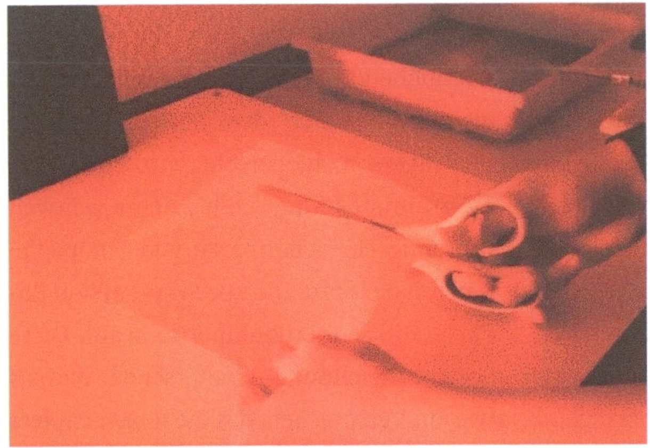

Schritt 1: Probestreifen schneiden

Trocknungsphase. In der Ouvertüre zum ersten Akt folgt der Auftritt dessen, worauf sich alles nun Folgende bezieht, um das sich jetzt alles drehen wird: das Fotopapier! Das erste Blatt wird der, mit einer lichtdichten schwarzen Folie umhüllten Verpackung entnommen und weiß auf Anhieb mit einer fühlbar angenehmen Haptik zu gefallen. Die feste Konsistenz und die glatte Oberfläche des Papiers runden den ersten guten Gesamteindruck ab.

Die erste Handlung ist es, Probestreifen zur Ermittlung der „richtigen" bzw. gewünschten Belichtungszeit für das ausgewählte Negativ zu ermitteln. Eigentlich als reine Fingerübung gedacht, empfiehlt es sich dennoch, den Papierbogen mit einer Schere in etwa gleich große Teile zu zerschneiden, da sich das Papier als äußerst reißfest erweist. Daraufhin werden die einzelnen Streifen und später die jeweiligen Bögen auf der Arbeitsplatte des Vergrößerungsgerätes platziert. Hierbei zeigt sich ein erster freudiger Höhepunkt für diejenigen, die schon einmal mit Barytpapier gearbeitet haben, aber auch für die Anfänger:innen unter den Fotolaborant:innen, denn das Papier nimmt „von sich aus" eine hervorragende Planlage an, geradezu wie frisch gebügelt! Damit entfällt das mitunter etwas knifflige Fixieren der Bögen mithilfe eines Maskenrahmens oder anderer Hilfsmittel.

Einen weiteren Vorteil offenbart diese Papierart gleich zu Beginn des zweiten Aktes, dem Entwicklerbad. Noch ehe die mit großer Spannung erwarteten ersten Bildspuren nach etwa 15–25 Sekunden sichtbar werden, fällt auf, dass das Papier keine Flüssigkeit in sich aufnimmt und somit nicht vor zunehmender Schwere auf den

Grund der Entwicklerschale absinkt, wie es bei barytiertem Papier zu beobachten wäre. Wegen der nach allen Seiten verschlossenen bzw. mittels PE „verpackten" Kanten erreicht die Chemie nur die Oberfläche der lichtempfindlichen Emulsion oder „fotografischen" Schicht des Papiers und perlt an ihr ab. Wie von Zauberhand gelenkt lässt sie das Bild entstehen, welches je nach Stärke und Silbergehalt der verwendeten Papiersorte nach etwa ein bis zwei Minuten vollständig entwickelt ist – ein wahrhaft „magischer" Moment! Das Blatt wird nun mit einer Bilderzange vorsichtig dem Entwicklerbad entnommen, die verbliebene Flüssigkeit kurz abgeschüttelt und in das anschließende Stoppbad überführt. Dies gestaltet sich jedoch als ein nur kurzes, circa zehn Sekunden umfassendes Intermezzo, bevor im anschließenden Fixierbad binnen maximal zwei Minuten das Bildsilber und damit das Bild insgesamt auf dem Papierträger stabilisiert und unempfindlich gegenüber Weißlicht gemacht wird.

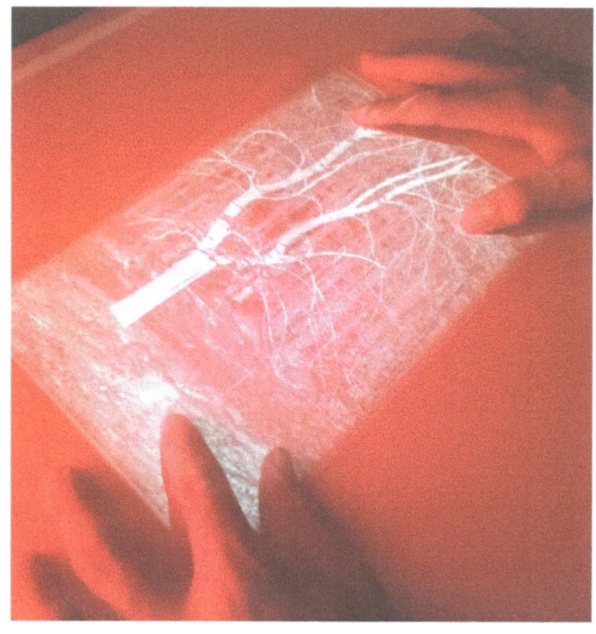

Schritt 2: Perfekte Planlage unter dem Vergrößerungsgerät

Alle Bäder können im Vergleich zur Verarbeitung von Barytpapier deutlich kürzer gehalten werden, da ja keine in das Papier selbst eingedrungene Chemie ausgeschwemmt werden muss, sondern nur eine „Oberflächenreinigung" stattfindet. Besonders trifft dies auf die Schlusswässerung als letzte Szene des zweiten Aktes zu. Hier genügt es, die Bilder in einer flachen Wässerungswanne für circa

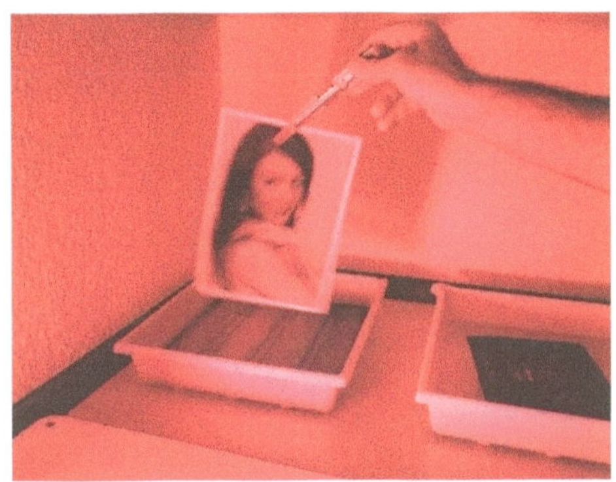

Schritt 3: Entwickelt!

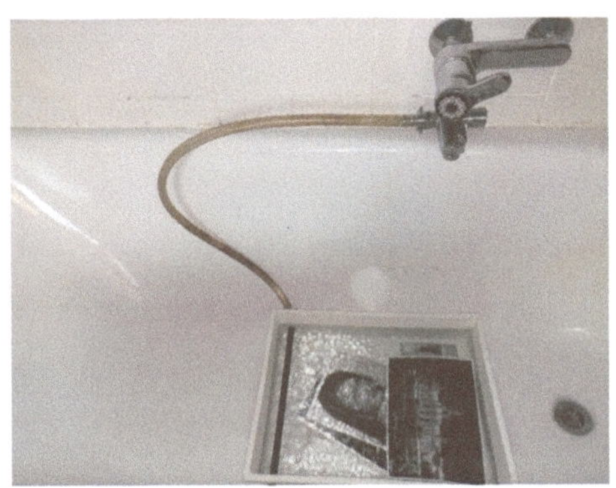

Schritt 4: (kurze) Schlusswässerung

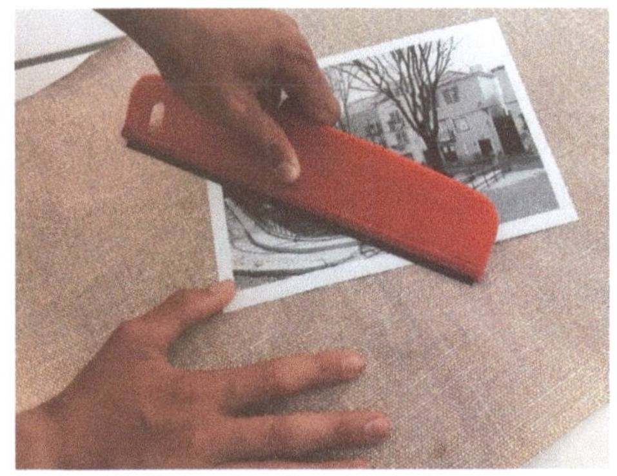

Schritt 5: Abstreifen letzter Flüssigkeit

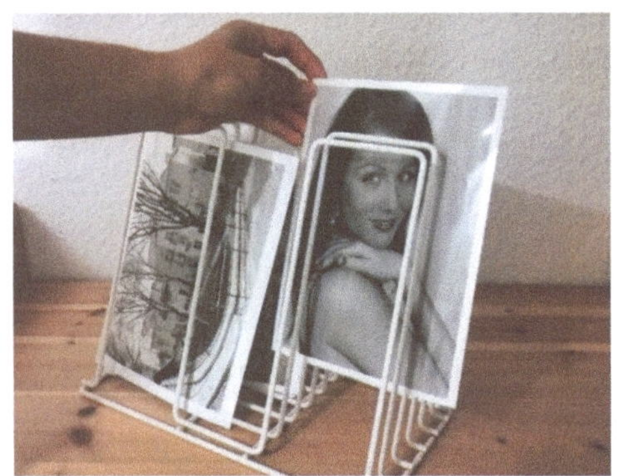

Schritt 6: Trocknen der Prints
im Papierständer

zwei Minuten, idealerweise begleitet von leichten Schaukelbewegungen, fließend zu wässern, um letzte Chemiereste von ihnen abzuspülen. Diese kurze Zeit genügt, um die Archivfestigkeit der Prints zu gewährleisten und zu verhindern, dass das Papier während der anschließenden Trocknung wellig wird und seine Planlage einbüßt. Für PE-beschichtetes Papier darf eine Archivfestigkeit von maximal 80 Jahren erwartet werden, wo hingegen barytierte Vergrößerungen noch eine weitaus längere Zeitdauer von Umwelteinflüssen unbeschadet überstehen.

Schließlich wird die Restflüssigkeit, die sich noch auf der Oberfläche der Prints befindet, mit einem Papierabstreifer oder ähnlichem entfernt. Ja, die Handhabung von PE-Papier gestaltet sich gegenüber der Arbeit mit Barytpapier einfacher. Allerdings sollte dennoch sehr sorgfältig gearbeitet werden. Danach hat es sich für mich bewährt, in Schalenbädern mit einem Fassungsvermögen von einem Liter jeweils nur einen Bogen Fotopapier zu verarbeiten und diesen auch mehrmals behutsam zu wenden. So wird eine gleichmäßige „Umspülung" des Papiers mit Chemie erreicht, womit die optimalen Entwicklungs-, Fixier- und Wässerungszeiten eingehalten werden.

Sofern keine Tonung der Prints gewünscht ist, geht es nun in den finalen dritten Akt, die Trocknung. In dieser Phase bilden die entwickelten Abzüge erst ihren vollen (Hoch-) Glanz und Tonwertreichtum aus, auch, wenn das „Bühnenbild" hierfür recht schlicht anmuten mag. So reicht es aus, die Bilder in einem Metallständer aufzustellen oder an einer Wäscheleine aufzuhängen, wo sie über wenige Stunden vollständig trocknen. Während dieser Zeit behalten die PE-Prints, anders als Barytabzüge, ihre Form und Konsistenz bei und verziehen sich nicht. Besonders Anfänger:innen im Fotolabor können sich so nach einem handwerklich genügsamen Verarbeitungsprozess ohne größere Tücken schon nach kurzer Zeit über ihre eigenen Vergrößerungen freuen.

Der Markt für PE-Fotopapier heute – eine dynamische Nische

Die Ende der 1990er-Jahre einsetzende Digitalisierung der Fotografie veränderte den Markt für Erzeugnisse der klassischen Fotoindustrie zunächst grundlegend. Im Massengeschäft für Materialien, die der Bildausgabe dienen, bedeutete dies einen Wandel in unzähligen Profi- und Amateurlaboren von Handabzügen aus der Nasschemie hin zu elektronischen Druckverfahren und Ausgabemedien. Entsprechend verringerten sich sowohl die Anzahl der Anbieter für klassische Fotopapiere, wobei die deutschen Unternehmen Agfa und Tetenal oder die ungarische Marke Forte als prominenteste Beispiele stehen, als auch die Sortenauswahl unterschiedlicher Papiere.

Jedoch hat sich über die Zeit eine Nische etabliert, die von Fotograf:innen besetzt wurde, die ihre Motive nach wie vor „ganz klassisch" vergrößern und ausbelichten möchten, wenn auch zu inzwischen gestiegenen Preisen. Diese Nische wäscht in jüngster Zeit sogar, so dass auch die Herstellerfirmen ihr Angebot an klassischen PE-Fotopapieren nicht nur weiterführen, sondern auch weiterentwickeln. Exemplarisch sei hier Branchenprimus Ilford mit der Markteinführung seines Multigrade V-Papiers genannt, das nach 25 Jahren seinen Vorgänger, Multigrade IV, ersetzt. Nach Herstellerangaben wurde das Papier in seinen Tonwerten und im Tonungsverhalten verbessert und auf das Niveau des gleichnamigen Barytpapiers angehoben.

Die Frage ist: Finden Anfänger:innen sowie Neu- und Wiedereinsteiger:innen in die klassische Dunkelkammerarbeit auch heute noch kunststoffbeschichtete klassische Papiere in einem solchen Spektrum unterschiedlicher Eigenschaften im Markt vor, dass sie ihre Ansprüche an die Bildwirkung ihrer Abzüge verwirklichen können? Diese Frage kann mit einem klaren „Ja" beantwortet werden. Denn besonders die großen Anbieter Ilford und Foma bieten aktuell eine breite Palette unterschiedlicher PE-Papiere an, die sich in wichtigen bildgebenden Eigenschaften deutlich voneinander unterscheiden. So eröffnen Papiere mit wahlweise fester und variabler Gradation die Möglichkeit, eine allen Negativen angepasste Kontraststeuerung vorzunehmen und jede gewünschte Abstufung von Lichtern und Schatten im Bild „auf das Papier" zu bringen. Hinzu kommt die Wahl zwischen mehreren verfügbaren Oberflächenbeschichtungen von „hochglänzend" bis „seidenmatt" sowie Bildtönen, die von kalt-, über neutral- bis hin zu warmschwarz reichen. Mit diesen Varianten können Fotolaborantinnen und -laboranten jede beabsichtigte Bildwirkung beim Betrachter erzielen.

Ist einmal eine bestimmte Lieblings-Papiersorte gefunden, so muss das keine Festlegung für immer sein, denn es finden sich Sorten, die auch etwas „speziellere" Erwartungen erfüllen. Dies drückt sich darin aus, dass sich mit ihnen besondere Effekte oder Bildqualitäten erzielen lassen, sie aber andererseits auch höhere Ansprüche an denjenigen stellen, der mit ihnen arbeitet. Zum Beispiel ist das 190 g schwere Multigrade V

Papier bereits hochwertig und dazu wenig fordernd in der Verarbeitung. Dessen „Premium"– Ausführung „Portfolio RC" hingegen bietet mit einer Kartonstärke von 255 g zwar eine noch wertigere Haptik, möchte jedoch auch sogfältiger gehandhabt und verarbeitet werden.

Auch für das in letzter Zeit an Beliebtheit gewonnene „Lith"-Verfahren, durch das Prints mit extrem hohen Kontrasten sowie einer starken und vielfältigen „Farbigkeit" entwickelt werden sollen, wird mit dem „Fomatone MG" der tschechischen Firma Foma ein Spezialpapier angeboten.

Was bleibt?

Der Markt für kunststoffbeschichtete Fotopapiere zeigt sich Ende 2021 so vielfältig, dass es kein „richtiges" oder „falsches" Papier gibt, sondern eine nach wie vor breite Auswahl, mit der sich individuelle und kreative Gestaltungsideen umsetzen lassen. Dabei sind PE-Papiere inzwischen eine „echte" Alternative zu den „feineren" Barytpapieren, auch wenn sich diese durch eine elegante haptische Anmutung und längere Archivfestigkeit auszeichnen. Diese Eigenschaften, welche sich dem Betrachter im Zweifel entweder nicht er-

schließen oder, was die Haltbarkeit betrifft, kaum mehr von ihm überprüfen lassen, veredeln ein Papierbild sicherlich. Was aber „am Ende des Tages" im Fokus steht, ist die Freude am Unikat des selbst entwickelten Handabzugs. Und die ist (auch) mit PE-Papieren schnell und sicher garantiert.

Die feine Alternative – Baryt-Papier

Fotografien müssen gezeigt werden, um eine Wirkung beim Betrachter zu erzielen. Dies gilt besonders dann, wenn sie als „echte" Handabzüge in einem mit viel Liebe zum Detail betriebenen Verfahren in der eigenen Dunkelkammer entstehen. Wie diese Wirkung genau ausfällt, ist nicht allein vom Motiv selbst abhängig, sondern auch von der Art des verwendeten Fotopapiers als Träger des Bildes. Zwei grundlegende Varianten bieten sich hier an: Neben dem zumeist anzutreffenden kunststoffbeschichteten Polyethylen- oder kurz „PE-"Papier erfreut sich das vor über 150 Jahren entwickelte Barytpapier einer wieder wachsenden Beliebtheit. Was macht den besonderen Reiz dieses „Klassikers" aus und warum wird das Vergrößern auf barytiertem Fotopapier häufig als die „feine(re) Alternative" bezeichnet? Welche Sorten von Barytpapier sind aktuell am Markt erhältlich und worin unterscheiden sie sich?

Der Schuhkarton – Leben in Bildern

Es ist kurz nach Mitternacht an diesem Herbstabend vor etwa zehn Jahren, als mich langsam die Müdigkeit überfällt. Denn meine heute 91-jährige Großmutter und ich saßen bereits seit dem frühen Nachmittag beieinander am Küchentisch und „beguckten" Bilder, wie sie es nennt. Doch noch immer warteten etliche Fotografien darauf, aus ihrem über Jahrzehnte gefristeten Schattendasein in einem Schuhkarton befreit und gezeigt zu werden. Nur meine Großmutter kannte noch die Namen aller abgebildeten Personen „aus alter Zeit", die wir auf der Rückseite der Bilder notierten und so für die Nachwelt erhalten wollten. So unterschiedlich die Motive sein mochten, so gab es doch etwas, das allen Papierbildern gemeinsam war: Eine unvergleichliche, geradezu handschmeichelnde Haptik, die zu spüren war, sobald ich die Fotografien in die Hand nahm. Die Stärke des Fotopapiers vermittelte das Gefühl festen Kartons, mutete

aber gleichzeitig an wie feine Seide, wenn ich mit dem Finger über dessen Oberfläche strich. Es bestand kein Zweifel: Auf diesem Träger wurde etwas von Bedeutung gebannt, etwas, das die Zeiten überdauern und in Erinnerung bleiben sollte. Wie ich wenig später erfuhr, handelte es sich um ein Material, welches mich auch in den folgenden Jahren weiter begeistern sollte: Barytpapier!

Baryt – vom Mineral zum Fotopapier

Seinen Namen verdankt das Barytpapier einem auch in Deutschland, so im Thüringer Wald und im Harz vorkommenden Mineral, dem Baryt. Das vom Mineral in chemischer Form gelieferte Bariumsulfat, so fand das französisch-spanische Fotografenduo Jean Laurent und Jose Martinez-Sanchez bereits im Jahre 1866 heraus, eignet sich ideal als Füllstoff zur Herstellung von Papier – das Barytpapier war geboren!

Das Geheimnis seiner Verwendung entfaltet das Baryt innerhalb der weißen Haftschicht („Barytschicht") des Papiers, die sich zwischen der Trägerschicht aus Rohpapier und der lichtempfindlichen oder „fotografischen" Schicht befindet. Hier sorgt das Baryt dafür, dass die sogenannte

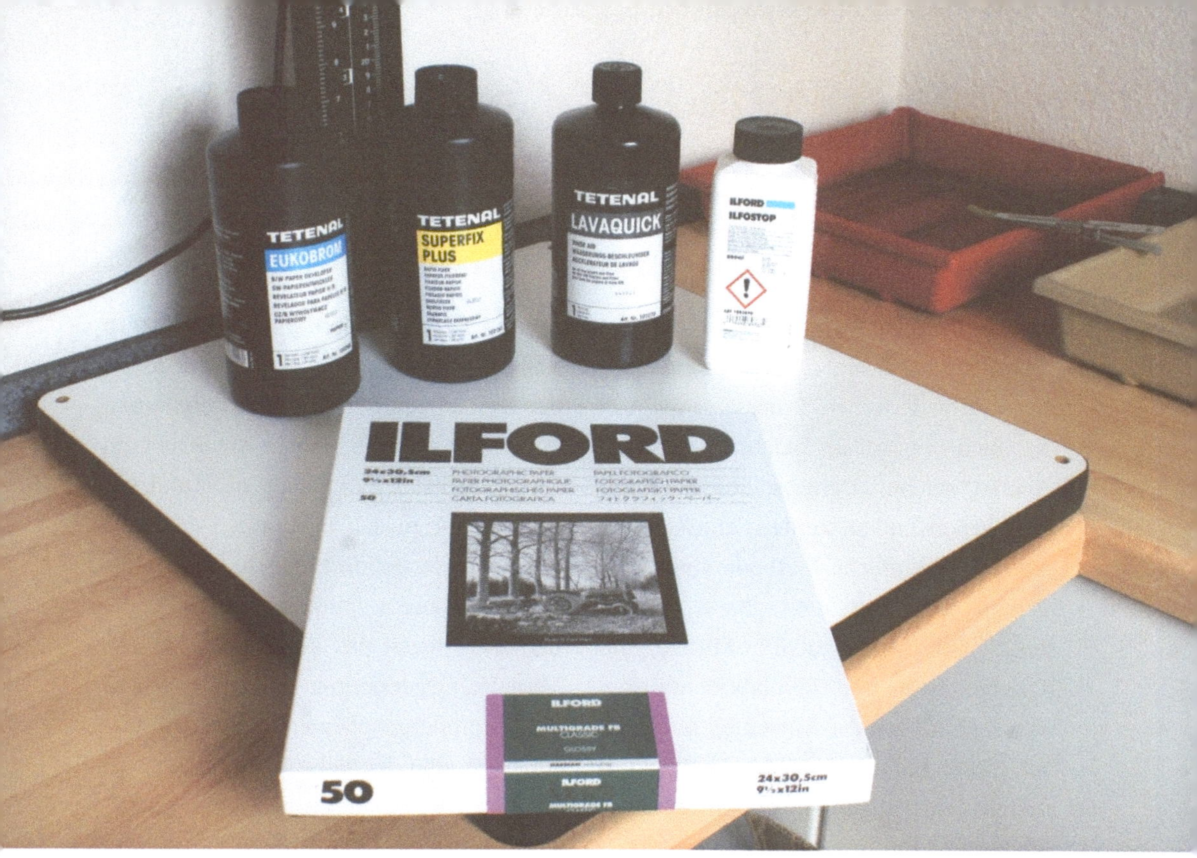

Barytpapier und Chemie

„Streichfähigkeit" des Fotopapiers erhöht und eine besonders glatte und stabile Oberfläche geschaffen wird – ideale Voraussetzungen für eine hohe Detailwiedergabe und Druckqualität des späteren Bildes. Doch nicht nur das. Die Eigenschaften des Baryts verleihen dem Papier ebenso eine sehr filigrane Textur, was es aus fotografischer Sicht ermöglicht, hohe Kontrastumfänge und feine Nuancen im Tonwertumfang des Motivs verlustfrei auf das Papier zu übertragen. In seinem physischen Aufbau unterscheidet sich Barytpapier von dem Jahrzehnte später entwickelten „modernen" PE-Papier vor allem dadurch, dass es nicht von einer, vor äußeren Einflüssen und Substanzen schützenden Schicht aus Kunststoff umhüllt ist, sondern sozusagen nach allen Seiten offene Kanten aufweist.

Barytpapier verarbeiten – „Genieße den Weg"

In Internet und Literatur lassen sich unzählige Beschreibungen zur Herstellung von Positiven auf Barytträger finden. Fast ebenso zahlreich sind die Interpretationen dieses künstlerischen Prozesses, die von „sachlich präzise" bis beinahe „mystisch verklärt" reichen. Daher soll das Rad hier nicht neu erfunden, sondern im Gegenteil eine relativ einfache Methode vorgestellt werden, nach der auch „Baryt-Neueinsteiger" mit überschaubaren Mitteln gute Bildergebnisse im Heimlabor erzielen. Natürlich muss jeder Anwender hier „seine" ideale Kombination aus Entwicklerchemie und Papiersorte finden, da diese von großem Einfluss auf die Bildergebnisse ist. Auch sei gesagt, dass im Anschluss an den „Standard-Prozess", zum Beispiel durch Tonung, noch weitere Verfeinerungen und Optimierungen der entstandenen Abzüge möglich sind, auf die hier jedoch nicht näher eingegangen werden soll.

Zu Beginn zwei gute Nachrichten: Wer schon einmal auf kunststoffbeschichtetem PE-Papier Vergrößerungen angefertigt hat, braucht sich nicht umzugewöhnen, da der Ablauf aus Belichten, Entwickeln, Stoppen, Fixieren, ggf. Tonen und Trocknen für die Verarbeitung von Barytpapier grundsätzlich beibehalten werden kann. Auch die dabei verwendeten Chemikalien, Appe-

raturen und sonstigen Hilfsmittel ändern sich kaum. Die „feinen Unterschiede" in der Dunkelkammerarbeit mit barytiertem Fotopapier liegen vielmehr auch hier im Detail. So stellt Barytpapier aufgrund seiner Eigenarten den Laboranten durchaus vor neue Herausforderungen, was bereits in dem Moment spürbar ist, in welchem der erste Bogen des Edelpapiers aus der Verpackung genommen und auf dem Brett des Vergrößerers platziert wird. Denn dieser weist eine deutliche Wölbung auf, die auf einem physikalisch bedingten „Drall" des Papiers beruht. Mittels Einspannen eines jeden Bogens in einen Maskenrahmen lässt sie sich jedoch leicht unterdrücken, womit das Papier „plan liegt". Für den eigentlichen Belichtungsvorgang sollte die Arbeitsblende des Vergrößerers im Vergleich zur Belichtung von PE-Papier um eine weitere Stufe auf mindestens den Wert acht geschlossen werden, bei entsprechend verlängerter Belichtungszeit. Auf diese Weise ergibt sich eine erhöhte Schärfentiefe im Bild und es werden letzte Unebenheiten des Papiers ausgeglichen.

Die mit dem Entwicklerbad beginnende „Nassphase" offenbart eine weitere Besonderheit des Barytpapiers. Aufgrund seiner fehlenden Umhüllung saugen sich die einzelnen Papierschichten während der Verarbeitung mit Wasser und Chemie voll. Daher kommt es nun darauf an, die in das Papier eingedrungenen chemischen Substanzen möglichst schnell und effektiv wieder zu entfernen, um das Bild zu schützen und seine langfristige Haltbarkeit zu sichern. Dies gelingt durch eine verlängerte Dauer jedes folgenden Bades, um die im vorherigen Schritt aufgenommene Chemie wieder vollständig aus dem Papier zu schwemmen. Und überhaupt: Barytpapier möchte besonders behutsam behandelt werden, wenn es von Laborschale zu Laborschale transportiert wird, da es wegen der eindringenden Flüssigkeiten an Gewicht gewinnt und so leicht Risse im Papier entstehen können.

Auch wenn die Verarbeitungszeiten je nach Papierstärke und Silbergehalt des Barytpapiers variieren, ist für die einzelnen Schritte des Positivprozesses von folgenden Richtzeiten auszugehen:

▶ Entwickeln: Drei Minuten.
▶ Stoppen: Eine Minute.
▶ Fixieren: Drei Minuten.

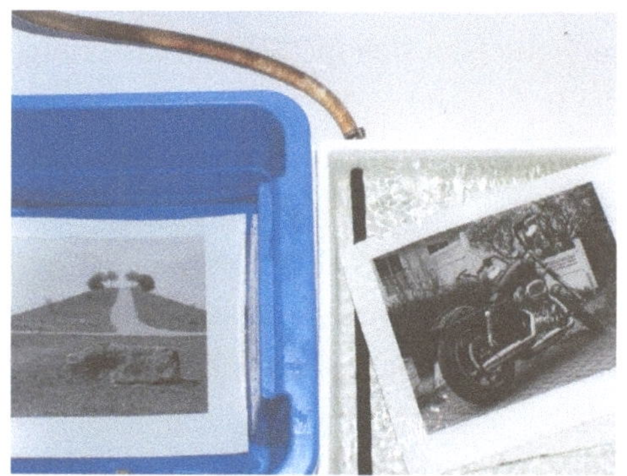

Schritt 1: Vor- und Schlusswässerung

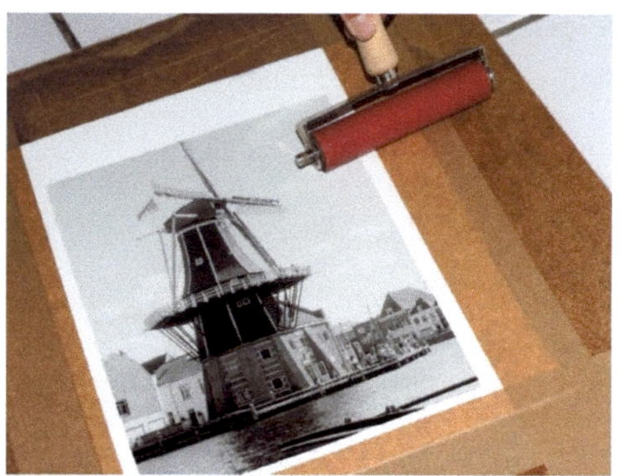

Schritt 2: Ausquetschen letzten Wassers

▶ Schlusswässern: 30 Minuten bzw. 60 Minuten mit dem Ziel bester Archivfestigkeit. Allerdings gibt es hier eine „Abkürzung", indem der Schlusswässerung eine etwa fünfminütige Behandlung mit einer Wässerungshilfe, zum Beispiel Lavaquick von Tetenal, vorgeschaltet wird. Auf diese Weise lässt sich die Schlusswässerung, die in fließendem Wasser durchzuführen ist, auf etwa zehn Minuten verkürzen. Bei bestmöglicher Durchführung dieses Verfahrens kann eine, allerdings nicht sicher überprüfbare Archivfestigkeit der Prints von bis zu 200 Jahren erreicht werden.

Mit besonderer Sorgfalt und etwas handwerklichem Geschick geht es an die Trocknung der Abzüge. Würde man PE-basierte Bilder nun schlicht in einem Trockengestell oder auf einer Leine hängend trock-

Schritt 3: Trocknen der Prints auf Holzplatte

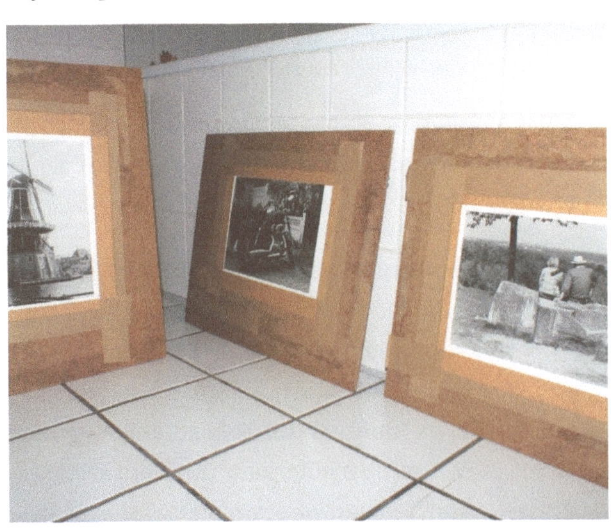

nen, so funktioniert dies mit Barytbildern nicht. Denn sie „arbeiten" und verziehen sich nach allen Seiten während der Trocknungszeit. Um dem vorzubeugen, ist wie folgt vorzugehen: Zunächst muss das gesamte Wasser, das in die Schichten des Papiers eingedrungen ist, entfernt werden. Hierzu bietet sich ein Rollenquetscher an, der unter Druck diagonal über das Papier geführt wird. Im Anschluss daran erfolgt die Fixage der Prints mittels eines Nassklebebandes auf Holzplatten.

Zu diesem Zweck muss im Belichtungsvorgang ein genügend breiter Rand von mindestens zwei Zentimetern um die Motive herum berücksichtigt werden, um ausreichend Fläche nach allen Seiten zu haben, die Prints sicher mit dem Klebeband auf den Platten aufbringen sowie später mit einem Cuttermesser ausschneiden zu können. Das Nassklebeband besitzt nur auf einer Seite eine Klebefläche, die mittels eines feuchten Schwamms mit Wasser benetzt und so „aktiviert" wird". Auch hierbei wird etwas Fingerspitzengefühl benötigt, damit das Klebeband nicht zu viel Wasser abbekommt und so auf der Platte zu „schwimmen" beginnt, wodurch eine sichere Fixage der Prints nicht mehr möglich wäre. Ebenso sollte es unter der Verklebung nicht zu Luftblasenbildung kommen, die unerwünschte Wellen im Fotopapier erzeugen und ebenfalls plan liegende Prints verhindern würde. All dies lässt sich kurz und sicher überprüfen, indem man einen Finger oder ein Lineal über die Klebeflächen entlangführt und gegebenenfalls dem Rollenquetscher etwas „nachhilft". Zur Vorbeugung von Staubablagerungen auf den trocknenden Bildern ist es ratsam, die Platten als Trocknungsunterlage nicht liegend, sondern aufrechtstehend in einem möglichst staubfreien Raum, zum Beispiel im Bad, zu platzieren. Nach spätestens 24 Stunden ist die Trocknung der Bilder abgeschlossen. Dies ist meines Wissens die einfachste und schnellste Methode, plan liegende Barytbilder zu erhalten. Nicht unerwähnt bleiben soll jedoch die Alternative, Barytprints mithilfe einer Trockenpresse zu trocknen, womit ebenfalls eine gute Planlage der Bilder erreicht wird. Dieses Verfahren ist zwar

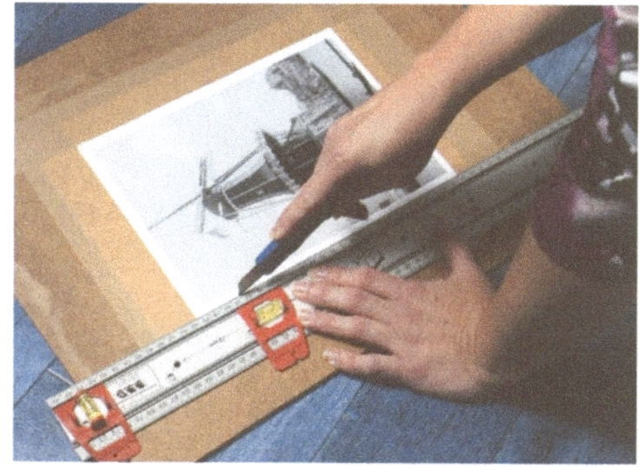

Schritt 4: Ablösen der Prints

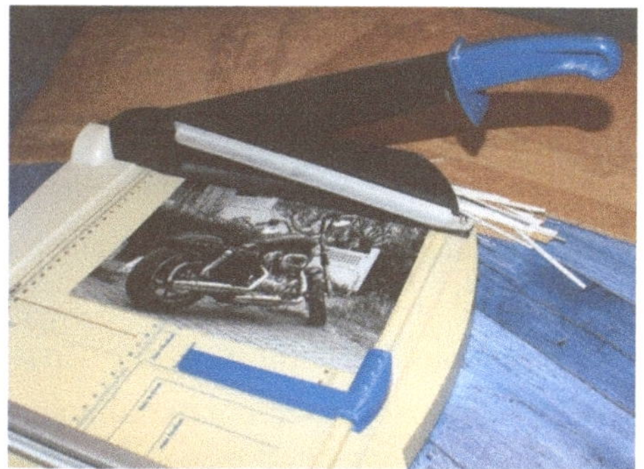

Schritt 5: Zuschneiden der Prints

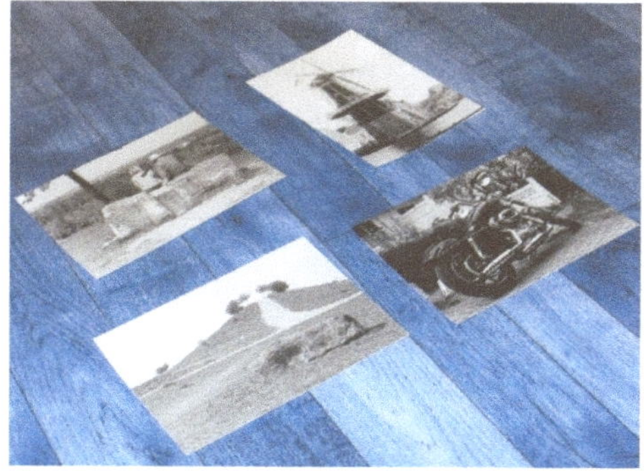

Schritt 6: Planliegende fertige Prints

mit etwas mehr Aufwand verbunden, was jedoch mit Bildern belohnt wird, die ein wenig mehr Glanz aufweisen.

Der Markt für Baryt-Fotopapier heute – Freude der Auswahl

Bis Ende der 1970er Jahre stellte Barytpapier DAS Standardfotopapier in den Laboren von Profifotografen und engagierten Amateuren dar, bevor ihm das einfacher zu verarbeitende und so eher massentaugliche PE-beschichtete Papier diesen Rang streitig machte. Zu Beginn der „Nullerjahre" unseres Jahrhunderts hielt dann die Digitalfotografie Einzug im Markt der klassischen Fotoindustrie. Es folgte ein massiver Einbruch der Nachfrage nach analogen Fotomaterialien, so auch nach klassischem Barytpapier, da der Trend zur digitalen Technik auch einen Wandel in der Bildausgabe von der Nasschemie zu Tintenstrahldruckern bedeutete. Einige namhafte Hersteller des Edelpapiers, die sich nicht schnell oder konsequent genug an diese Entwicklung anpassen konnten oder wollten, wie etwa Agfa oder die ungarische Marke Forte, verschwanden vom Markt oder meldeten, zumindest zeitweise, Insolvenz an, wie beispielsweise Ilford.

Durch Konzentrationsprozesse, Vertriebspartnerschaften sowie Einzelinitiativen professioneller Fotoenthusiasten konsolidierte und erholte sich der Markt in den Folgejahren. Beispielhaft seien der Zusammenschluss der Firmen Phototec und Nordfoto sowie die Wiederbelebung des wunderbaren „Multicontrast Classic (MCC)"-Papiers aus dem Hause Agfa durch das Unternehmen Adox genannt. Diese Aktivitäten verfolgten erfolgreich das Ziel, die Nachfrage einer nach wie vor treuen Baryt-Fangemeinde, die die Vorzüge dieses Papiers kannte und schätzte, auch weiterhin bedienen zu können. Und dies aus gutem Grund, denn der mit klassischen Barytpapieren zu erreichende hohe Kontrastumfang in den Bildern ist durch digitale Techniken nicht zu erzielen. Heute bieten Handelsunternehmen wie Nordfoto (Norderstedt) oder Fotoimpex (Berlin) Künstlern und Hobbyfotografen auf Basis einer nach wie vor stabilen Nachfrageentwicklung wieder ein tiefes Sortiment von Barytpapieren jeglicher Art und Güte an – das Barytpapier ist zurück! Zwar ist nicht jede Papiersorte immer und überall erhältlich, jedoch kann der Käufer sicher sein, bekannte und beliebte Klassiker wie etwa das Ilford Multigrade Barytpapier ständig in frischem Zustand und seiner gesamten Bandbreite verschiedener Formate, Gradationen, Oberflächen, Papierstärken und -tönen zu erhalten. Etwas „exotischere" Varianten wie die Barytsorte „Retrobrom" der Firma Foma sind häufig nicht lagernd, jedoch auf Vorbestellung innerhalb weniger Wochen ebenfalls verfügbar. In naher Zukunft, so war vom Anbieter Nordfoto zu erfahren, wird mit einer leicht steigenden Preisentwicklung für Barytfotopapier, jedoch ebenso einem gleichbleibend breiten Angebot an verschiedenen Varianten und Qualitäten gerechnet. Auch der derzeit zu beobachtende Trend in der Nachfrageverschiebung weg vom PE-beschichteten und hin zum barytierten Papier setzt sich aller Voraussicht nach künftig fort. Für Neueinsteiger auf diesem Gebiet der künstlerischen Fotografie, die es vor dem Hintergrund einer seit einigen Jahren zu beobachtenden Renaissance der analogen Fotografie wieder vermehrt gibt, eine sehr erfreuliche Nachricht.

Was bleibt?

Ja, Barytpapier ist meines Erachtens tatsächlich die „feine(re)", während PE-Papier als die einfache(re) Alternative für die Erstellung von Vergrößerungen gelten kann, denn: Die Arbeit mit Barytpapier ist faszinierend und lässt den an sich schon künstlerischen Prozess der Positiverstellung zu einem fast sinnlichen und wunderbar entschleunigten Erlebnis werden. Derjenige, der sich auf die Eigenarten dieses geradezu divenhaften Papiers einlässt, erhält am Ende Fotografien als einzigartige Unikate und als Ergebnis klassischer Fotografie in höchster Vollendung.

Wegen der nicht ganz einfachen Verarbeitung und nicht zuletzt auch des relativ hohen Preises des Edelpapiers werden Barytbilder wohl den ganz besonderen bildhaften Momenten im Leben vorbehalten bleiben, aber, und dazu möchte ich Sie ermuntern: Einmal (oder auch immer wieder) sollten Sie sich an Barytpapier versucht haben, denn glauben Sie mir: „Es lohnt sich!"

Anhang   Kamerawerkstätten

Name des Betriebs	Anschrift	Homepage	E-Mail	Reparaturservice für die Marken
Baier Fototechnik		www.baierfoto.de	info@baierfoto.de	Pentacon Six und Abkömmlinge
CT-Kameraservice	Karlsberg 12 85221 Dachau 08131-6179609	www.ct-kameraservice.de	info@ct-kameraservice.de	Hasselblad, Mamiya, Fuji, Sinar, Copal
Arlüwa Czens GmbH	Lindenstraße 1 50674 Köln 0221-2 57 38 70	www.arluewa-czens.de		Alle gängigen Fabrikate
DIMAS Fototechnik	Moltkestraße 19 79098 Freiburg 0761-2088393	www.fotomechanik.de	dimas-fototechnikweb.de	Canon, Rollei, Nikon, Koniva/Minolta, Pentax, Olympus, Leica, Mamiya
DW Photo GmbH	Salzdahlumer Straße 196 38126 Braunschweig	www.dw-photo.eu	info@dw-photo.eu	Rollei

Marktübersicht Diafilme

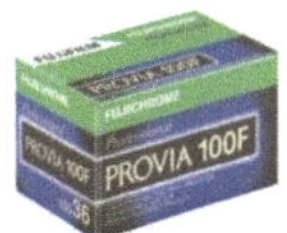 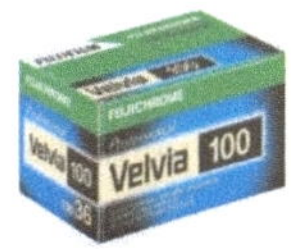 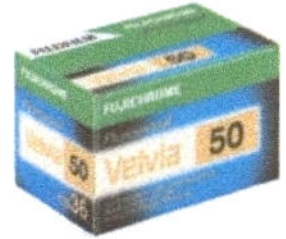 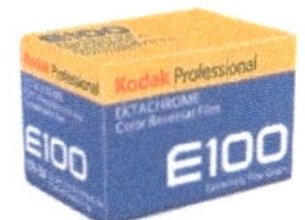

Hersteller	Fujifilm	Fujifilm	Fujifilm	Kodak Alaris
Sorte	Farbdiafilm	Farbdiafilm	Farbdiafilm	Farbdiafilm
Typ	Fujichrome Provia 100 F (RDP III)	Fujichrome Velvia 100 (RVP 100)	Fujichrome Velvia 50 (RVP 50)	Kodak Ektachrome E 100
ISO / DIN	100 / 210	100 / 210	50 / 180	100 / 210
Konfektionierung	KB: 135 (36)	KB: 135 (36)	KB: 135 (36)	KB: 135 (36)
(Bilder/Filme/Blatt)	**Rollfilm:** 120 (5) **Planfilm:** 4x5 inch (20) 8x10 inch (20)	**Rollfilm:** 120 (5) **Planfilm:** 4x5 inch (20)	**Rollfilm:** 120 (5) **Planfilm:** 4x5 inch (20)	**Rollfilm:** 120 (5) **Planfilm:** 4x5 inch (10)
Eigenschaften	hohe Feinkörnigkeit, gute Graubalance	hohe Farbsättigung, feines Korn	hohe Farbsättigung und Bildschärfe	neutrale Tonwertwiedergabe, extrem feines Korn

Marktübersicht Diafilme II

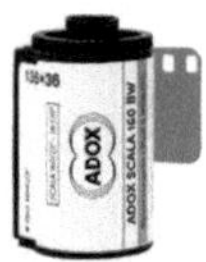 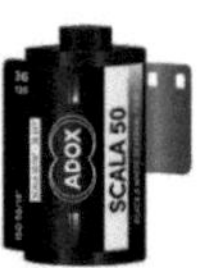 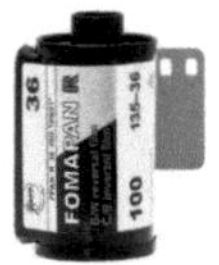 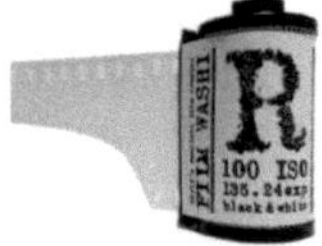

Hersteller	Adox	Adox	Bohemia (Tschechien)	Washi (Frankreich)
Sorte	Schwarzweißdiafilm	Schwarzweißdiafilm	Schwarzweißdiafilm	Schwarzweißdiafilm
Typ	Scala 160	Scala 50	Fomapan 100 R	Washi R 100
ISO / DIN	160 / 230	50 /180	100 / 210	100 / 210
Konfektionierung	KB: 135 (36)	KB: 135 (36)	KB: 135 (36), (30,5 m)	KB: 135 (36)
Eigenschaften	Nachbau des Agfa 160 Diafilms, warme Tonwertwiedergabe	hohe Auflösung, neutral bis warmschwarzer Bildton, satte Schwärzen	sehr gute Tonalität und Schärfe, nicht zum Negativfilm entwickelbar	geringer Belichtungsspielraum, weiche Kontraste, klarer Träger

Marktübersicht Diafilme III

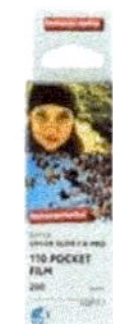 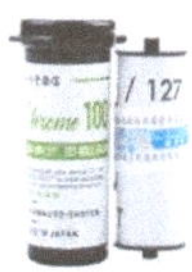

Hersteller	Lomographische Gesellschaft (Österreich)	Kawauso (Japan)
Sorte	Farbdiafilm	Farbdiafilm
Typ	Peacock X-Pro Slide 110	Rera Chrome 100 127 Rollfilm
ISO / DIN	200 / 240	100 / 210
Konfektionierung	Pocket: 110 (24)	Baby-Rolleiflex: 127 (12)
(Bilder/Filme/Blatt)	extreme Blau- und Grüntöne, Negativ- (C 41) und Diafilmentwicklung (E 6) möglich	einziger Farbdiafilm für das 127er-Format, hohe Farbsättigung, hervorragende Verarbeitungsstabilität, auch für das CR-56 Verfahren geeignet
Preis (je Film, ca. Euro)	8	15

Marktübersicht Diafilme II

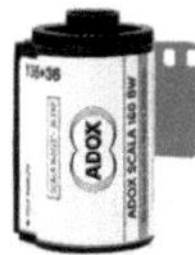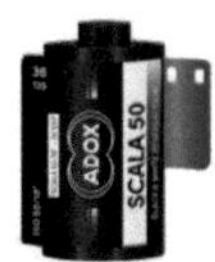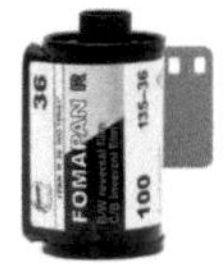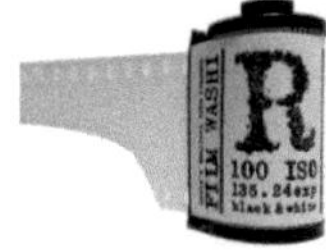

Hersteller	Adox	Adox	Bohemia (Tschechien)	Washi (Frankreich)
Sorte	Schwarzweiß-diafilm	Schwarzweiß-diafilm	Schwarzweiß-diafilm	Schwarzweiß-diafilm
Typ	Scala 160	Scala 50	Fomapan 100 R	Washi R 100
ISO / DIN	160 / 230	50 /180	100 / 210	100 / 210
Konfektionierung	KB: 135 (36)	KB: 135 (36)	KB: 135 (36), (30,5 m)	KB: 135 (36)
Eigenschaften	Nachbau des Agfa 160 Diafilms, warme Tonwertwiedergabe	hohe Auflösung, neutral bis warm-schwarzer Bildton, satte Schwärzen	sehr gute Tonalität und Schärfe, nicht zum Negativfilm entwickelbar	geringer Belichtungsspielraum, weiche Kontraste, klarer Träger

Marktübersicht Infrarotfilme I

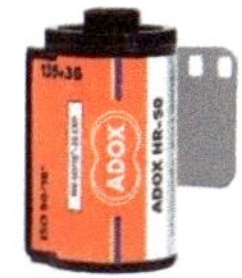 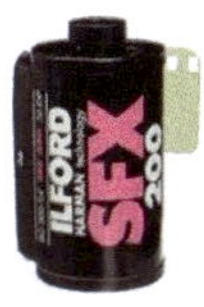 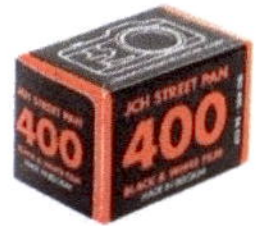 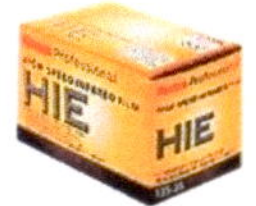

Hersteller	Adox	Ilford	Japan Camera Hunter	Kodak
Typ	Adox HR 50	SFX 200	Streetpan 400	HIE 400
Sensibilisierung bis Nanometer, nm	780 super-panchromatisch	740	740	900 echter Infrarotfilm
Infrarotfilter (bis nm)	715 - 750	715	715	830
ISO / DIN	50 / 180	200 / 240	400 / 270	400 / 270
Konfektionierung	KB: 135	KB: 135 Rollfilm: 120	KB: 135 Rollfilm: 120	KB: 135 Rollfilm: 120 Planfilm: 4x5 inch
Eigenschaften	hochauflösend	erweiterte Rot-empfindlichkeit	sehr feinkörnig	sehr hohe Empfindlichkeit für den Infrarot-lichtbereich,
Preis (je Film, ca. Euro)	KB: 6,50	KB: 11,00 Rollfilm: 10,00	KB: 9,00 Rollfilm: 10,00	Achtung: Wird nicht mehr produziert! Über Online-Auktions-häuser ca. 25,00 pro KB-Film

Marktübersicht Infrarotfilme II

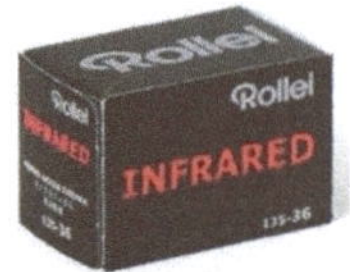 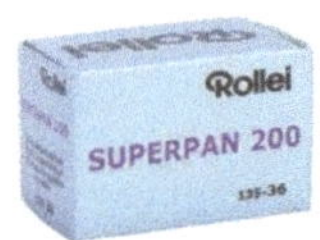 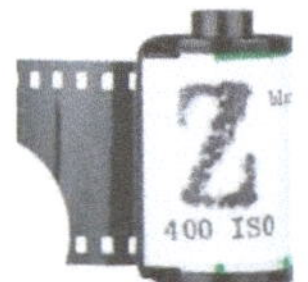

Hersteller	Rollei	Rollei	Washi
Typ	Infrared	Superpan 200	Z 400
Sensibilisierung bis Nanometer, nm	795	750	715
Infrarotfilter (bis nm)	750	720	695
ISO / DIN	200 / 240 bis 400 / 270	200 / 240	400 / 270
Konfektionierung	KB: 135 Rollfilm: 120 Planfilm: 4x5 inch	KB: 135 Rollfilm: 120 Planfilm: 4x5 inch	KB: 135 (36)
Eigenschaften	gutes Pull-Push-Verhalten, gute Maximalschwärzen	hohe Farbsättigung, feines Korn	differenzierte Grünwert-wiedergabe
Preis	KB: 7,35	KB: 19,00	KB: 8,50

Marktübersicht Infrarotfilme III

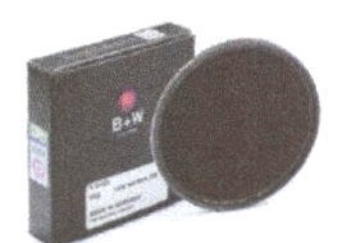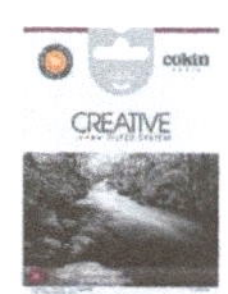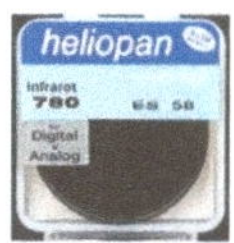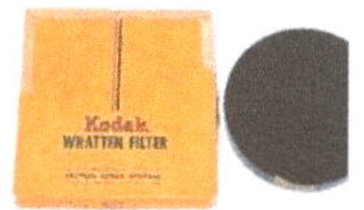

Hersteller	B & W	Cokin	Heliopan	Kodak
Bezeichnung	092 (Dunkelrot) 093 (Rotschwarz)	89 B	RG 610 bis RG 1.000	Wratten Nr. 87, 87 A, 87 B, 87 C und 89 B
Typ	Glas-/ Schraubfilter	Kunststoff-/ Aufsteckfilter	Glas-/ Schraubfilter	Glas-/ Schraubfilter
Sperrwirkung (bis Nanometer, nm)	092: 650 093: 800	720	610 bis 1000	720 bis 800
Filterdurchmesser / Größe (in Millimeter, mm)	37 bis 77	75 x 75 bis 130 x 130	25,5 bis 105	75 x 75
Besonderheiten			auch für Rolleiflex- und Hasselblatt-Bayonett erhältlich	

Marktübersicht PE-Fotopapier

Sorte	Ilford Multigrade V	Ilford Ilfospeed RC Deluxe	FOMA Fomaspeed	FOMA Fomaspeed Variant	FOMA Fomatone MG	Fotoimpex Easy Print RC
Art	kontrastvariabel	Festgradation normal, weich	Festgradation hart, normal, weich	kontrastvariabel	kontrastvariabel	kontrastvariabel
Oberfläche	hochglänzend seidenmatt	glänzend matt	hochglänzend seidenmatt	glänzend matt	glänzend matt	hochglänzend, matt
Formate (in cm)	8,9 x 12,7 – Rollenware	8,9 x 12,7 – 30,5 x 40,6	10,5 x 14,8 – 50,8 x 61,0 (glänzend), 12,7 x 17,8 – 50,8 x 60,1 (matt)	10,5 x 14,8 – 50,8 x 61,0 (glänzend), 10,5 x 14,8 – Rollenware (matt)	50,8 x 61,0	12,7 x 17,8 – 30,5 x 40,6 (glänzend); 10,5 x 14,8 – 40,6 x 50,8 (matt)
Besonderheiten/ Bildton	helle Bildweissen, kaltschwarz, 190 g	helle Bildweissen, neutralschwarz, 190 g	helle Bildweissen, neutralschwarz, hohe Empfindlichkeit, kurze Belichtungs- und Entwicklungszeiten	neutral- bis warmscharzer Bildton	grünschwarz, mittlere Empfindlichkeit, Lith-Papier	neutralschwarz

Sorte	Ilford Portfolio RC	Kentmere VC Select	Ilford Multigrade RC Cooltone	Ilford Multigrade RC Warmtone	Rollei Vintage RC
Art	kontrastvariabel	kontrastvariabel	kontrastvariabel	kontrastvariabel	kontrastvariabel
Oberfläche	hochglänzend matt	glänzend matt	glänzend seidenmatt	glänzend seidenmatt	glänzend, halbmatt, matt
Formate (in cm)	10,5 x 14,8 – 40,6 x 50,8 (hochglänzend), 10,2 x 14,8 – 40,6 x 50,8 (matt)	8,9 x 14 – Rollenware	13 x 18 – 30 x 40	13 x 18 – 30 x 40	17,8 x 24,0 – 30,0 x 40,0
Besonderheiten/ Bildton	helle Bildweissen, kaltschwarz, 255 g extra-schwer, „Deluxe Version" des Multigrade V Papiers	helle Bildweissen, neutral- bis kaltschwarz Bildton, 190 g	kaltschwarz 190 g	warmschwarz 190 g	Neutraler Bildton, hohe Empfindlichkeit, kurze Belichtungs- und Entwicklungszeiten, glatte Oberfläche, reinweiß
Preis in €	149,99	67,6	129,99 (glänzend)	99,95	58,9

Marktübersicht Baryt-Fotopapier I

Sorte	ADOX MCC	ADOX Variotone Premium	Bergger Warmtone Prestige
Art	kontrastvariabel	kontrastvariabel	kontrastvariabel
Oberfläche	glänzend, halbmatt	halbmatt	glänzend
Formate (in cm)	10,5 x 14,8 – Rollenware	12,8 x 24 – 50,8 x 61	20,3 x 25,4 – Rollenware
Besonderheiten/ Bildton	hohe Empfindlichkeit	255 g	Bildweissen leicht gedämpft

Sorte	FOMA Fomabron	FOMA Fomatone MG	FOMA Fomabrom variant
Art	Festgradation hart und normal	kontrastvariabel	kontrastvariabel
Oberfläche	glänzend, matt	glänzend, matt	glänzend, matt
Formate (in cm)	12,7 x 17,8 – 50,8 x 61 (glänzend), 12,7 x 17,8 – Rollenware (matt)	12,7 x 17,8 – Rollenware	12,7 x 17,8 – Rollenware
Besonderheiten/ Bildton	255 g	255 g	255 g

Marktübersicht Baryt-Fotopapier II

Sorte	FOMA Retrobrom	ILFORD Multigrade ART 300	ILFORD Ilfobrom Galerie
Art	Festgradation „Spezial"	kontrastvariabel	Festgradation hart und normal
Oberfläche	glänzend, halbmatt	matt	glänzend (normal) halbmatt (hart)
Formate (in cm)	20,3 x 25,4 – 40,6 x 50,8	12,7 x 17,8 – Rollenware	17,8 x 24,1 (glänzend), 30,5 x 40,6 (halbmatt)
Besonderheiten/ Bildton	kartonstark, grün-bräunlich	Baumwolle 300 g, hohe Empfindlichkeit, kaltschwarz	255 g, neutralschwarz

Sorte	ILFORD Multigrade Classic	ILFORD Multigrade FB Cooltone	ILFORD Multigrade FB Warmtone
Art	kontrastvariabel	kontrastvariabel	kontrastvariabel
Oberfläche	glänzend, matt	glänzend	glänzend
Formate (in cm)	12,7 x 17,8 – Rollenware	12,7 x 17,8 – Rollenware	12,7 x 17,8 – Rollenware
Besonderheiten/ Bildton	255 g, helle Bildweissen, neutralschwarz	255 g, hohe Empfindlichkeit, kaltschwarz	Bildweissen leicht gedämpft, warmschwarz

Marktübersicht Baryt-Fotopapier III

Sorte	ROLLEI Vintage
Art	kontrastvariabel
Oberfläche	halbmatt
Formate (in cm)	17,8 x 24,0 – Rollenware
Besonderheiten/Bildton	Ersatz für Agfa Multicontrast
Preis (für 24x30 / 50 Blatt, in Euro)	80,91

Über den Autor

Matthias Kistmacher lebt und arbeitet in Hannover. Seit vielen Jahren betreibt er die analoge Fotografie mit großer Leidenschaft und schreibt für das Fachmagazin Photo Klassik. Über dieses Buch möchte er seine Begeisterung für die Technik und den entschleunigten Prozess der klassischen Fotografie mit seinen Leserinnen und Lesern teilen.

Quellenangaben

S. 39   https://de.wikipedia.org/wiki/Agfamatic, eigene Recherche
S. 46   Rollei 35 in der Praxis, Braunschweig, 1966;
        https://de.wikipedia.org/wiki/Rollei_35
S. 55   Bedienungsanleitung zur Leica CL, 1973;
        https://en.wikipedia.org/wiki/Leica_CL
S. 66   Eastland, Jonathan, Leica M Handbuch, München, Laterna magica, 1995
S. 71   Maschke, Thomas, Minolta Dynax 7, Laterna magica, München, 2001
S. 76   Gebrauchsanleitung zur Voigtländer Box, Voigtländer & Sohn AG,
        Braunschweig, 1931
S. 81   Gebrauchsanleitung Agfa Isolette II, München, um 1950
S. 88   Prochnow, Claus, Rollei Report 2, Lindemanns Verlag, Braunschweig, 1994
S. 95   https://de.wikipedia.org/wiki/Polaroid; eigene Recherche

Anhang ab S. 192: Websites der jeweiligen Hersteller, eigene Recherchen